实用精益管理培训系列教程

U0665594

精益管理技能
实务与技术

孙亚彬 易生俊 著

中国人民大学出版社
·北京·

丛书说明

本套丛书是过去两年时间里，我们集合了企业一线精益管理者、相关企业的精益咨询师以及研究团队共同撰写的精益素质培养与推行指导读物。

研究出版这套书是出于两个重要的原因：

第一，目前很多企业希望推行精益管理，特别是生产制造业。最近这两年，一些非制造业的企业也希望采用精益管理思想。但是，大部分企业在推行过程中常常是失败的。这种失败有两种解读：一部分人认为，企业不适合做精益，这是谬误；另一部分人认为是精益思想本身的问题，这当然是更大的谬误。推行精益，必须先了解精益。

了解精益，还不能停留在表面，要了解精益的精髓及本质要求。这就像我们经常在企业中所能见到的"看板管理"。现在的很多企业提精益必提"看板管理"，似乎看板管理就代表"拉动"，代表着精益。要纠正这些看法，就要真正认识精益，必然需要对精益进一步解读和培训，这就是编写这套书的第一个原因。

第二，企业推行精益常常没有全面系统的规划和能力储备。我们说，推行精益应该是一个系统工程，这中间需要各层级、各岗位人员协同进行。确切地说，一处精益，另一处不精益；一处效率高，一处效率低……这在精益思想中叫"精益孤岛"。精益孤岛的存在，本身就是不精益的表现。从系统协同的角度出发，每一个不同的群体、不同的岗位，都会有不同的任务要求，包括掌握不同精益技能的要求。而这个原因，正是我们这套书之所以依据不同对象、不同专业进行分册说明的背景所在。

如果企业试图推行精益管理，我们对企业的建议是：要做到全员懂精益要求（具备精益素养），从车间入手（选"点"突破）、由中层统筹，落实到企业大流程上来。这是一个基本逻辑和路径，另外，要掌握必要的精益技术和技能，并且要能够熟练运用。

依据这样一个路线图，我们把全员精益素质放在《基层管理者实用精益管理学》一书中来解读；把精益的突破点放在《车间主管实用精益管理学》中来讨论；把中层统筹工作放在《中层管理者实用精益管理学》中来解读。而最终，精益追求的是全企业的价值流精益，所以我们还要通过一个专题提供这方面的解读，这就是《实用精益流程管理学》。围绕着这样一个体系，每一个人当然还需要掌握技术技能，这就是《精益管理技能技术与实务》这本书的任务。

概括起来看，这套书服务于企业的精益管理工作有两个方面的任务：一是精益素养；二是推行方法。每一本书的定位、特征以及内容说明等，在单本书的前言中都有非常详细的说明，可供参考。

我想引申的是，中国企业目前已经到了全面实施精益管理的时候。特别是在全球工业4.0环境下，企业倘若连最基本的管理都不能精益，从何讨论实现全面的信息化、智能化、全网联通的建设呢？其基础何在呢？质量控制措施混乱、流程一团糟、车间生产毫无章法……在这样的情况下，谈竞争力、谈发展建设，都是空中楼阁。道理其实是简单易懂的：实现精益企业管理是工业4.0发展的必要阶段。依我看，这个观点特别适用于我们中国企业的发展阶段。

以上是为丛书说明，与广大企业共勉。

孙科炎

2016 年 1 月于北京

前　言

以技术技能支撑精益推行

这本书是本套丛书中单独就"精益技术"展开的说明，其目的是让精益工作者和管理者都能够掌握相关的技能。据我们所知，很多企业推行精益管理的道路上却遭遇了重重障碍，甚至劳民伤财地做了很多"无用功"，一些企业解决各种各样"不精益"的问题时也常常想不到用什么方法，有什么样的管理技术等等。

造成"无用功"的原因，除了受到目前企业整体管理水平的限制和有关利益团体的排斥和抵触之外，导致精益化管理不力之外，还有一个重要原因，就是企业人员缺少行之有效的管理技能。在不能获得预期的管理效果或绞尽脑汁也无法获得精益管理技能时，人们往往选择了放弃精益管理活动。换言之，唯有熟练掌握了精益管理技能，才能让精益目标切实实现。

因此，对于企业而言，眼下亟须解决的问题便确定为两个问题：一是精益管理技能的覆盖面，即：在哪些具体环节实践中应具备哪些精益管理技能；二是精益管理实践的实施方法，即：如何运用精益管理技能，保障精益管理实施到位。处理好这两个问题，将为企业获得明显经济效益打下坚实的基础。这也是我们在策划本书时所考虑的两个重要维度。

对关键精益技术进行详解

本书主要面向参与精益管理的各层级人员，目的是通过精益管理的系统知识，描述在企业推行精益管理过程中使用到的关键技术，并对此进行了深入解读，进而为企业推行精益管理提供实用技术。为实现此目标，本书内容将表现出以下特征。

（1）全面性和系统性。本书并不是将精益管理技术简单的罗列，而是从精益基础出发，以从作业管理开始，到现场管理，到生产管理，再到供应链管理，最后到持续改善的基本逻辑顺序，对精益技术进行深入地剖析。

（2）科学性与实用性。本书不只是对技术进行解释，还给出了相应的使用步骤以及可以达成的目标，确保读者朋友们能够更熟练地应用这些技术，以快速、有效地推进企业精益化管理。

（3）指导性和参考性。区别于其他书的机械描述，本书将紧紧围绕精益管理的关键技术进行解读，归纳其使用要点，具有指导性和参考性，可以作为精益管理者和推行者的案头书。

从技术解读到技术应用

基于上述目标，我们对本书进行了精细的策划。在本书中，我们将通过精益管理的系统知识，针对作业管理、现场管理、生产管理、生产均衡化、供应链协同管理、持续改善等六大方面内容，描述在企业推行精益管理过程中需要使用到的关键技术，并对其进行深入解读。具体说明如下：

（1）作业管理。作业管理的精益化（精益化作业），是精益管理的基础。任何一个企业，在其精益模式的推进中，必须满足基本作业及其管理层面的精益化。本章将从作业分析、作业标准、标准作业时间三个方面，进一步阐述 10 项精益管理技能的概念理解、基本特征或目标、实施步骤等。

（2）现场管理。现场是生产顾客满意的产品或服务的场所，在企业内部具有举足轻重的地位。企业各级管理者必须重视现场管理的各种细节，才能不断优化现场管理水平，创造出整洁、高效的作业环境，进而为推行精益化提供基本保障。本章将从现场规划、环境管理、设备管理、物料管理四个方面，进一步阐述 15 项精益管理技能的概念理解、基本目标或原则、实施步骤等。

（3）生产管理。对制造型企业来说，最重要的就是企业的生产。用精益化的思维对生产过程进行管理，这样才能规范生产秩序，提高生产效率，降低企业的生产成本。本章将从流程管理、流程拉动、效率与成组技术三大方面，进一步阐述相关技能的概念理解、基本目标或原则、实施步骤等。

（4）生产均衡化。企业运作时生产要素的投入和产品的产出要尽量减少波动，才能保证企业利润的稳定。这就要求企业各环节稳定而均衡地生产，保证各工序负荷稳定，以满足客户对于不同产品的需求。本章将从生产计划、生产均衡化、自动化、多能工四大方面，进一步阐述相关技能的概念理解、基本目标或原则、实施步骤等。

（5）供应链协同管理。供应链是由产品生产和流通过程中涉及的原材料、供应商、制造商、分销商、零售商以及最终消费者组成的供需网络。有效的供应链精益管理将大大减少浪费，降低库存成本，缩短操作周期，提高企业的利润率。精益化供应链管理的重点是在制品管理、库存管理、全链条协同。本章将从这三个方面进一步阐述相关技能的概念理解、基本目标或原则、实施步骤等。

（6）持续改善。精益管理的核心思想是精益思维，也就是一种持续改善、精益求精的思考力。在精益化管理过程中，更为关键的是如何获得这种主动思考和改善能力。本章将从人员教育、问题发现与管理、改善机制三大方面，进一步阐述 9 项相关技能的概念理解、基本目标或原则、实施步骤等。

致谢

本书的研究和出版工作是一个艰辛的过程，也是一个项目团队合作的过程。在这里，我们对为这本书的内容研究出过力的专家，以及执笔团队给予最诚挚的敬意。时间和能力有限，如果读者朋友们发现书中不足之处，还请谅解，并提供批评意见以供我们改正。

希望本书关于精益技术的解读能够帮助你真正将精益实施落地。谢谢各位参与者，谢谢读者朋友。

作者
2015 年 12 月于北京

目 录
CONTENTS

第1章 作业管理 ························ 1

第1节 作业分析 ························ 3

作业分析基础 ························ 4

人机操作分析 ························ 7

价值流图分析 ························ 11

第2节 作业标准 ························ 15

作业与标准管理 ························ 15

动作分析 ························ 19

标准作业指导书 ························ 23

第3节 标准作业时间 ························ 27

标准时间研究 ························ 27

工作抽样法 ························ 30

预定标准时间法 ························ 32

秒表时间研究 ························ 36

第2章 现场管理 ························ 41

第1节 现场规划 ························ 43

系统布局原则 ························ 43

现场布局 ························ 53

定置管理 ························ 59

第2节 环境管理 ························ 65

环境影响 ························ 65

寻宝活动 ························ 68

洗澡活动 ························ 71

油漆作战 ························ 73

安全环境保全 ························ 77

第3节 设备管理 ························ 81

1

　　　设备效能 ······················· 81
　　　设备定量控制 ················· 84
　　　自主保全 ······················· 88
　　　全员生产保全 ················· 89
　第4节　物料管理 ················· 94
　　　物料响应速度 ················· 94
　　　物料存放 ······················· 98
　　　物料搬运 ······················· 102

第3章　生产管理 ······················· 107
　第1节　流程管理 ················· 109
　　　生产流程 ······················· 110
　　　流程程序分析法 ············· 114
　　　"一个流"生产 ············· 118
　第2节　流程拉动 ················· 122
　　　拉动式生产 ··················· 122
　　　拉动看板 ······················· 125
　　　防错法 ························· 127
　　　单元生产 ······················· 131
　第3节　效率与成组技术 ········ 137
　　　并行工程 ······················· 137
　　　成组技术 ······················· 141

第4章　生产均衡化 ··················· 145
　第1节　生产计划 ················· 147
　　　计划管理 ······················· 147
　　　计划排程 ······················· 151
　　　甘特图 ························· 153
　　　里程碑 ························· 154
　第2节　生产均衡化 ············· 156
　　　均衡化 ························· 157
　　　负荷管理 ······················· 160
　　　快速换模 ······················· 162
　第3节　自动化 ··················· 166
　　　自动化模式 ··················· 166

　　　　自动化产线 ·· 169

　第 4 节　多能工 ·· 171
　　　　多能工 ·· 171
　　　　岗位轮换 ·· 174

第 5 章　供应链协同管理 ·· 177

　第 1 节　在制品管理 ·· 179
　　　　在制品管理原则 ·· 179
　　　　在制品控制 ·· 182

　第 2 节　库存管理 ·· 186
　　　　库存规则 ·· 186
　　　　库存订货模型 ·· 193
　　　　零库存 ·· 197

　第 3 节　全链条协同 ·· 200
　　　　顾客参与 ·· 200
　　　　及时均衡供应 ·· 202
　　　　供应链整合模式 ·· 204
　　　　供应商协同 ·· 206
　　　　协同式供应链库存管理 ·· 209

第 6 章　持续改善 ·· 211

　第 1 节　人员教育 ·· 214
　　　　全员改善意识 ·· 214
　　　　差异化培训 ·· 216
　　　　非常规培训 ·· 218

　第 2 节　问题发现与管理 ·· 219
　　　　5W1H ·· 219
　　　　3U – MEMO ·· 223
　　　　提案管理 ·· 225

　第 3 节　改善机制 ·· 228
　　　　大野耐一圈 ·· 228
　　　　六西格玛管理 ·· 232
　　　　PDCA 循环 ·· 233

第1章

作业管理

　　作业管理是最基础的精益化管理层面。虽为最基本的，却也是最重要的，它为其他层面管理的精益化提供依据和标准。

　　　　　　　丰田作业分析与优化

　　在丰田汽车公司创立早期阶段，曾有一项在零件上钻孔的工作。对这项工作，很多新员工选择手动方式作业来完成，而拒绝借力于机器设备。其实，只要员工打开自动模式，机器完全可以自动钻孔。但是，员工们却认为手动作业更有效率。因为如果选择自动模式，即使钻头后来变钝了，机器仍然会继续运作，这会影响钻孔的尺寸甚至导致钻头被折断；而选择手动作业方式则可以随时掌控钻头状况。通常情况下，手动钻孔需要 30 秒，而机器的自动模式钻孔需要花费 40 秒时间，所以他们认为手动钻孔的效率更高。

　　不过，在这个表面现象下却隐藏着一个极易被忽视的问题：如果手动钻孔，大约每完成 3 个孔，钻头就会变钝，需要借助砂轮机来打磨钻头；然后再钻 3 个孔，再去打磨钻头。而由于当时砂轮机数量无法达到人手一台，员工们每次去打磨钻头时都不得不长时间地排队等待。如果将打磨钻头所需要的时间也计算在内，那么为打磨钻头所需的往返时间便达到了 10 分钟。

　　丰田公司经过作业分析得到，在 7 小时工作时间内，员工们即使毫不间断地拼命工作，也只能勉强钻好 80 个孔，但机器设备在 7 小时内的钻孔数量要远多于 80 个。而且使用机器设备钻孔，员工们不再需要拼命不停歇地工作，只需要观察钻孔质量以及打磨机器钻头即可，大大减少了工作量。

　　作业管理是指对生产作业全过程实施的管理，它是把企业看作"一系列作业"的集合体。作业管理的精益化（精益化作业），是精益管理的基础。任何一个企业，在其精益模式的推进中，必须满足基本作业及其管理层面的精益化，因而作业精益管理是我们要讨论的第一个问题。

第 1 节　作业分析

　　作业的精益化管理，其前提条件是对作业活动进行细致的精益化设计，这一点是通过作业分析来实现的。作业分析又称操作分析，是指通过对以人为主体的工序的详细研究，以使作业人员、作业工具以及作业对象科学合理地布置和安排，使工序结构合理，减轻劳动强度、减少工时消耗，并提高产品的质量和生产率为出发点而作的分析。

作业分析基础

管理者理应知晓，企业的作业活动——无论是生产作业、研究作业，还是服务作业，如果它是不规范的，存在着大量的无效劳动和各种浪费，那么这种管理就是不恰当的。

但是，如何理解作业及作业分析呢？作业分析包括哪些内容，以及作业分析要实现怎样的目标，达成怎样的效果？

1. 作业及其五要素

作业是指"为完成生产、学习等方面的既定任务而进行的活动"。人们很容易将作业理解为"车间作业"，或者流水线作业，这是作业的制造观念。但管理实务领域的"作业"，并非单指生产制造的流水线作业，而是各种工作共同表现出来的"从投入到产出的转化过程"。

1.1 作业

任何一个企业都是通过一个作业系统将输入转换为输出而创造价值。系统接受输入，即人、设备和材料，然后将其转换成能满足需要的商品或服务。即图1—1所描述的过程。

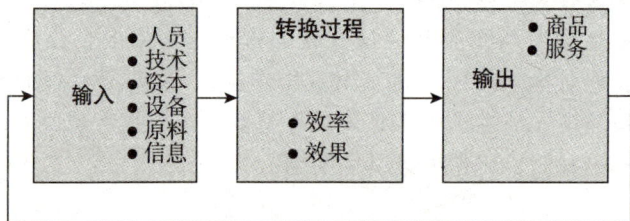

图1—1 作业系统

正如每个企业都产出东西一样，企业中的每个部门组织也都产出一定的东西。营销、财务、研发、人事和会计等部门都在把输入转换为输出，如销售额、投资回报率、新产品、员工队伍和会计报表等。直白地说，销售也是一种作业，研发当然也是。何种工作活动都存在"作业"的过程。也因此，为了更有效地实现管理的目标，管理者需要熟悉作业管理的概念，无论你管理的领域是什么。

1.2 作业管理的要素

作业管理即是对输入、转换过程和输出的系统管理和控制。作业管理是通过对作业要素的管理来实现目的的。

作业管理的要素主要包括 5 个：人员、机器设备、物料资源、工作方法和作业环境。

（1）人员（person）

作业人员是作业管理最重要的一个要素，也是最难管理的一个要素。因为人有主观意识，要协调不同特质的人员是一件不容易的事情。

（2）机器设备（machinery equipment）

作业管理中，工作是否能够顺利完成，产品的质量是否过关，作业的效率等等都受到机器设备的影响。对机器设备进行管理是作业管理的硬件支持。

（3）物料资源（material resource）

作业要消耗各种物料，因此对物料资源的管理十分必要。作业需要哪些资源支持，每一阶段的物料需求量等等，都会影响作业的顺利进行。

（4）作业方法（working method）

作业管理的有效性在很大程度上取决于工作方法的有效性。合适的工作方法能做到事半功倍，用错了方法可能会使作业管理过程受阻，降低效率。

（5）作业环境（operating environment）

作业环境有可能对作业效果产生重大影响，因为有的作业对环境的要求很高，环境的好坏也会影响作业人员的心情和效率。

2. 作业分析的的内容构成

高效的、精益的作业管理，需要对五个基本要素都深入展开科学的分析，从整体协调上提高作业的效率。表 1—1 展示了作业分析相关要素的基本内容指向。

表 1—1　　　　　　　　　作业分析各要素内容构成

要素	分析方向（示例）
人（作业人员）	对作业人员的培训够吗？ 作业人员的技能熟练吗？ 作业人员素质是否与工作岗位相匹配？
机（作业工具或设备）	设备和作业工具的选型对吗？ 是否对设备进行定期检测，并建立相应的文档？ 设备是否磨损、老化、运行不良？
料（生产资料）	物料的质量是否达到标准？ 物料的供应是否及时？ 物料的库存是否合理？ 在生产过程中，是否存在偷工减料？

续前表

要素	分析方向（示例）
法（作业方法）	作业方法写的明白吗？看的明白吗？ 作业人员是否按照标准作业方法操作？ 现有的作业方法是否与企业生产实际情况相适应？ 作业方法是否存在可改进之处？
环（作业环境条件）	生产布局合理吗？ 生产现场的温度、湿度、照明是否适中？ 作业环境是否干净整洁？ 作业环境是否安全？

3. 作业分析的一般目标

如果我们把作业视为一个完整的转化过程，作业分析的目的，其实质就是找出影响作业效率和质量的各因素，以便改善生产率。这是一个较大的目标。在具体操作层面上，作业分析是围绕着三个主要目标来进行的。

（1）提升作业效率

作业效率是指作业产出与投入之比。通俗地讲就是作业取得的利润与投入的人力、物力和财力的比值。它主要受作业动作、物料搬运、人机操作三个方面的影响，并成为作业分析的基础对象。

作业动作。通过对作业动作的分析能够使作业动作数量减至最低、达到最佳排列状态，提高员工的工作效率。

物料搬运。通过对物料搬运的分析，能够减少物料的运输和转移次数，缩短搬运距离，使搬运方便易行，提高物料的搬运效率。

对人机操作。通过对人机操作的分析，能够消除不合理的空闲时间，实现人机协同工作，提高人机工作的效率。

（2）改进作业质量

作业质量是指作业的优劣程度。作业质量直接影响产品的质量，所以对企业来说提高作业质量应该是一项长期的任务和目标。

人员作业方法和工作态度。通过对操作人员作业方法和工作态度的分析，能够规范作业方法，端正工作态度，提高人为的作业效率。

机器设备。通过对机器设备的分析，能够改进设备，降低劣质品数量，提高设备的作业质量。

（3）去除浪费，降低作业成本

在企业中，导致产品成本较高的各种浪费行为普遍存在于生产过程中。浪费的识别和剔除需要仔细的观察和研究。按照现代工业工程学科的定义，生产现场的浪费主要有 7 种，如表 1—2 所示。

表 1—2　　　　　　　　　　　　　生产现场的浪费

序号	浪费种类
1	过量生产造成的浪费
2	库存浪费
3	搬运浪费
4	不良品浪费
5	加工的浪费
6	等待的浪费
7	动作浪费

上表中与作业有关的浪费主要有搬运的浪费、加工的浪费、等待的浪费以及动作浪费。通过作业分析能够识别以上浪费，并将浪费减至最低，降低作业成本。

人机操作分析和价值流分析是作业分析的两种主要手段。人机操作分析是研究一道工序、一个工作地点的员工的各个作业活动，分析到操作为止。价值流分析是研究整个生产的运行过程，分析到工序为止。

人机操作分析

人机操作分析是作业分析的核心技术之一。人机操作分析是指通过观察作业现场的某一项作业，记录作业过程中的人员和设备在同一时间内的工作状况，进而深入分析工作的不合理之处和存在的浪费，得到最合理的操作方法的过程。其主要应用于单人操作多台机器的情况。

1. 操作及其分析

任何生产过程都是由许多基本的生产环节组成的，这些组成部分就是操作。操作由特定数量的员工在特定的工作地对特定的对象进行加工，通常衡量什么是一个操作时，可以依据三不变（工人不变、地点不变、劳动对象不变）原则。

1.1 人机操作分析的要求

人机操作分析注重人的因素，以操作者为研究主体对操作者、操作对象、操作工具进行分析。在实际应用中，我们分析的要点是人员、设备的工作和空闲时间的长短以及分配情况，并以图表的形式进行记录（参考表1—4）。图表中一般要标明时间进度，从上到下按照实际所消耗的时间依次将操作或空闲状态标出，并且要做好工作时间和空闲时间的统计，以发现设备和操作人员的闲暇时间。

分析人员在进行人机操作分析时，应遵循以下基本要求：

（1）在观察、记录、分析人机操作状态的同时，思考改进的方向。

（2）寻找更多、更新颖的改进方法和措施，以供选择。

（3）尽早实施改进方案，加速人机结合的速度和紧密度。

1.2 寻找最优人机结合方案

借助图表，人机操作分析能够改善工作效率、平衡操作、减少时间和成本上的浪费，实现人机结合最优化。也就是人机操作分析技术的重点是寻找最优的人机结合方案。

重点理解

人机操作分析有以下几点作用：

（1）人机联合操作时，若人与设备之间关系不协调，通过人机操作分析图，便可一目了然地发现根源；

（2）准确判定操作人员和设备两方面哪一方对提高作业效率更有利，使操作人员和设备的配合更加协调，充分发挥人机效率；

（3）进行安全性研究，以免因过分提高设备运转速度和设备利用率而使操作人员的安全受到危害；

（4）从提高人机作业效率的观点出发，有效进行设备改造，提高设备的运转效率，特别是实现自动化及合理改善作业区的布置。

---

2. 改善人机操作程序

通过人机操作分析，企业通常会发现自身人机操作系统的缺陷，可以从以下方法入手进行改进，如表1—3所示。

表 1—3   人机操作程序的改善方法

改善方向	改善方法
作业人员的作业时间	（1）改变关于产品设计的某个部分，使作业过程简单化。 （2）运用辅助工具、导具，使工作更容易操作，还可以缩减作业单元时间。 （3）减少一些不必要或重复性的动作，保证作业动作都有意义，且能够缩短作业时间。
作业人员的准备时间	（1）改变作业现场用于生产加工的设备的配置，以减少走动距离。 （2）运用导具等辅助工具，缩短设备调整时间。 （3）运用半自动化、自动化夹具，缩短换模时间。 （4）减少多余的检验工作，利用更便捷的量具仪器或改用抽查检验等措施，减少检验时间。
作业人员的空闲时间	（1）在设备作业的同时做好准备作业，包括模具或用料的准备，以及检修工作。 （2）实施一人操作多台设备的方法，在一台设备进行自动作业时，可以到另一台设备做准备作业。 （3）在设备自动作业时，交付其他一些辅助性工作，以充分利用工时。
设备的作业时间	（1）改用更好的设备或工具，缩短作业时间。 （2）修改作业标准，以更高的回转率或更高的进刀速度，达到缩短作业时间的目的。
设备的准备时间	（1）采用自动送料装置，减少人工作业时间，彻底释放人工作业。 （2）运用自动滑送槽，减少人工搬运，同时使加工后的完成品自动跳出与移送。 （3）重组人工作业与设备作业的相互关系，缩减工时。
设备的空闲时间	（1）合理配置人机数量，使设备自动操作完成的空闲时间得到及时弥补。 （2）采取完工后自动进料喂送装置，减少等待的时间。

企业可以结合自身生产实际条件，从以上方向思考，确认是否可能或有必要实施人机操作的改进，并找到可行的改善方法，以全面提升作业效率。

表 1—4 是一家企业的人机操作表。

表 1—4 人机操作分析表

	操作者		机器	
	状态说明	时间/s	状态说明	时间/s
0—5—10	取原材料	2	空闲	2
15—20	将材料装到机器上	8	装材料	10
	开动机器	2		
25—30—35	空闲		加工	30
40	停机	2	卸料	6
45—50	卸下产品	4	空闲	2
	装箱	2		

从上表中我们可以得到：

操作者的工作时间＝2（取原材料时间）＋8（将材料装到机器上时间）＋2（开动机器时间）＋2（停机时间）＋4（卸下产品时间）＋2（装箱时间）＝20（秒）

操作者的空闲时间为 30 秒（机器加工时间）；机器的工作时间为 30 秒（加工时间）。操作周期为操作者工作时间和空闲时间的和，为 50 秒。

操作者负荷率为工作时间/操作周期，即 20/50＝40％；机器的负荷率为机器工作时间/操作周期，即 30/50＝60％。操作者理论上可操作的机器数为 50/20＝2.5 台。

因此我们分析就可以得出操作者可以利用其空闲时间再操作一台机器。改进后可以使得操作者和机器的负荷率都得到很大的提升，提高了人机工作的效率。

为了更方便地使用人机操作技术，准确地获得人机操作分析结果，分析人员还可以尝试寻找更多技巧来进行操作。例如，借助对人机操作合理性的检验，夯实人机操作分析的基础，让人机结合达到最初始的理想状态；而关注改进，则会使分析人员彻底摆脱"为分析而分析"、"做无用功"的状态，使该分析技术切实发挥价值。

应用人机操作分析这一技术时，人们最容易陷入的一个误区就是"把分析当结果"。不论是否找出分析结果，或找出的结果是否准确，只要分析动作一结束，那么这一技术的应用便随之告一段落。人机操作结合并非一次操作即可成功，它应该是一个递进的循环过程。

价值流图分析

价值流图是用一些简单的符号和流线，从头到尾地清晰描绘每一个工序状态、工序间的实物流、信息流和价值流的当前状态图。

信息流是指从市场部接到客户订单或市场部预测客户的需求开始，到使之变成采购计划和生产计划的过程。

实物流是指从供应商供应原材料入库开始，随后出库制造、成品入库、产品出库，直至产品送达客户手中的过程。此外，实物流程中还包括产品的检验、停放等环节。

但是，如何理解价值流呢？价值流图有什么特点？如何进行分析？

1. 价值流

价值流是指在原材料转变为成品的过程中，所有物质流和信息流转化流动的过程。它包括购买原材料从供应商处送达企业，企业对其进行生产加工后转变为成品再销售给客户的全过程。

精益生产要求产品的生产系统中的每一个环节都是增值过程，不能存在任何加工浪费的现象。增值活动指能使产品的价值得到提升，更利于产品的销售的活动；非增值活动指不会使产品增加价值的活动。表 1—5 可以作为区分二者的依据。价值流就是将生产流程细分成增值活动和非增值活动，从浪费和价值的角度去分析流程。我们研究价值流，就是要识别流程中的浪费并寻求改善，运用的工具就是价值流图。

表 1—5　　　　　　　　　增值活动和非增值活动

	定义	典型表现
增值活动	任何符合客户要求的加工、动作、服务等活动	对产品的加工
非增值活动	任何不符合客户要求的加工、动作、服务等活动	无效等待、返修、搬运

2. 价值流图的特点

价值流图针对作业问题的改善相对于其他工具有其独特的特点，体现在以下几个方面：

（1）系统分析

较其他作业分析的工具而言，价值流图更注重分析研究时的整体性和系统性。它不是让工序各自为战，因为一个工序的最优不代表结合成整体也是最优的。价值流图就是要寻求整体最优的一个状态。

（2）探究浪费根源

常规的分析工具往往只能发现现场表面的浪费，而精益化生产要求识别浪费的根源并予以改进。价值流图的目的就是要剔除产生浪费的根源。

（3）有序改善

价值流图能系统地揭示浪费现象的种类、重要性等因素，为改善次序提供依据。

（4）有效减少库存浪费

库存浪费一般都是由于生产计划安排不合理造成的。价值流图通过分析计划和生产间的联系来杜绝库存浪费。

3. 价值流图分析步骤

企业进行价值流图分析时，一般包括以下几个步骤：

3.1 数据收集

客户的需求决定了企业生产方式、生产数量、生产节奏，甚至人员及设备数量。因此，在绘制价值流图之前，必须了解客户的需求（包括销售、生产的控制、每个零件的计划、工艺工程、预算产能等），并确定有关过程的计划运行时间。

为此，分析人员需要收集非常精确的信息数据。收集的重点可放在典型的产品和具有代表性的信息上，如表1—6所示。

表1—6　　　　　　　　　　　价值流图信息搜集列表

序号	名称	含义
1	C/T	生产节拍（生产线上相邻产出两件产品的时间间隔），用表计时。
2	C/O	同类产品切换时间，估计时间。
3	Uptime	可用时间，27 600秒/班。
4	Quality	品质数据，等于scrap+rework废品＋返工。
5	Reliability	设备可靠性，（工作时间—故障时间）/工作时间。
6	Spaghetti distance	工序间搬运距离，用步数测量，精确至米。
7	Takt time	客户需求节拍，等于可用时间（秒）/最大客户需求量。

续前表

序号	名称	含义
8	Yield	设备负荷率，等于设备能力利用率。
9	Inventory	库存量，测量每个工序的在制品。
10	Inv. Time	库存时间，等于 Inv×Takt time。

　　收集到相关数据后，分析人员即可着手进行价值流图的绘制。在绘制现状价值流图时，必须以想达到的未来状态流来评估目前的流程。

3.2　绘制目前的价值流图

　　为便于价值流图绘制，分析人员需要事先设定一些符号来表示生产因素。下面介绍几种常用的价值流图分析符号，如表 1—7 所示。

表 1—7　　　　　　　　　　　　　　价值流图符号及含义

外部资源/客户	数据盒	改善点/爆炸点	观察
	生产时间 / 校模时间 / 2瓶 / %成品	Scap	
生产看板	卡车运输	缓冲区/安全库存	手工信息流
生产过程	看板信号	看板柱	电子信息流
去掉看板	超市	推动箭头	成品至客户
拉动箭头	操作工	先入先出	均衡化生产
		— FIFO →	○×○×

　　这些价值流分析符号将使人们绘制的价值流图更简洁，看图者亦可一目了然地弄清楚图中表述的价值流状况。

　　某产品族的客户月需求为 1 878 台，根据对工厂生产现状进行基础数据搜集和调查结果，绘制现状价值流图，如图 1—2 所示。

注：C/T——周期时间；C/O——换模时间；OEE——设备综合利用率；FTT——首次合格率。

图 1—2 某产品族的现状价值流图

3.3 绘制未来的价值流图

以现状图为基础，通过分析现状发现浪费，进而寻求改善点和改善预案，并制定相应的改善目标。将形成的结果绘制成"未来价值流图"，如图 1—3 所示。

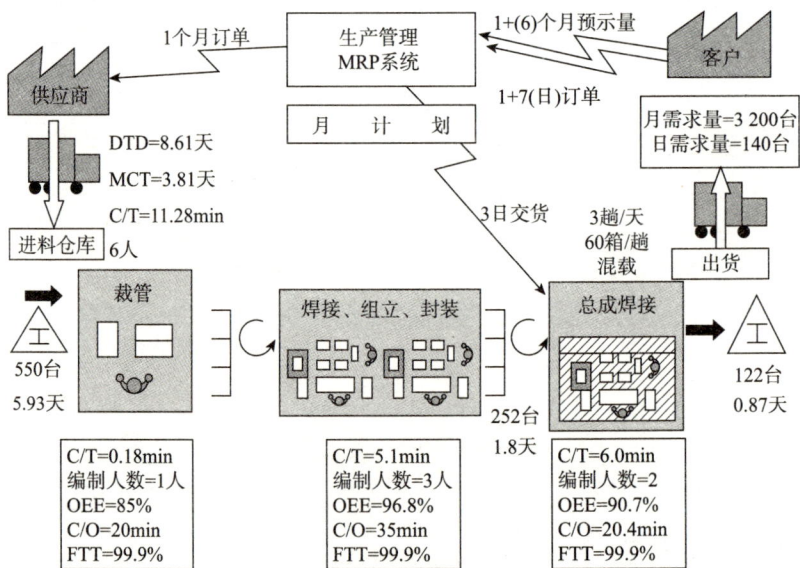

注：DTD——转货时间，进料仓库到出仓库的间隔时间；MCT——产品制造周期。

图 1—3 某产品族的未来价值流图

将目前价值流图和未来价值流图进行对比分析，如表 1—8 所示。

表 1—8　　　　　　　　　　目前价值流图和未来价值流图对比分析

考察量	现状	未来
日产量	82	140
DTD（转货时间）	21.98 天	8.61 天
FTT（首次合格率）	97.83%	99.79%
OEE（设备综合利用率）	75.85%	90.83%
MCT（产品制造周期）	13.78 天	3.81 天
C/O（换模时间）	143.9 min	75 min
C/T（生产节拍）	15.25 min	11.25 min
操作人员	10 人	6 人

从表中我们可以清晰地看到，价值流图分析提高了产品质量和作业效率，缩短了生产周期，减少了操作人员的数量，降低了成本。

3.4　制订改善计划

计划的制订是顺利执行的前提，所以在采取改善之前要制订出改善计划。根据目前价值流图和未来价值流图的对比分析，企业可制订相应的实施计划。在价值流分析中一般要形成价值流现状图、未来价值流图、实施计划三个文件。

第 2 节　作业标准

经过作业分析，企业员工已经初步意识到作业现场存在的各种问题，这时就需要用标准化作业来指导他们进行改善活动。标准作业是以人的动作为中心、以没有浪费的操作顺序和动作有效地进行生产的作业方法。

作业与标准管理

实施标准化作业是精益管理的重要内容。标准作业将企业的作业方法、人机工作界面、工作环境、时间标准都用科学的方法予以解释与规定，并作为企业运行的规范加以实施，然后在工作中不断改善。

1. 标准作业的要素

标准作业由节拍时间、标准作业顺序、标准在制品存量三个基本要素组成。

（1）节拍时间

节拍是指各个生产生产线上，生产一个单位产品所需要的时间，计算公式如下：

$$节拍时间 = \frac{工作时间（min/天）}{客户需求量（个/天）}$$

确定节拍时间时，会因编制人员不同而产生差异，当实际时间比节拍时间多时，应该考虑进行改善，以遵守节拍时间。

（2）标准作业顺序

作业顺序是指按照操作人员在运送工件、机器上工、下工等操作的时间先后来排列工件的加工顺序。标准作业详细记载了操作人员的作业顺序，同时，还记载了各道加工作业的作业时间。

为了在同一生产单元或生产线上达成生产的平衡，所有的操作人员都必须在标准周期内完成作业，以使作业顺序被连贯地遵循。

（3）标准在制品数量

标准在制品数量是指作业时一些必要工位上的在制品以及停留在机台的物品数量。

一般而言，依照加工工序作业时，附在各个机器上的标准在制品，应既要满足连续生产的需要，又不会造成生产线上的半成品的积压。

2. 标准作业的种类

根据作用对象不同，可以将标准作业分为程序标准和规范标准两类。程序标准指规范工作方法的标准；规范标准指规定工作成果的标准。图1—4为标准作业的种类。

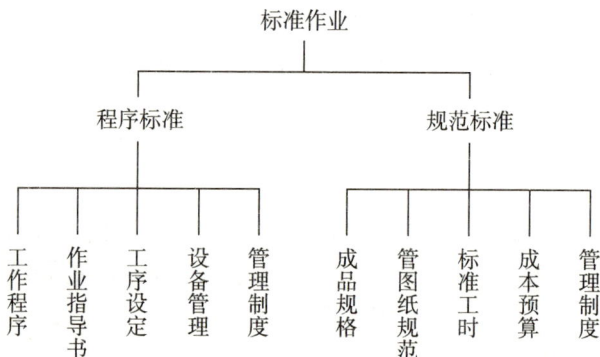

图1—4　标准作业种类图

3. 标准作业的目标

标准作业适用于企业运营中的各个环节，通过全面推行标准作业，可以为企业的经营管理实现以下几个目标：

（1）降低单元生产成本

标准作业将作业过程划分为一个个时间值基本相等的工作单元，将复杂、费时、费力的劳动转变为简单易行的平行作业过程，加快了产品的下线速度，相应地也就降低了单件产品的成本。

（2）提高产品质量，增加客户满意度

采用标准的作业方法，摒弃违规操作，将每一个零部件的生产、安装都做到符合标准，从而提高了产品质量，客户的满意度自然也就提高了。

（3）降低库存管理成本

在实施标准作业以后，生产运作人员在制订生产计划，编写生产进度计划时，就能更精确地计算出所需要的原材料以及外购件的数量，避免了为防止生产中断而盲目增加库存。

（4）增加员工满意度与工作积极性

在实施标准作业之后，员工的工作量大大地增加了，这是一个不争的事实，但是员工的满意度与工作积极性也会随之增加。这是因为，一线员工如果每天能够超额完成任务，都能清楚地知道自己将获得多少奖励，能够通过更多的劳动来换取更多的物质报酬，对他们来说自然是一件好事。

4. 标准作业的制定步骤

标准作业能够为企业带来以上多种益处，企业制定标准作业可参照以下四步：

4.1　识别工作步骤

在识别浪费时，要首先把握整体性和系统性。标准作业主要用于规范操作者的动作和消除等待。首先从较高的层次入手，之后再逐层进行细节分析。这一阶段的工作主要是通过作业分析，分解出工作的具体步骤，使大的浪费暴露出来。

4.2　记录各步骤花费时间

记录时要将员工花费的时间分为两类，工作时间和移动时间。工作时间是员工的实际操作时间，而移动时间包括行走时间等。需要注意的是，我们一定要将二者区分统计，以便发现浪费之处。表1—9为时间统计表。

表 1—9　　　　　　　　　　　作业时间统计表

工作步骤	工作时间（S）	移动时间（S）
1. 取 A 配件	1	2
2. 到装配区，组装 A 配件	4	2
3. 取 B 配件	1	3
4. 到装配区，组装 B 配件	4	3
5. 取 C 配件	2	3
6. 到装配区，组装 C 配件	5	3
7. 取固定支架	1	2
8. 装配	6	2
统计	24	22

4.3　绘制现场图

绘制的图为工作区域的鸟瞰图。包括操作地点、工作步骤等，并且将工作步骤用一条折线连接。此图的作用就是帮助我们发现浪费。图的大小要足以清楚、完整地显示现场全貌。通过仔细分析此图，就可以找到流程中存在的浪费和不合理现象，如图 1—5 所示。

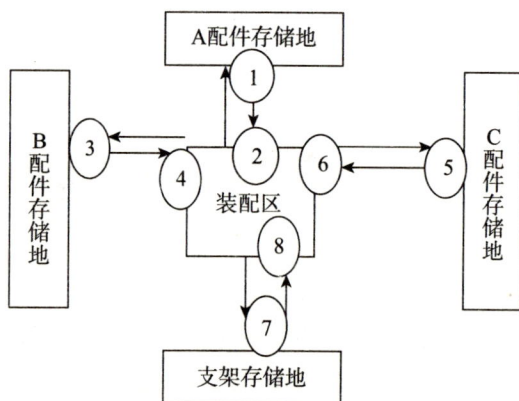

图 1—5　浪费分析图

通过对时间统计表和现场图的分析，我们要试图发现其中存在的浪费现象并提出改进意见。比如我们发现操作中移动时间太长，而现场图中存在大量的原路返回现象，我们就可以通过重新布置现场来进行改善。

4.4　制定标准

在发现浪费现象并改善之后，我们就要制定作业的标准程序，并且要鼓励员工继续发现浪费问题，以不断完善标准程序。

企业可以通过动作分析等方法制定标准作业，形成标准作业指导书。

动作分析

动作分析法是将操作动作分解为最小的分析单位——动素，通过对动素进行定性研究，找出合理有效的动作，从而缩短作业时间，达成标准作业。

1. 动作的分类及分析

动作分析的基本单位是动素。动素是指人体不能再分割的基本动作。

1.1　动素的分类

工业工程学科将人的操作分解成 18 种最小的单位——动素。这 18 种动素可以归纳成三大类：

第一类：完成作业所必需的关键动素。对此类动素的改善要通过调整动素组合顺序、优化工作现场等手段来实现。

第二类：辅助动素。为完成第一类动素作辅助，此类动素会影响到第一类动素的执行，要尽量予以消除或减少。

第三类：对作业无益的动素。

表 1—10 给出了动素的定义。

表 1—10　　　　　　　　　　18 种动素的定义

动素定义			分类	A. 工作有效推进的动作		
				B. 造成工作延迟的动作		
				C. 动作本身不能推进作业		
NO	名称	英文缩写	符号	符号说明	分类	定义
1	伸手	T E	⌣	手中无物的形状	A	空手移动，伸向目标以称空运。
2	提取	Grasp	⌒	手握物品的形状	A	手或身体的某些部位充分控制物体。
3	移物	T L	⌣⃝	手中放有物品的形状	A	手或身体的某些部分移动物品的动物，又称实运。

续前表

动素定义			分类	A. 工作有效推进的动作		
				B. 造成工作延迟的动作		
				C. 动作本身不能推进作业		

NO	名称	英文缩写	符号	符号说明	分类	定义
4	装配	Assemble		装配的形状	A	将零部件组合成一件物品动作。
5	拆卸	Disassemble		从装配物拆离物品的形状	A	将装配物进行分离和拆解的动物。
6	使用	Use		Use 的 U 字形	A	利用器具或装置所做的动物，称使用或应用。
7	放手	RL		从手中掉下物品的形状	A	握取的相反动作，放开控制物的动作。
8	检查	Inspect		透镜的形状	A	将目的物与基准进行品质、数量的比较的动作。
9	寻找	Search		眼睛寻求物品的形状	B	通过五官找寻物体的动作。
10	发现	Find		找到物品的眼睛形状	B	发现寻找目的物的瞬间动作。
11	选择	Select		指定选择物箭头形状	B	多个物品中选择需要物品的五官动作。
12	计划	Plan		手放头部思考的运作	B	作业中决定下一步工作的思考与计划。
13	预定位	P—P		透镜的形状	B	物体定位前先将物体定置到预定位置，又称预定。
14	定位	Position		物品放在手前端形状	B	以将物体旋转于所需正确位置为目的而进行的动作，称对准。
15	持住	Hold		磁石吸住物体形状	C	手握物品保持静止状态，又称拿住。
16	休息	Rest		人坐于椅上形状	C	为消除疲劳而停止工作的状态。
17	迟延	UD		人倒下的形状	C	不可避免的停顿。
18	故延	AD		人睡觉的形状	C	可以避免的停顿。

1.2　动作分析的要求

在实际运用中，动作分析人员要对操作人员的各种动作分析研究，去掉不增加价值的动作，减轻操作者疲劳度，简化操作方法，发现空闲时间，然后将必要的动作组合成标准动作，并匹配与之相应的工具及工作地布置，达到人的操作与机器的运转相配合，提升作业效率的目的。

2. 动作经济

进行动作分析的目的就是要寻求既省时省力又能保证效率的操作方法。因此在实践中就要遵循"动作经济原则"。动作经济原则的基本思想就是要尽可能发挥操作者的最高工作效率，并配备合理的现场环境、机器、工具。动作经济原则包括三个方面，即与人体有关的原则、与作业地布置有关的原则、与工具和设备相关的原则。

与人体相关的原则

人在操作时身体的动作可以分为六个等级，从低到高依次是手指的动作、手腕的动作、手肘的移动、大臂的移动、脚的移动、弯腰的动作。在作业时应尽量使用较低等级的动作。此外，还应考虑在作业时要尽量剔除不必要的动作；动作距离要尽量短等因素。在实际应用中我们的分析点有以下几点：

（1）双手应该同时开始和结束操作；

（2）双手的动作尽量对称；

（3）除休息时间外双手不应同时空闲；

（4）优先进行等级较低的动作；

（5）尽量利用物体的惯性操作；

（6）动作最好以圆滑的曲线运动；

（7）要注意动作的节奏性。

与作业地布置相关的原则

生产现场的布置情况也会对操作者的动作造成很大的影响。比如原材料存放地较远就会影响操作者的动作，具体的分析要点如下：

（1）工具、加工件、物料要定位放置；

（2）工具、加工件、物料应布置于最易取得的位置；

（3）要尽量利用物品的自身重力予以传送；

（4）生产现场应配有合适的照明；

（5）工作台和座椅的高度、形状应使操作者舒适、方便；

（6）喂料时尽量采用重力喂料。

现场工具和设备的配置要适合操作者，分析要点如下：

（1）尽量使操作者以脚部动力来代替手的动作；

（2）尽可能使用组合型工具；

（3）设法使工具使用后自动返回原处；

（4）工具的放置位置尽可能离操作者近；

（5）尽量增大工具手柄和手掌的接触面积。

3. 动作改善

企业在根据动作经济原则进行动作分析之后，可根据表 1—11 动素的实际改善点进行改善。

表 1—11　　　　　　　　　　动素改善要点

动素	改善要点
伸手	（1）作业场地的布置可以使手运行的距离缩短。 （2）手的运行应为水平方向，尽量避免垂直方向。 （3）手的运行中不应该存在阻挡。
抓取	（1）存储物品的器具是否利于抓取？ （2）抓取物品的位置是否合适？ （3）物品的外形是否有利于抓取？
移物	（1）尽量将移动距离缩短。 （2）移动物体途中有无障碍？ （3）尽量采用自动化传输。 （4）搬运工具的合理利用。 （5）尽量使工具自动复位。
定位	（1）借助导轨等工具以更好地定位。 （2）物品的形状是否适合定位？
装配	（1）可采用固定装置使装配更方便。 （2）可否批量装配？
分解	（1）考虑使用专门工具拆分。 （2）可否批量拆分？
使用	（1）工具的形状、大小能否改变？ （2）工具、设备应简单有效。 （3）工具的使用方法可否优化？

续前表

动素	改善要点
放手	(1) 放手的位置设置应合理。 (2) 能否借助于工具使放手简便？ (3) 放手的同时可否进行其他动作？
思考	(1) 可否不必思考就可完成作业？ (2) 能否简化思考？ (3) 思考的同时可否进行其他动作？
检查	(1) 检查可否简化？ (2) 几项检查可否同时进行？ (3) 使用样品对照检查？
寻找	(1) 物品分类是否清楚？ (2) 物品放置是否定位定量？ (3) 物品是否都与作业相关？ (4) 标识是否清楚？ (5) 物品尽量放置于操作者前方。
发现	是否可以缩短注意时间？
预位	(1) 能否在物品移动的同时预位？ (2) 使用辅助装置进行预位。
选择	物品摆放是否整齐有序？
保持	(1) 保持的时间尽量要短。 (2) 可否使用工具保持？ (3) 物品的形状是否易于保持？
延迟	(1) 能否缩短延迟？ (2) 延迟的同时可否进行其他操作？
休息	(1) 休息时间要充分而合理。 (2) 改善作业环境以消除疲劳。
故延	避免故延。

标准作业指导书

标准作业指导书（简称 SOP）是以文件的形式描述作业人员在生产作业过程

中的标准操作方法、操作步骤和应遵守的规则，是作业人员的作业指导书，是检验员用于指导工作的依据。

1. 标准作业指导书的内容

标准作业指导书用于指导作业过程、完成标准化作业，应当包括的内容如表1—12所示。

表 1—12　　　　　　　　　　标准作业指导书的主要内容

序号	内容	说明
1	机种名称	以公司规定的机种名称为主。
2	作业名称	标明此工作站的作业名称。如，点胶、锡面检视。
3	作业段别	标明此作业位于哪一工程段。如，转子段、定子段、组装段。
4	站别	标示此工作站位于工程段中第几站，以利排线。
5	作业内容	标示此工作站的工作项目及顺序。
6	注意事项	标明每项工作项目的内容与要求。
7	图示	以绘图或照相的方式说明工作内容与注意事项。
8	使用工具	标明此工作站所需使用到的工具、治具、仪器与工具的设定条件。
9	使用之零件	此工作点所需使用到的零件，须标明零件料号、规格、工程位置、用量。
10	变更记事	记录此项作业变更的事项与原因。
11	版本	用以管控此项工作的指导书。
12	判定	注明作业的标准。
13	标准工时	标明该工作站作业的标准时间。

2. 标准作业指导书的作用

对于生产工序复杂的企业来说，依靠口头传授操作方法不能很好地控制生产过程。因此，必须制订标准作业指导书，以指导各工序的操作方法及步骤。标准作业指导书的作用体现在以下几点：

（1）有效指导生产过程，保证人员操作的统一、准确；

（2）使操作人员迅速掌握高效工作的方法，有助于提高整体运作效率；

（3）以作业标准为依据追查不合格产品产生的根本原因，有利于作业方法的改善；

（4）积累操作经验记录，避免因技术人员的流动而导致企业生产技术流失。

3. 标准作业指导书的编制

标准作业指导书是以操作程序和内容为主题来进行编制的，力求一目了然，使员工容易理解、易于遵守，从而达到生产管理的目标。

3.1　编写原则

在编写时，要坚持以下原则，如表 1—13 所示。

表 1—13　　　　　　　　　　　　　　　　　编写的原则

原则	内容
符合性	符合企业的质量、标准化作业方针和目标的要求。
确定性	即对何时、何地、由谁、依据什么文件、怎么做及应保留什么记录等，加以明确规定，排除管理与操作的随意性。
相容性	应与其他标准文件保持相容性，不仅协调一致、不产生矛盾，而且各自为实现总目标承担相应责任。
可操作性	必须符合现场生产的客观实际，具有可操作性，以保证有效地贯彻实施。
系统性	明确每个文件在标准体系中的作用，同时保证系统性，并施以有效地反馈控制。
简化	简化标准作业文件，可节省时间，减少差错，降低人员素质和培训要求。
优化	明确目标、约束条件（包括各种可能的负面效应），并找出其间的规律，以寻求最佳方案。
独立性	应贯彻独立性原则，以保证评价的客观性、真实性和公正性。
区别	应对各种活动实行区别对待，分类指导，从问题的重要性和实际情况出发决定对策。
动态控制	不断跟踪情况的变化和运行实施的效果，及时、准确反馈信息，并调整控制的方法和力度，从而保证标准作业文件能适应各种条件的变化，持续有效地运行。

3.2　编制步骤

编写标准作业指导书时，应按步骤进行，做到细致、准确、无遗漏，必要时可以将作业过程或过程中的关键环节拍摄下来，在标准作业指导书中予以分析解释。标准作业指导书编写步骤，如表 1—14 所示。

在编写标准作业指导书时，还要注意以下事项：

（1）明确标准作业指导书的编写目的；

（2）标准作业指导书的编写任务一般要由具体部门承担；

（3）当标准作业指导书的内容与其他作业发生冲突时，要认真处理好接口；

（4）在编写标准作业指导书时，要尽量允许相关操作人员参与进来，以使作业指导书的内容与实际情况相符。

表1—14　　　　　　　　　　　　　编写步骤

步骤	说明
成立标准作业指导书编写小组	以班组长和技术骨干为中心的标准作业指导书编制小组。
收集相关资料	确定切实需要作业指导的作业项目，收集作业的操作资料（可通过观察和询问作业人员获取）。
编制标准作业指导书	参照搜集到的资料，整理标准作业指导书，并上交相关部门审批。
报批标准作业指导书	对于审核没有通过的，编制人员需要参考审核人员的意见以及建议，对标准作业指导书进行修改，并提交复审。
投入使用	将通过复审的标准作业指导书印发成册，对相关员工进行培训，之后派发给个人，并指导现场实施。
接受反馈、修正	发现标准作业指导书中的问题，进行修改、补充、完善，达到持续改进的目的，使指导书时刻满足操作需求。

4. 标准作业书的使用

作业现场的标准作业指导书一般都安装在作业员正面可见的位置，确保生产人员随时可见，为生产作业和产品质量提供保障。作业现场的标准作业指导书安装位置，如图1—6所示。

图1—6　标准作业指导书的安装位置

标准作业指导书的发放和使用要注意以下几点：

（1）由于作业指导书是受控文件，只能经过批准后在规定的场合使用，因此，作业现场的标准作业指导书发放和使用都应当有详细的记录。

（2）并非每个工位都要配备作业指导书，只有在"没有作业指导书就无法保证质量"时才使用；作业现场的作业指导书应当统一规划和安装，确保美观、大方，杜绝凌乱现象。

（3）使用中的作业指导书，都应当确认是受控的有效版本。

（4）作业指导书如需修订，应当在修订工作完成之后，将旧的受控文件退回发放部门，换取新的受控版本。

在各岗位配备作业指导书，能够有效规范作业人员的生产操作，从作业细节上确保产品质量。

第 3 节　标准作业时间

在生产过程中由于各种原因和漏洞使花费的非生产时间很长，导致成本增高，降低企业的竞争力，所以在实施精益管理的过程中，一定要进行标准作业时间的研究。标准作业时间是衡量一切作业的标准，具备较高的客观性和公平性，精益化的全部方法和手段都是为了保证所制定的标准工时合理。

标准时间研究

标准时间是指在一定的标准条件下，以一定的作业方法，由经过良好训练的合格作业员，以合理的劳动强度和速度、合理的操作方法，完成符合要求的作业的时间。这个定义中有六个原则，如表 1—15 所示。

表 1—15　　　　　　　　　　标准时间定义的六个原则

序号	要求指标	具体内容
1	合格	一般是指操作员的熟练程度，要求中上水平，了解操作顺序、掌握机器操作及工具使用。
2	操作条件	正常的操作条件，保证工人不在易引起疲劳的情况下工作。
3	操作方法	按标准的动作、方式操作。
4	作业要求	能够完成生产加工任务，顺利通过工位自检和生产线检查。
5	作业时间	获得最短的作业时间。
6	劳动强度	保持在工序允许的范围内。

经过这些指标所完成的标准作业是衡量生产效率的基准，也是精益生产的基础。

1. 标准时间的组成

标准时间包含各种不同范围的时间值，一般由有效的作业时间和宽放时间构成。标准时间的组成，如图1—7所示。

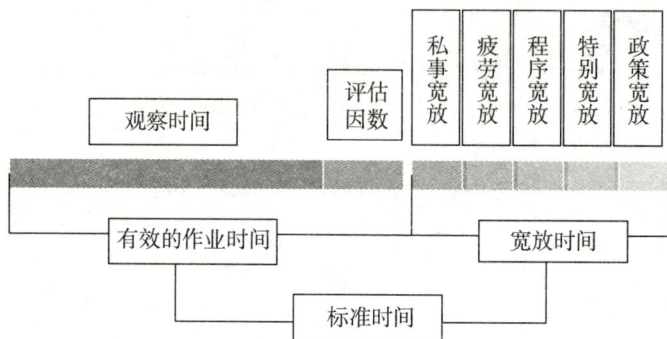

图1—7　标准时间的组成

在不同的作业场合，标准时间的构成因素相同，但是各个因素所占的比例却不尽相同。一般来讲，工作环境差、工作负荷大和易疲劳的工种宽放时间相对较多一点，而工作条件相对舒适的工种，有效的作业时间占据标准时间的绝大部分。

（1）有效作业时间

有效作业时间是指操作人员对原材料或者半成品的加工时间，包括安装、拆卸、锻压等。

（2）观察时间

观察时间即观测者利用秒表或其他计时工具对于操作者的作业过程进行时间的记录。对于时间较短的操作过程，由于其前后的观测时间相对误差比较大，观测的次数应相对较多，一般选择40～50次；而操作过程持续时间较长的作业，前后观测结果的误差一般比较小，观测次数可以相对较少，10～20次即可。将得到的结果加以平均就可以获得观察时间。

（3）评估系数

由于时间的测定是针对一个操作工人进行，其动作的速度与观测者所认定的正常速度会有一定的出入，因此，可以将测得的时间乘以一定的评估系数进行修正。

有效作业时间=测定时间+修正时间=测定时间×评估系数（50%～150%）

如果操作者的速度比较快，可以根据需要将评估系数定为95%、90%等。如果操作者动作较慢，将评估系数定为110%、105%等即可。

（4）宽放时间

生产过程中操作人员进行非纯作业所消耗的附加时间，以及补偿某些影响作业的时间，如更换衣物、疲劳休息、去厕所、聊天等时间。一般要求宽放时间的设定应不超过有效作业时间的 10％。

2. 标准时间的特点

标准时间的出现已有百年之久，在众多制造型企业中得到了广泛的使用。其中，丰田精益生产大师大野耐一在测定标准时间时有着独特的做法。

大野耐一在丰田生产现场看到一个非常有趣的现象。当作业人员看到工程师站在身后掐着秒表就知道他们在测定作业时间，于是作业人员就故意放慢作业速度，甚至于一些人员还会做出上厕所、整理工具等磨洋工等现象。针对这些情况，大野耐一认为，如果一项工作做 20 次，然后取其平均值作为标准时间就大错特错了。他苛刻地认为，应该取 20 次中最短的一次作为标准时间。大野耐一的理由是，即使同一项工作，每次都采用的类似的作业手法，时间上也一定会有差异。那么，其中所用时间最短的一次一定是因为采用了最正确的做法。对于其他几次为什么会花费更多的时间，一定有其改善的原因。

大野耐一这种独特的理念，正确地找出了标准时间。在生产作业管理中，标准时间的特点主要有以下三点：

（1）可测性。标准时间的测算方便易行。

（2）适用性。利用标准时间，可以推算产量和企业的生产能力，估计企业的接单能力。如今这种方法在制造业以及电子装配等行业的应用已经相当成熟。

（3）客观性。标准时间的结果不因人的意志为转移，所有数据都是现场所得，而不是研究人员的凭空猜测和估计。即便是宽放率等因子的确定，也要因不同行业实际确定取值范围。

3. 标准时间的作用

时间就是效率。工人一天的工作时间有限，如果能将多余的动作去掉，也就意味着在有限的时间内可以创造更多的价值，这也是有些企业想方设法节约单件产品的生产时间、加快产品下线速度的原因了。标准时间就是以工作时间为基础，用各种方法得到各个作业的时间，并用科学的方法对其进行标准化处理，在经过实践证实其可行性之后即可作为标准投入使用。

标准时间在管理过程中作用巨大，是生产管理的重要衡量尺度。设定标准时间有以下作用：

（1）决定工作时间标准，并用以控制人工成本；

（2）决定标准成本，并作为标准预算的依据；

（3）使作业者的工作时间保持平衡，作业效率得到提升；

(4) 决定工作日程及工作计划，为标准成本建立基本数据；

(5) 决定机器的使用效率，并用以帮助解决生产线的平衡；

(6) 建立衡量生产力以及作业效率的基础数据；

(7) 是人员安排的重要依据。

标准时间是科学管理的一项基本的工具，其设定必须反复实践，要得到相关人员的认可、吸纳才行，且最忌讳在标准时间设定完以后不严格执，空喊提高效率的口号。

4. 标准时间的计算方法

一般而言，标准时间可以由下面的公式计算得到：

$$标准时间 = 观察时间 \times 评估系数 \times （1+宽放率）$$
$$= 有效作业时间 \times （1+宽放率）$$

其中，观察时间是实际观测得到的时间值的平均，但由于受到作业者熟练度、工作意愿、情绪、疲劳程度等的影响，它并不能代表真实的情况，应予以修正，即乘以一定的评估系数，最后求得有效作业时间。在有效作业时间的基础上考虑必要的宽放时间，作为疲劳、更换衣物、擦汗、上厕所等必须要项的补充，得到准确的标准时间。

作业时间的测定在计算标准时间的过程中举足轻重，工作抽样法、预定标准时间法、秒表时间研究是应用最广泛、最成功的预定时间标准法。

工作抽样法

工作抽样法是测定标准作业时间最主要的方法之一。工作抽样法，又称瞬时观测法，是在一定时间段内随机观测研究对象，以样本的状态来推断研究对象的情况。工作抽样法首创于1934英国统计学家蒂皮特运用统计学与概率论的理论，在纺织厂采用抽样管理的方式调查织布机的工作效率。此后该管理技术经莫罗、巴恩斯等人的完善而得到重视，并被广泛应用。

1. 抽样原则

抽样对标准时间的计算结果有着非常重要的影响，因此，为取得的数值真实有效，工作抽样法在进行抽样时必须遵守以下原则：

（1）采用随机观测的方式

工作抽样必须采用随机观测：一是时间上的随机观测，以没有任何关联的不同时间点进行观测；二是路线上的随机观测，观测时不走同样的路线，或依照一定的观测对象顺序，以免被观测人员产生防备心理。

（2）样本必须具备有效的代表性

抽样对象必须是同质性较高的，才能确保抽样结果的价值。例如，手工装配车间与设备自动化车间万万不可混在一起观测。

此外，抽样的时空环境也很重要。例如，车间员工刚刚进行调动的短时间内不宜抽查。而且，观测时要确保被观察人员以正常的工作状态接受观测，其紧张、反感、兴奋等情绪都会影响观测值的准确性。

（3）抽样必须有大量的资料

观测数据要符合合理样本数，一般而言需要几百个、上千个数据。如观测对象有限，可增加日观测次数、观测天数等，以获取预期的资料数量。

（4）分析资料必须采用原始资料

用于工作抽样的数据资料必须是原始资料，不能经过再加工，否则容易掩盖实际情况，导致分析人员无法做出准确的判断。

2. 工作抽样法的优点

工作抽样法采用瞬间观测方法，不会给人压迫感，且观测方法简单，对观测人员的要求比较低。除此之外，工作抽样法还具有以下优点：

（1）具有经济性，能够同时观测多个对象，也容易进行同步作业的观测；

（2）观测数据失真率低，准确性高，能确保观测结果的精度；

（3）观测对象范围广泛，适用性强，可用于多种作业的同时观测；

（4）可以在任何时间中断或再继续观测，而不影响其结果。

3. 工作抽样的步骤

虽然，工作抽样看起来是一项很简单的技术，但在实际运用的过程中需要严格按照程序实施，才能确保结果的有效性，具体步骤如下：

（1）确定调查对象

调查对象的不同会影响到观测次数、调查方法等，所以首先要明确调查的对象。比如如果调查对象的运行周期较长，就要适当的增加观测次数以确保调查的准确性。

（2）选择观测方法

根据生产现场布置情况和观测对象决定观测地点和方法，以保证观测的有效进行。观测方法要以不影响正常生产为原则。

（3）设计调查记录表

记录表的设计要包含观测对象、观测次数、观测值等基本要素，具体形式可根据实际观测目的确定。

（4）试观测

正式观测之前，需要进行试验性的观测，观测次数只要能正常反映实际情况即可。通过试观测，初步得到一个事件发生概率，之后根据前面的公式确定观测次数。

（5）正式观测

①确定观测时刻：观测时要根据观测次数和实际情况确定观测的时间点，观测时间点要保证选取的随机性，否则观测值将不具有代表性。

②观测：观察者按照事先确定的观测次数和观测时刻进行实地观测，准确记录观测到的数值。记录时要完全按照实际情况，不能附加个人因素，以保证观测值的真实有效。

（6）数据处理

得到观测值之后，不能马上作计算，因为观测过程中不可避免地受到人为因素的干扰，需要将这种干扰降到最低程度，所以要对数据进行处理。

①去除异常值：经过观测记录之后，要根据管理图的管理界限剔除异常值。一般管理界限的确定可以按照以下的公式：

$$管理上（下）限 = \bar{P} \pm 3\sqrt{\frac{\bar{P}(1-\bar{P})}{n}}$$

式中：$\bar{P}$——观测值的平均值

n——观测次数

②计算：确定剔除异常值后的观测次数是否达到要求，如果不够需要，继续观测；去掉异常值后，根据事件发生率计算精度是否达到要求，如果符合要求则发生率有效，否则要继续观测以取得有效值。

$$相对精度\ s = 2\sqrt{\frac{1-\bar{P}}{n\bar{P}}}$$

剔除异常值后的标准时间的计算如下：

$$标准时间 = \frac{总观测时间 \times 工作比率 \times 平均绩效指标}{观测时间内产量} + 宽放时间$$

$$绩效指标 = \frac{生产应消耗的时间}{实际消耗的时间} \times 100\%$$

预定标准时间法

预定标准时间法（简称 PTS 法）是国际通用的一种用于计算标准动作时间

的工作衡量技术。它建立在动作分析的基础上，通过对作业过程的研究，去除完全无意义的第三类动素，并通过辅助设施，减少或消除第二类动素的阻碍作用，提高完成第一类动素的效率。在 20 世纪初期，人们针对动素的进一步研究，通过摄影方法再次细分作业动作，研究出世界上第一个预定标准时间法的时值表。如今，时值表已经发展出 MF、MTM 和 MODAPTS 法等。

1. 预定时间标准法的分类

预定标准时间法有很多种，根据基本动作的分类与使用时间单位的不同而不同。MTM 法和 MODAPTS 法是其中两种主要的方法。这里，我们将主要介绍 MODAPTS 法。MODAPTS 法是经 MTM 简化而来的。

1.1　MODAPTS 法

MODAPTS 法（简称模特排时法）是 1966 年由澳大利亚的 G. C. Heyde 博士发明的。该方法简单、方便，结果准确可靠。其中 1MOD＝0.129 秒（不含宽放率）；1MOD＝1/7 秒（含 10% 的宽放率）。

MODAPTS 法是运用 21 个基本动作符号，将操作人员的动作表示出来。基本动作说明如表 1—16 所示。

表 1—16　　　　　　　　　　基本动作说明

动作	动作细分	动作细分	动作细分	时间值（MOD）
上肢基本动作	移动动作	移动动作	手指动作	1
			手腕动作	2
			小臂动作	3
			大臂动作	4
			伸直的手臂	5
	终结动作	抓取动作	触碰	0
			简单的抓	1
			复杂的抓取	3
		放置动作	简单的放置	0
			复杂的放置	2
			组装	5

续前表

动作	动作细分	动作细分	动作细分	时间值（MOD）
其他动作	下肢动作		足踏动作	3
			走路动作	5
			目视动作	2
			矫正动作	2
	其他动作		判断反应动作	3
			按下动作	4
			旋转动作	4
			坐下→起身；起身→坐下动作	30
			弯腰→直立；直立→弯腰动作	17
	附加动作		重量因素	1

MODAPTS 法应用范围之所以比其他方法广，是由其特点决定的：

（1）将手指移动所持续的时间作为一个时间单位，其他动作所持续的时间都是它的整数倍。

（2）身体的各部位的动作详细分解为 21 个基本动作。

（3）动作分析比较简单。

（4）易于改进，适用范围广。

用 MODAPTS 法确定标准工时的方法和 MTM 法非常接近，他们都是通过分析组成作业动作的结果，得到最终的标准工时。

1.2 MTM 法

MTM 法是根据动作的形态将动作分解成若干个要素，再从 MTM 动素时值表中查出相应的时间标准，从而计算出整个动作的标准工时。

MTM 法的动作要素包括：伸手（R，reach）、搬运（M，move）、转动（T，turn）、压（AP，apply pressure）、抓（G，grasp）、定位（P，postion）、放下（RL，release）、拆卸（D，disengage）、搜寻（ET，eye travel）、凝视（EF，eye focus）、旋转（C，cranking motion）和全身运动。各动作要素操作的基本时间单位为 TMU，且有：$1TMU = 10^{-5}$ 小时 $= 0.036$ 秒。

2. 预定时间标准法的优点及局限性

预定时间标准法是国际公认的制定标准作业时间的先进技术。其主要利用预先制定的各项操作的标准时间来确定进行各项操作需要的时间，而不是通过观察和测量来确定。

2.1　预先时间标准法的优点

与其他制定标准作业时间的方法相比，预先时间标准法有以下优点：

（1）在作业测定中，不需要对操作人员的速度、努力程度等进行评价，在工作前就可以客观地预先确定作业标准时间，并制定操作规程。

（2）可以详细记述操作方法，并查表得到各项基本动作的时值，从而对操作进行合理化改进。

（3）不用经过时间研究，就可以对不同的新方法进行比较。

（4）当作业方法发生变更时，必须修订作业标准时间，但所依据的预定动作时间标准不变。

（5）大大减少了读数错误等引起不正确结果的可能性，所设定的时间标准具有很高的一致性。

虽然预先时间标准法在标准工时制定方面很有优势，但是也决不可忽视其局限性，否则再具有优势的方法也会现出弊端。

2.2　预先时间标准法的局限

在日常实践中，预先时间标准法的应用主要存在以下几种局限：

（1）工作必须分解成基本动作。对于许多进行多品种小批量生产、以工艺对象专业化为生产组织方式的企业来说都是不实用的。在这样的企业中，工作种类繁多而动作重复性较低。

（2）标准数据不能反映所有企业的情况。对于一个企业是正常的事情，在另一个企业也许是不正常的。因而，被观测的操作人员也不能反映所有操作人员的状况。

（3）需要考虑调节的因素很多，几乎快到了无法进一步操作的地步。例如，在某些情况下，移动物体所需的时间也许与物体的形状有关，但是分析时值的设定并没有考虑这一因素。

（4）这种技术建立在一种假设的基础上，即整个工作时间可用基本动作时间的加和得到。这便忽略了一种可能性，即实际工作时间与各动作次序相关。

（5）由于这种技术表面上看起来使用方便，因此容易不分场合地错误使用。事实上，分解基本动作和确定调节因素时要求分析人员自身必须具备一定的技能水平和操作经验。

3. 预先时间标准法的操作步骤

预先时间标准法直接用于动作研究，该方法的操作步骤如下：

(1) 将工作或工作单元分解成基本动作。每个基本动作都对应着一定的时间，可以从时值表中查到（如表1—16）。

(2) 确定调节因素，以便选择合适的表格值。在确定动作时值的同时，要关注调节，如：重量、距离、物体尺寸及动作难度等。

(3) 计算动作的标准时间，得出工作的正常时间。

(4) 在正常时间上加上宽放时间，得出标准工作时间。宽放率的确定需要考虑操作人员生理和心理情况，如私事宽放5%，疲劳宽放5%，作业放宽50%等，一般取正常时间的5%到15%计算。计算公式如下：

标准时间＝正常时间×（1＋宽放率）

秒表时间研究

秒表时间研究就是利用秒表作为时间观测的工具，在标准状态下对合格的作业人员的操作过程进行时间研究，最终确定标准工时。该技术是由科学管理之父泰勒发明的，到现在依然是全世界范围内最普遍的确定标准工时的技术。

1. 秒表时间研究原则

秒表时间研究的进行需要周密的安排和部署，对实际操作中可能发生的问题要提前解决。用秒表时间法测定标准作业时间时，应遵循以下基本原则：

(1) 观测时要保证操作者按照标准操作方法操作。观察的操作者要能代表合格操作者的一般水平。

(2) 观测时不能影响操作者的正常工作，要保证观测值可以代表操作者平时的操作情况。

(3) 各单元观测时间既不宜太长也不宜太短，一般选取几秒到几十秒的范围内。

2. 秒表时间法的优点及局限性

秒表时间研究主要应用于重复循环型作业的标准时间的设定，但重复循环持续的时间，要大大超过抽样或观察所需要的时间。

2.1 秒表时间研究的优点

秒表时间研究是测定标准作业时间技术中的一种常用方法。与工作抽样法和预定标准时间法相比，秒表时间研究法有以下优点：

(1) 测定时间的选择是随机的，无任何主观意图的影响，因此观测结果具有充分的代表性。

（2）观测的次数是根据科学的计算确定的，能保证规定精度要求。

（3）观测结果的误差可事先通过计算控制在一定范围内，计算结果比较可靠。

2.2　秒表时间研究的局限性

秒表时间研究不需要仔细的思考作业的具体过程，通过秒表记录全过程得出统计数据即可。但是，这一技术也有其应用的局限性。

（1）测评结果随机性大。因为，实测的数据难免会受作业人员熟练度、工作情绪，工作环境等多种因素影响，而且不同的测定人员经验、能力也有所差别。如果测定人员的经验积累有限，那么数据偏差便会很大。

（2）秒表时间研究的数据复用性较差，基本每次测量只能使用一次；一旦发生工艺变化，就必须重新测定，不利于标准资料积累。

3. 秒表时间研究的步骤

进行时间研究需要掌握一套科学的方法和程序，同时还要有良好的沟通能力，获取被观测者的信任和合作，以保证观测数据资料的准确性，并能进行正确判断，取得时间研究成功。

3.1　秒表时间研究的工具准备

利用秒表进行时间研究需要准备的工具包括：秒表、计算器和用于记录的笔、纸等。其中，秒表是最重要的工具。现在企业里面普遍应用的是电子式秒表，较以前的机械秒表，电子式秒表具有时间差小的优点。

秒表计时的方式总共有 3 种，第一种是 60 进分秒式，即表面有 60 个刻度，每个刻度为 1 秒，转满一圈为 1 分钟；第二种为 100 进分式，即表面有 100 个刻度。每个刻度表示 0.01 分钟，转满一圈为 1 分钟；第三种为 100 进时式，表面有 100 个刻度，每个刻度是 0.000 1 小时，转满一圈为 0.01 小时。

最后一种计时方式的时间单位最小，因此，在理论上是最精确的。但是，通常情况下，以上 3 种计时方式都能够满足测时目的。

3.2　分析被测对象

被测对象可能是产品，也可能是半成品、零部件、制程或作业。如果被测对象之前已经确定过标准工时，那么，本次测量时需要核实之前确定的标准工时的工作方法和作业标准是否发生改变，如果没有改变，则不需要重复测时。需要注意的是，如果导致被测对象改变的因素与作业标准、工作方法等无关，则不一定需要重测标准工时。

3.3 确定工作方法和条件

由标准工时的定义可知，标准工时的测定是建立在合理的工作方法基础上的，因此，秒表法测时需要确定工作方法和作业条件的合理性。

确定工作方法和条件合理性内容包括三方面：

（1）确定测时人员和被测试人员所使用设备、夹具等是否精确合理。

（2）确定当时的工作条件是否合理，因为工作条件的优劣会影响宽放时间。

（3）确定测试人员是否掌握一定的工作方法，保证能够正确操作，得到正确的时间数据记录。

3.4 划分作业单元

划分计划单元是根据实际测时工作的需要。作业单元划分是利用秒表测时法成功测定标准工时的关键环节。因此，要确保作业单元划分的合理性，这通常需要遵守以下原则：

（1）作业单元要有明确的开始和结束的时间点，方便提醒测时人员及时记录时值。

（2）对于连续的操作，尽可能将其划分为一个单元；当工时太短时，则不宜继续划分。

（3）为了考虑评比因素，需要区分手动作业单元和设备自动作业单元。

（4）研究的作业单元只与生产相关。

（5）基本作业单元和辅助作业单元要分别记录。

某机械零件钻孔加工的作业单元划分，如表1—17所示。

表 1—17　　　　　　　　　　　　作业单元划分

作业顺序	作业单元	备注
1	将工作件放进钻台冶具内	
2	锁紧冶具上的螺丝	
3	移动钻刀刀工件上面	
4	钻深孔	
5	松开所有螺丝	
6	取出工件，放进零件箱	
7	用刷子认真刷除残余的削屑	

对于绝大多数的生产加工作业而言，如果人们仔细划分作业单元，就会发现大多数的作业都是由少数作业单元组成的。因此，认真、细致地划分作业单元，

就可以综合运用已有的作业单元标准时值，建立最终的标准工时，这会省去很多重复性工作。

3.5 确定记录次数

一般来说，记录的次数越多、观测的时间越长，研究出的结果越准确。在实际操作中，对于稳定性较好的工序来说记录次数可以适当减少以节约成本；对于长期使用的标准时间的制定来说记录和观测次数要增加以确保其准确性。假设现在要求可靠度95％、误差5％，可以按照下面的公式计算记录次数。

$$N = \left(\frac{40\sqrt{n\sum x^2 - \left(\sum x\right)^2}}{\sum x} \right)^2$$

其中：

N——观测次数

n——前期观测次数

x——观测值

3.6 实施记录

使用秒表观测每个单元花费的时间，并详细记录。记录表形式如表1—18。

表1—18 　　　　　　　　秒表时间研究记录表

研究日期：＿＿＿＿年＿＿月＿＿日　　观测工序：＿＿＿＿　　观测者：＿＿＿＿

起始时间：			完成时间：			经过时间：			操作者：	
作业单元号码	1	2	3	4	5	6	7	8	9	10	平均时间
1											
2											
3											
4											

3.7 时间修正

将得到的观测数据根据实际情况予以修正，考虑操作的难易程度、操作者熟练程度、作业环境的影响等因素，以确定一个正常的时间。

3.8 制定标准时间

通过对正常时间和宽放时间的综合考虑得到标准时间。算法如下：

标准时间＝正常时间＋（正常时间×宽放率）＝正常时间×（1＋宽放率）

宽放率的确定需要考虑操作者生理和心理情况，一般取正常时间的5％到15％计算。

第**2**章

现场管理

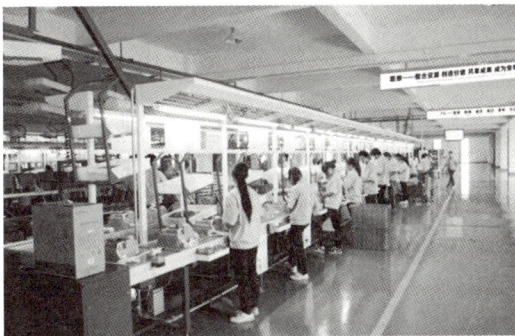

现场是生产顾客满意的产品或服务的场所，在企业内部具有举足轻重的地位。管理者必须重视现场管理的各种细节，才能不断优化现场管理水平，创造出整洁、高效的作业环境，进而为推行精益化提供基本保障。

　　　　　　　丰田的现场管理

　　克利斯迪安托·佐加是一位从事现场改善的咨询师，早年他曾服务于丰田汽车公司。他曾说起自己第一次被派往日本丰田工厂接受训练的情形：第一天，一位督导人员被指派为他的师傅，将他带到工厂的一个角落处，然后用粉笔在地上画了个小圆圈，告诉他整个上午都要待在这个圆圈里，同时关注有什么事情发生。于是，佐加专注地看了又看。但是随着时间的消逝，他感到越来越烦躁，因为他看到的都是例行重复的工作。最后，他恼火地说："我的督导想要做什么？我被派来学习经验的，可是他没教我任何东西。难道他想显示一下自己的权威？抑或这是一种训练？"幸好在他感到大受挫折之时，这位督导人员回来了，并将他带到会议室去。在会议室里，督导人员要求佐加描述他所观察到的一切。他被问到一些特别的问题，如"你在那儿看到什么？"，"对于那个流程你有何想法？"而佐加对这些问题大多无法作答。自此，佐加意识到自己的观察漏失了许多关键点。而后，督导人员向佐加耐心地解释那些无法回答的问题，用图表画在一张纸上，以便将整个流程描述得更清楚。此时，佐加意识到督导人员对流程有更深入地认识，同时也意识到自己的无知。他终于明白：现场是所有信息的来源。这位督导人员告诉他：要成为一个够格的丰田人，就必须喜欢现场，这是每一位丰田员工所必需的信念。

　　现场管理是指用科学的方法和管理原则对生产现场各要素，包括环境、设备、物料和操作人员等进行合理有效的计划、控制和协调，使其达到良好的结合状态，以达到高效、低耗安全生产的目的。

第 1 节　现场规划

　　现场规划是现场管理的基础，同时也是使用各种精益化技术进行生产改善的基础。现场规划是指根据生产现场的人员、设备、环境的实际情况，以提高生产效率、降低生产成本和保证操作人员人身安全为目的，对生产现场进行布局。

系统布局原则

　　系统布置设计法采用严密的系统分析手段和规范的系统设计步骤进行系统化布局设计，几乎可以应用于各种层面的系统布置实践中，具有很强的实践性。该技术是理查德·缪瑟于 1961 年提出的系统布置的经典管理技术。不过，在现代企业布局设计中直接应用系统布置设计法，可能会存在以下问题：

（1）不适合现代企业的生产特点。

（2）缺少物流战略规划。

（3）缺少动线分析过程。

针对这些问题，人们对系统布置设计法进行了改进，形成了动线型系统布置设计法。这一技术是基于市场订单需求、为拉动式生产而设置的，能紧随市场变化及时地、适度地进作出调整，是目前较为先进的一种精益布局技术。

1. 系统布局约束条件及原则

动线型系统布置设计法有利于创建材料和信息的连续流动和生产流程的精简，从最初始阶段去消除企业基本组建层面上的浪费。

不过，很多时候人们虽然严格按照动线型系统布置设计法的操作程序进行操作，但却未能使其功能能得到切实的发挥。究其原因，一方面是由于人们尚未熟练掌握动线型系统布置设计法的精髓，另一方面则是因其尚缺乏应用该技术的诀窍。

1.1 动线型系统布置设计法的约束性条件

动线型系统布置设计法的有效推行，是建立在两大约束性条件下的。如果未能满足这两大要求，那么布局活动本身就仍然属于传统布局，继续展现出传统布局的弊端，而无法发挥出精益布局技术的优势来。两大约束性条件说明如下：

（1）动线分析的准确性和动线设计的有效性

最好的动线设计就是让动线参与者（物流人员、操作人员等）能够按照设计的思路去行动，使其物流动线和人行动线具有最大的合理性和流畅性，并使搬运方法和搬运手段合理化，能够提高企业的运转效率。如果动线设计较为混乱，那么企业将因布局问题而导致后期运作效率降低，成本大幅增加。

（2）布局人员的精益思考力

应用动线型系统布置设计法的布局人员必须具有精益的思维方式。否则，他很难找到一个有助于精益化管理的切入点，也思考不出有助于精益化管理的布局手法、设计方案。因此，布局人员应秉持精益化精神，坚信"总有可改善的空间"，着力培养自身的精益思考力，主动尝试寻找更多的精益化布局视角。

1.2 系统布局原则

在系统布置设计的过程中，必须从布置设计、建筑方法、机械制造等多方面，来考虑采取多种规划方法。

（1）考虑到将来可能发生的变化，在布置设计时要适当地留下可变空间，对于暂时未加利用的区域可以进行绿化处理。

（2）将未来极有可能进行扩充的作业区，布置在足以扩展的纵深方向上。

（3）尽可能多地利用大跨度车间厂房，一则可以提高空间利用率，二则便于作业区在此厂房内做出局部调整。

（4）利用组合式厂房，可拆卸墙体。必要时，可重新组装搭建，更利于快速变动和调整布局。

2. 系统布局的目标

如果动线型系统布置设计法能够切实得到应用，企业很容易就会达成精益化系统布局的总目标。具体来说，企业在运用动线型系统布置设计法进行系统布局时应达到以下目标：

（1）避免在整个企业范围内货物和人员的流动发生阻断迂回、绕行和相互干扰等现象。

（2）便于在厂区内部进行快速变动和调整。

（3）便于作业单元之间的信息交换。

（4）使整体空间得到更合理的分配，提高空间利用率。

3. 系统布局法的应用步骤

动线型系统布置设计法使企业整体布局更加完善，全线运作效率更快捷，应对临时性布局变化也更加快速、灵活。而要建立合理的整体布局，必须严格依照标准的步骤进行，具体如下：

3.1　实施空间分配

一家生产型企业的空间通常由以下部分组成，如表 2—1 所示。

表 2—1　　　　　　　　　　企业的空间分配

空间分配	说明
原材料半成品库	用来存放外协件、标准件等，可根据需要和使用标准来确定仓库空间的大小。
机加工车间	车间布置一般有直线型、S 型等，可以根据实际需要，选择不同的产品流动路线，进而确定车间的空间大小。
热处理车间	热处理车间属于污染性车间，在布置时要考虑环保、风向、地势等因素。
动力设施部门	锅炉房、内部电厂等，一般需要放置在比较偏僻的位置。

续前表

空间分配	说明
成品库	根据企业的生产能力大小来确定仓库的规模。
办公楼	根据人员的多少来确定办公楼的占地面积。
道路等相关设施	满足卡车、挂车及叉车的使用需要，人行道与车行道同时进行规划。
绿化带	根据企业污染的严重程度以及完成必要部门的规划以后，剩余的空间用来规划绿化带。
大门	根据生产运输需要设定大门的数量及大小。

在实际的系统化布局设计过程中，要达到对空间最大限度的利用，一般可以采用以下方法来确定各个部门占地空间的大小。

（1）计算法

将设备运作、人员操作、材料存储、物流通行、辅助设施布置等所需的面积相加，得到该单位所需的总面积。

（2）概略布置法

应用模板或设备模型进行布置，并确定大致的面积。

（3）比率趋向预测法

根据以往的生产经验，对当前生产过程所需的面积大小进行预测。

（4）标准面积法

从工业标准中查找所需的面积，如仓库的跨度标准，如表2—2所示。

表2—2   仓库的跨度标准

仓库类型	跨度要求（m）
带天车仓库	18、24
带悬挂吊车仓库	12、15、18
多层仓库	6、9、12
带悬梁吊车仓库	12、15、18
带桥式堆垛起重机仓库	12、15、18、24
无吊车仓库	6、9、12、15、18、24

在完成企业空间分配后，就可以进行作业单位规划了。

3.2　作业单位规划

作业单位的规划一般要经历以下步骤：输入基础数据、确定设施布置类型、作业单位相互关系分析、绘制作业单位物流（是指实体物品从供应地到接受地的流动过程）与非物流综合关系表。下面依照上述步骤逐步进行分析与规划。

（1）输入数据

动线型系统布置设计法主要依赖于 E（接收的订单）、I（种类）、Q（数量）、R（流程）、S（辅助部门和物流服务水平）、T（时间安排）以及 C（建造预算）等要素。作业单位规划的第一步，就是要将这些数据准确、全面地输入系统。

（2）确定设施布置的类型

企业生产的产品种类以及每种产品产量的高低，决定了企业的生产类型，直接影响着企业的总体布局及生产设施的布置形式。在分析作业单位之间的相互关系之前，必须先全面掌握产品品种、设施布局的类型及特点。

（3）作业单位相互关系分析

在对前述基础数据和背景资料分析的基础上，再对现代企业主要的业务活动、作业的关联性及物流进行分析。其形式主要有直线式、U 型、S 型、O 型、L 型等。实际流动模式通常由 5 种基本流动模式组合而成。在分析作业单位相互关系时，要特别注意当前的流动模式，或未来可以选择的流动模式，进而划分出作业区域和作业单位。在此过程中，布局人员需要先绘制主要作业单位物流相关表。

分析作业单位之间物流密切程度时，需借助物流强度等级。系统布置设计法中将物流强度划分为 5 个等级，分别用符号 A、E、I、O、U 表示。物流强度等级划分，如表 2—3 所示。

表 2—3　　　　　　　　　　　　　物流强度等级划分

符号	物流强度等级	物流路线比例（%）	承担物流量比例（%）
A	超大物流强度等级	10	40
E	特大物流强度等级	20	20
I	较大物流强度等级	30	30
O	一般物流强度等级	40	40
U	可忽略物流强度等级	—	—

接下来，绘制作业单位非物流相互关系表。这里可以根据经验，确定作业单位之间的非物流相互关系的密切程度，用与物流相互关系表相同的表格形式，编制作业单位之间的非物流相互关系表，如表 2—4 所示。

表 2—4　　　　　　　　作业的单位之间的非物流相互关系

序号	理由	序号	理由
1	工作流程	6	监督和管理
2	公用设施	7	使用场地情况
3	文件信息往来	8	安全、卫生
4	使用设备情况	9	联系频繁程度
5	作业性质	10	噪声、振动

然后，确定作业单位的非物流强度等级，如表 2—5 所示。

表 2—5　　　　　　　　非物流强度等级的划分

符号	含义	比例
A	极其密切	2%～5%
E	特别密切	3%～10%
I	密切	5%～15%
O	一般密切	10%～25%
U	不密切	45%～80%
X	不希望接近	依情况而定

最后，建立非物流作业单位相互关系表。在这一步中，需要列出作业单位非物流相互关系密切理由（见表 2—6），将理由与作业单位之间的非物流强度等级结合在一起。

表 2—6　　　　　　　　非物流相互关系密切理由

编号	理由	编号	理由
1	工作的连续性	5	安全卫生
2	服务支持	6	噪声振动
3	物料搬运	7	人员往来
4	管理方便	8	公共设施

（4）绘制作业单位物流与非物流综合关系表

作业单位物流与非物流综合关系表的绘制，要经过以下步骤：

①通过赋予不同的权重来确定物流（m）与非物流（n）相互关系的相对重要性。一般情况下，$m:n$ 不应超过 1:3 或 3:1。当二者的比例大于 3 时，如

m：m＝4：1，就可以只考虑物流因素而忽略掉非物流因素；

②综合相互关系的计算。根据作业单位之间的物流与非物流关系等级的高低进行数量化——A：4分；E：3分；I：2分；O：1分；U：0分。加权求和，得到量化的综合相互关系。

以某电瓶叉车总装厂的空间分配为例，该厂的作业单位有：原材料库、油料库、外购件库、机加车间、热处理车间、焊接车间、变速器车间、总装车间、工具车间、油漆车间、试车车间、成品库、办公楼、车库。当相关数据全部输入系统，人们便可根据作业单位之间在工艺流程上的密切程度，确定相对位置。首先，要划分物流强度等级。表2—7所示为已知各作业单位之间对物流强度的信息汇总。

表 2—7　　　　　　　　　　　　　物流强度信息汇总

序号	作业单位对	物流强度（t）	距离（m）
1	1～4	0.3	222
2	1～5	0.7	100
3	1～6	1.2	100
4	1～9	0.05	194
5	2～10	0.01	44
6	2～11	0.06	94
7	3～7	0.01	228
8	3～8	1.82	122
9	4～5	1.15	128
10	4～7	0.3	83
11	4～8	0.2	117
12	5～9	0.31	94
13	6～10	0.8	200
14	7～8	0.31	111
15	8～9	0.1	122
16	8～10	0.81	94
17	8～11	3.24	111
18	11～12	3.3	83

由表 2—7 所给的已知信息，根据物流强度等级的划分原则，绘制出物流强度分析表，如表 2—8 所示。

表 2—8　　　　　　　　　　　物流强度等级的划分

序号	作业单位对	物流强度 (t)				物流强度等级
		1	2	3	4	
1	11～12	▬▬▬▬▬▬▬▬▬▬▬▬▬				A
2	8～11	▬▬▬▬▬▬▬▬▬▬▬				A
3	3～8	▬▬▬▬▬▬				E
4	1～6	▬▬▬▬▬				E
5	4～5	▬▬▬▬				E
6	8～10	▬▬▬▬				E
7	6～10	▬▬▬				E
8	1～5	▬▬▬				E
9	5～9	▬▬▬				I
10	7～8	▬▬				I
11	1～4	▬▬				I
12	4～7	▬				I
13	4～8	▬				O
14	8～9	▬				O
15	2～11	▬				O
16	1～9	▬				O
17	2～10	▬				O
18	3～7					O

注：实际情况计算得到的不同强度等级的单位对的物流量所占物流总量的比例，不一定正好恰为 40%、30%、20%、10%；这种划分只表示物流强度之间的差异。在本次实践中，A 级单位对应的物流量占 44.5%；E 级单位对应的物流量占 44.1%；I 级单位对应的物流量占 7.7%；O 级单位对应的物流量点 3.7%。

由划分好的物流强度等级表，可以简单绘制出作业单位之间的物流相关图，如图 2—1 所示。

序号	作业单位
1	原材料库
2	油料库
3	外购件库
4	机加车间
5	热处理车间
6	焊接车间
7	变速器车间
8	总装车间
9	工具车间
10	油漆车间
11	试车车间
12	成品库
13	办公楼
14	车库

图 2—1 作业单位物流相关图

接下来，列出作业单位非物流相互关系密切理由，编制非物流作业单位相互关系图，如图 2—2 所示。

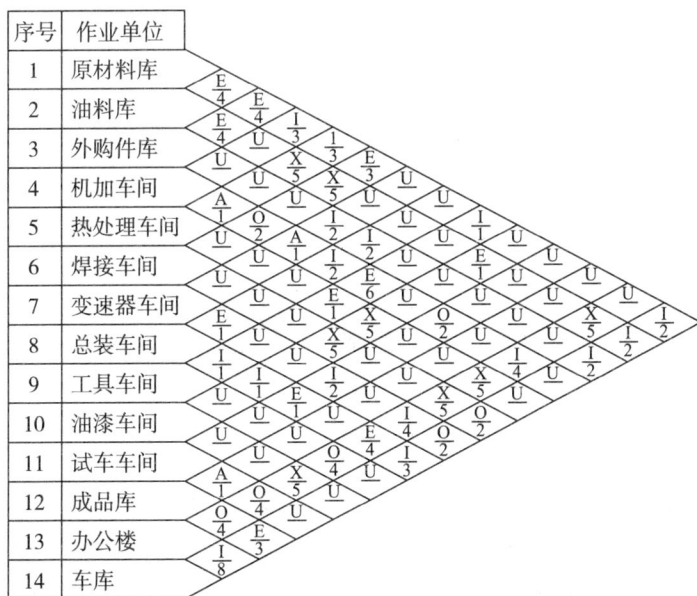

序号	作业单位
1	原材料库
2	油料库
3	外购件库
4	机加车间
5	热处理车间
6	焊接车间
7	变速器车间
8	总装车间
9	工具车间
10	油漆车间
11	试车车间
12	成品库
13	办公楼
14	车库

图 2—2 非物流作业单位相互关系图

该图中的强度等级是根据经验进行判断得到的。E/4 的含义为：根据表 2—7 中给出的理由 4，判断出原材料库和质检的非物流关系强度等级为 E。

最后，由上述分析结果编制出综合相关关系图，如图 2—3 所示。

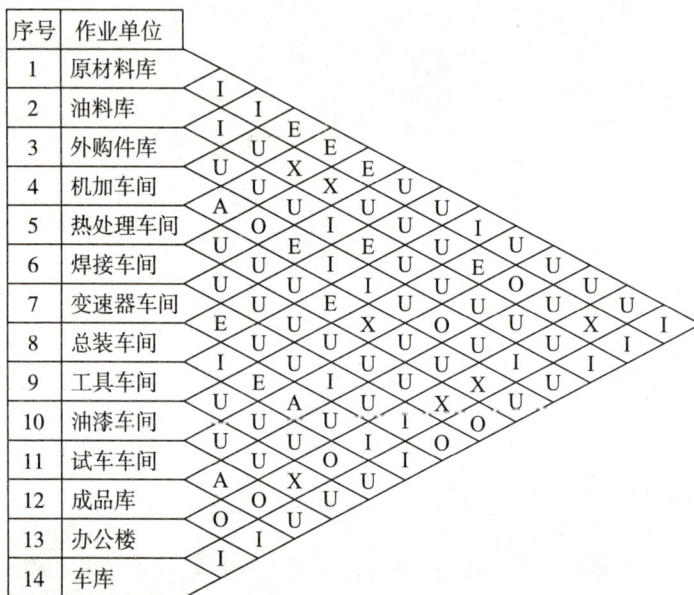

序号	作业单位
1	原材料库
2	油料库
3	外购件库
4	机加车间
5	热处理车间
6	焊接车间
7	变速器车间
8	总装车间
9	工具车间
10	油漆车间
11	试车车间
12	成品库
13	办公楼
14	车库

图 2—3　综合相互关系图

有了以上这些信息，就可以进行设施布置图的绘制了。

3.3　绘制设施布置图

设施布置图的绘制不是一蹴而就的，要先绘制出位置相关图和面积相关图，最后才得到设施布置图。设施布置图一般要设计三个以上的候选方案，以供决策者选择。

（1）绘制作业单位位置相关图

位置相关图并不能表示出各个作业单位之间的准确位置，它仅仅是把各作业单位之间距离的远近大致确定下来。绘制作业单位位置相关图时，首先要计算综合接近程度。综合接近程度反映了该作业单位在布置图中是应该处于边缘位置还是应该处于中心位置，是该作业单位与其他所有作业单位之间关系密切等级量化后的总和。

接下来，绘制作业单位位置相关图。作业单位位置相关图主要是用来粗略地表示各作业单位之间的位置关系以及物流强度的大小。作业单位位置相关图的绘制主要包括以下三个步骤：

①找出综合接近程度最高的布置在中心位置。

②处理关系密级为 A（E、I、O、U）的作业单位对。

③重点调整 X 级作业单位对的相互位置。

（2）绘制面积相关图

面积相关图就是在位置相关图的基础上，将作业单位的面积大致表示出来。例如，用 $1cm^2$ 的方框表示 $100m^2$。

（3）绘制设施布置图

设施布置图是企业布置方案的一种简明图解形式，主要用来表示建筑物、设施等的平面位置。在绘制设施布置图时，要清楚地说明各符号的含义及比例尺。

3.4　评选最佳布置方案

设施布置方案的评价常常从经济和非经济两个方面展开。对非经济因素的评价，可以采用优缺点比较法等；对经济性因素的评价，可以采用工程经济评价法等。

（1）非经济因素评价法

每个布置方案都有一些不能用费用精确衡量的非经济因素，如表 2—9 所示。评价布置方案时，可通过赋予这些因素不同的权重，对备选方案进行打分，从而找到最优方案。

表 2—9　　　　　　　　　　　　　　非经济因素

因素	因素分析
发展性	是否有利于未来发展，是否具有可拓展性？
柔性	是否满足不同类型产品的生产需求？
物流效率	当前布置是否容易出现交通不畅？
存储效率	是否可以以最快的速度将原材料或成品存入仓库？
空间利用率	是否最大限度地利用了土地资源？
安全性	具有污染性的车间是否远离办公楼、餐厅等？
环境保护	企业内部的绿化措施是否做到位？

（2）经济因素评价法

这种方法主要是运用工程经济学的理论知识进行分析，评价费用节省、投资额及投资回报期等，并将这些因素作为比较选择的标准。至于以哪些指标作为比较对象最好，则需要具体情况具体分析。

现场布局

现场布局是指在精益思想的指导下，在整体布局已然确定的情况下，对生产现场中的物料、设备、人员作业位置等进行合理的布置，以期最大限度地降低生产成本。

1. 现场布局原则

现场布局应按照"从大到小，从宏观到微观"的基本原则，对每个细节都关注到位、毫不遗漏，确保现场布局工作的全面性、精益化。具体来说，精益现场布局应遵循以下原则：

（1）经济化：消除浪费、提高效率、降低成本。

（2）系统化：将人、设备、材料、作业方法等综合考虑，统一进行布局，在既定的布局下，要尽量使这四者达到和谐。

（3）反复性：先进行总体布置，再进行细节布置；核查细节布置是否满足整体要求，及时对整体布局进行调整或改进。

2. 现场布局的目标

与整体布局相比，现场布局工作更为细致。它要求现场布局人员既严格遵循整体布置要求，又能综合考虑现场实际需求，达到科学划分出空间的主要目的。在遵循现场布局原则的情况下，现场布局还要达到以下目标：

（1）确保现场管理的可视化和现场规划的科学性。

（2）减少物料周转次数和积压量，控制物料或人员移动上的浪费。

（3）理顺现场物料移动路径，清除物料移动时的障碍。

（4）减少人员工作的疲劳感，保证其工作的舒适度。

（5）合理利用空间，实现空间利用率最大化。

3. 现场布局的步骤

现场布局应按照把握整体布局、选定生产线布局模式、细致规划每个操作台面的步骤，循序渐进地进行。下面对现场布局的基本步骤和操作细节加以说明。

3.1 收集现场信息

在现场布局之前，要搜集生产环境、空间、工艺等信息，除了考察产品种类和型号，还要收集关于生产信息的基础信息，如分配工作的方法，物料周转次数，各生产区域（车间、生产线）的具体位置、绘图比例、主要设施设备、物品的位置和名称等。然后，对生产空间和设备等存放空间等进行实地测量，以便于合理地进行现场布局。

3.2 现场区域规划

作业现场区域规划是根据工艺流程对生产现场进行区域划分，确定作业区、物品放置区、通道等的具体位置的过程。生产现场的区域划分及各区域的功能，如表 2—10 所示。

表 2—10　　　　　　　　　　　生产现场的区域及功能

区域	区域的基本功能
通道	主要用于物品搬运、员工走动、干部巡线等
作业区	操作人员加工产品的场所
原料区	原材料的放置区域
半成品区	半成品的放置区域
成品区	成品的放置区域
检验区	品检员检验产品的场所
返修区	需返修的产品的放置区域
废品区	不合格产品的放置区域
易燃、易爆、污染物停放区	易燃、易爆、污染物等危险物品的放置区域
工卡、量具放置区	卡具、量具、工具的放置区域
废弃物放置区	废弃物、垃圾桶等的放置区域

在作业现场的区域规划过程中，应当遵循两个原则，即距离最短原则和物流畅通原则。作业现场区域规划的图示，如图 2—4 所示。

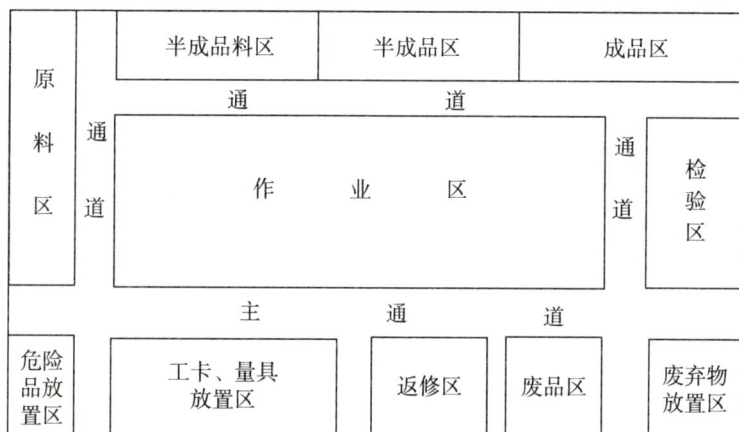

图 2—4　作业现场规划图示

3.3　定位生产现场

在生产布局时，布局的设计与实际空间之间往往存在一定的误差，而失之毫厘往往谬以千里，因此，必须先对现场进行定位管理。

定位管理就是划分现场的每个生产区域，依照图纸上的每台机器、工作台的位置在现场用线标示出来。生产现场定位线，如图 2—5 所示。

图 2—5　生产现场定位线

需要注意的是，在划分定位时，最好先找到地标，也就是参照物，参照物可以是车间的墙壁、柱子或者轨道等。然后，再围绕地标，展开现场布局。

3.4　生产线布局

进行常规的生产线布局有以下几类：一字形布局、S 形布局、T 形布局、U 形布局、O 形布局。

（1）一字形布局

设备配置按物流路线直线配置，扩大时只需增加列数即可，回收材料和垃圾可用皮带传送。一字形布局，如图 2—6 所示。

（2）S 形布局

当需要从侧面装卸工具与物料时，使用 S 形布局对于有组装与焊接的生产线比较有效。S 形布局，如图 2—7 所示。

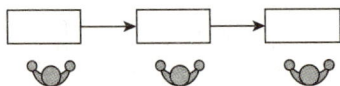

图 2—6　一字形布局

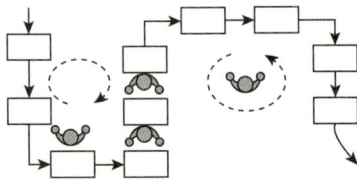

图 2—7　S 形布局

（3）T 形布局

基本上是 L 形的变局，因空间原因，中央以物料主线为主，两端引入物料。

此局常用于多零件的产品组装。T 形布局，如图 2—8 所示。

（4）U 形布局

亦叫巡回式布局，物料与人的作业路线一致，目的是加强品质责任和提高作业效率。U 形布局，如图 2—9 所示。

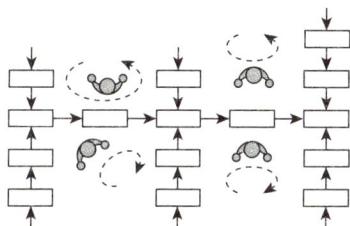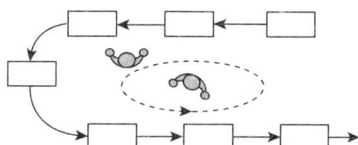

图 2—8　T 形布局　　　　　　　　图 2—9　U 形布局

（5）O 形布局

坐式作业，中央空间用于维护，并可以集中工装夹具。O 形布局，如图 2—10 所示。

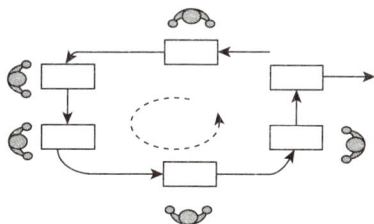

图 2—10　O 形布局

每一种布局方案都有其特色，在进行生产线布局时，要遵循统一布局、最短距离、物流顺畅、空间优化的原则，选择最适宜的布局方式。

3.5　物料流向设计

人体工程学建议尽量运用重力原则进行物料的输入和输出，因为这种输入输出方式最节省人力。对于一般作业，可以在上一道工序和下一道工序之间用滚子链或者滑轮传送带进行连接；在作业接收时，物料依靠重力直接滑到机床的安装区域；在工件加工完之后，从工作台上卸下，直接依靠重力就滑落到下一个工位。

3.6　工作台面的布局

工作台面的布置主要有两种类型可供选择，一是平面布局，二是立体布局。

（1）平面布局

平面布局通常采用将台面分区的方式，依据物料、工具的使用频率与顺序，划定物料、工具、零件等的摆放区域，使物品整齐摆放。常见的作业台平面布局方法有以材料为中心和以作业动作为中心两种，如图2—11所示。

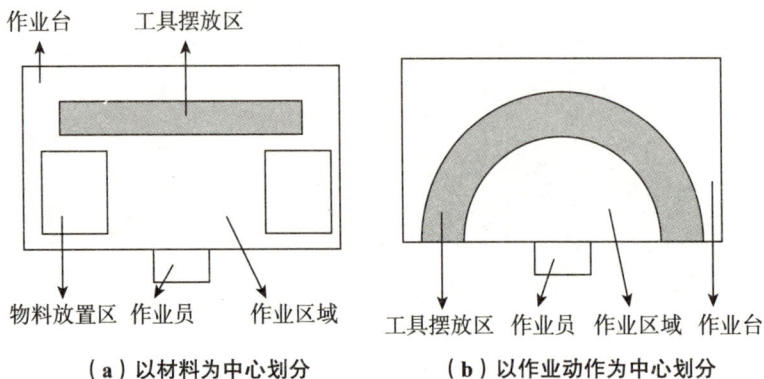

（a）以材料为中心划分　　　　（b）以作业动作为中心划分

图 2—11　作业台的平面布置

确定了台面各类物品的摆放区域之后，还应当用区域线进行划分，防止物品堆放杂乱。通过分区的方式实现作业台的平面布置，可以规范作业台面物品的摆放，防止作业台物品摆放混乱等现象，改善操作人员的作业场所。

（2）立体布置

立体布置首先要注意作业台的选用，对于需要使用较多工具的工序，可以选用带有工具抽屉和工具架的作业台，如图2—12（a）所示；对于需要同时使用不同规格、型号的材料或零件的工序，可以选用带有多层零件盒或物料盒的作业台，如图2—12（b）所示。

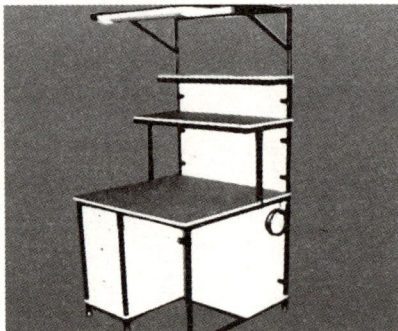

（a）　　　　　　　　　　　　（b）

图 2—12　立体布置的作业台选择

说明：（a）带有工具抽屉和工具架的作业台；（b）带有多层零件盒或物料盒的作业台。

作业台的立体布置要注意充分利用台面的立体空间，除了将工具、物料。零件等放在立体架上以外，还可以将作业指导书等垂直台面摆放，避免占据作业空间。

大到现场内各区域系统的定位，小到作业台面的布置，都需要依序精细规划，这样才能充分利用作业空间，减少作业人员动作量，实现现场布局的精益化。

定置管理

定置管理主要根据物流运动的规律性，研究分析现场人、物、场所的关系，科学地实现三者最佳的结合状态。具体地说，就是从三者的内在联系入手，对生产、设备、物品放置进行调整和重新设计，实现人员定岗、物料定位、成品定区域。

定置管理这一概念起源于日本，由日本青木能率（工业工程）研究所的艾明生产创导者青木龟男先生，于 20 世纪 50 年代率先提出。后来，日本企业管理专家清水千里在应用实践的基础上，发展了定置管理。

1. 定置管理的内容

在精益生产管理中，定置管理涉及的内容比较广泛，包括生产车间和办公室等，具体内容如图 2—13 所示。

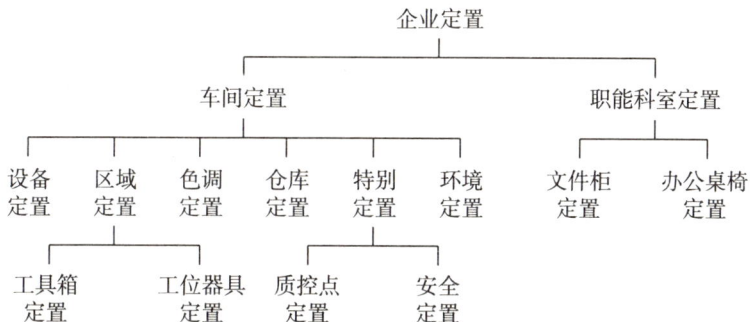

图 2—13　定置管理的内容

2. 定置管理的分类

根据定置管理的内容的不同，定置管理可以分为以下 5 类：

（1）系统定置管理

系统定置管理即在企业整个系统、各个部门都实施的定置管理，这种定置管理工作量大、持续时间长，需要做好充分的准备和规划。

（2）部门定置管理

部门定置管理指在职能部门范围内开展的定置管理活动，对设备、物品、文件等根据部门职能需求做好定置。

（3）区域定置管理

区域定置管理即按照生产线的特点和实际情况，把生产现场分为几个区域，各区域按实际情况实施定置，这种方式针对性强，容易取得成效。

（4）库存定置管理

库存定置管理特指对仓库管理的定置活动。

（5）特殊定置管理

特殊定置管理指针对对生产有特别影响的物品的管理，如易流失、易挥发、易燃、有毒等物品。

3. 定置管理的目标

定置管理技术的有效运用，可以使现场中的人、物紧密结合，人尽其力，物归其位，被作为精益化管理过程中必不可少的一项前置性管理技术。具体来说，定置管理主要是围绕以下目标进行的：

（1）美化现场环境

生产现场物料、工具、半成品、成品等种类多、数量大，实施定置管理能够有效避免混乱，有利于建立良好的作业秩序，改善现场环境。

（2）提高员工素质

定置管理将员工的操作和物品放置标准化、制度化，可以有助于培养员工良好的作业习惯和素养。

（3）提高生产率

定置管理通过系统分析和合理安排，可以大大减轻员工操作中的工作量，缩减物品流动时间，从而提高生产效率。

（4）为后续工作打好基础

生产现场的定置管理可保证工艺流程的顺利进行，并为质量管理工作创造良好的条件。

4. 定置管理的步骤

定置管理中的"定置"不是一般意义上的"把物品固定地放置"，它要求人们能够根据生产活动的根本目的，综合考虑生产活动的效率、质量等约束条件和对产品在时间、质量、数量、流程等方面的特殊要求，划定适当的放置场所，确定物品在场所中的放置状态，促使人、物有机结合，以更有效地进行生产活动。

为实现定置管理的目标，在实施过程中应遵循一定的程序，具体说明如下：

4.1 工艺研究

工艺研究是定置管理开展的起始点。它的主要任务是对生产现场当前使用的加工方法、设备、工艺流程进行详细研究，确定工艺在方法水平上的先进性和经济上的合理性，分析是否需要使用更为先进的工艺手段及加工方法，从而确定生产现场产品制造的工艺路线和搬运路线。

工艺研究是一个提出问题、分析问题和解决问题的过程，主要需要经过以下 3 个步骤：

（1）实施现场调查，对现行方法详加记录

由有经验的定置管理人员对生产现场情况进行调查。调查内容应包括现有工序运行状况、操作人员操作情况、设备运转情况、原材料存储状况以及产品流动状况等。定置管理人员要将存在的问题如实、详尽、准确地记录下来，并逐条加以归纳。

（2）分析记录的事实，寻找存在的问题

结合调查结果，运用工业工程学中的工作研究技术，对现有的工艺流程及搬运路线等进行分析，找出其中存在的问题及其影响因素，确定进一步改进的方向。

（3）拟订改进方案

确定改进方向后，定置管理人员要对改进方案进行经济分析，并与旧的工作方法、工艺流程和搬运线路加以对比。在确认改进方案是比较理想的方案后，方可作为标准化方法付诸实施。

4.2　现场状态分析

在生产过程中必不可少的是人与物，工作效果通常由人与物的结合状态来决定。因此，实现人与物的结合是定置管理的本质和主体，人、物结合状态分析也成为定置管理中最关键的一个环节。具体而言，生产现场定置主要表现为以下几种基本状态，如表 2—11 所示。

表 2—11　　　　　　　　　　　　现场定置状态说明

结构	状态	说明
人与物结合状态	A 状态：人和物能够立即结合并发挥能效。	如操作人员使用的工具摆放在合适的位置，当需要使用时可以迅速、直接地拿取。
	B 状态：人和物处于寻找状态或尚不能发挥效能。	工具摆放凌乱，操作人员一时无法寻找到直接所需要的工具；再如，由于零部件摆放过低，造成操作人员每次都要弯腰，既提高了劳动强度，又影响了工作效率。
	C 状态：物品与生产没有直接关系，需要及时清理。	生产中产生的铁屑、报废的螺丝等，这些物品放在生产现场中，既影响作业的效率，又会占用空间、影响整洁。

续前表

结构	状态	说明
人与物的结合成本	A状态：人与物的结合成本为零。	人与物能马上结合，且该物是完全符合要求的，其作用能立即发挥。
	B状态：出现结合成本。	人与物不能马上结合，需寻找；或能马上结合但物不符合要求，需检修，其作用也不能立即得到发挥。而找物的时间长短及设备工具检修工作的难易程度，都直接影响结合成本。
物与场所	A状态：良好的作业环境和作业条件。	场所中的生产面积、通风设施、光照、温室度等状态符合安全、卫生等方面的要求。
	B状态：作业环境和作业条件还需要改进。	包括工作场所布局中不合理的地方、较差的工作环境等方面，都有待改善。
	C状态：需要彻底改善。	这种状体完全不能满足作业环境和安全要求。

开展定置管理，就是对现场作业仔细分析，消灭BC状态，保持A状态，保证生产现场中的人与物处于良好的结合状态，将结合成本降到最低极限。

4.3 信息流分析

为了便于在品种多、规格杂的物品中寻找所需物品、避免混放物，或掌握物品在流动中的流向和数量，就需要有一定的信息来指引、控制和确认。通常有四种信息媒介物，具体如表2—12所示。

表2—12　　　　　　　　　　　　四种信息媒介物

类别	说明	作用	属性
位置台账	说明物品应摆放的位置。	找到目的场所。	引导媒介物
平面布置图	标明了该物应放置于现场中的哪个位置。		
场所标识	用编号、名称等表明该物应置于何处。	确认需要结合的物品。	确认媒介物
物品标识	用标识牌等标明物品类别、名称、注意事项等。		

这四个信息媒介组合在一起，便形成了人与物之间的连接信息流。通过对信息流的分析，便可准确评估当前放置状态的优劣，了解当前人、物、场所之间的结合程度，为定置设计打下基础。

4.4　定置设计

定置设计一般分为两大类，即定置图设计和信息媒介物设计。

定置图设计指对现场的场地（车间、仓库等）及物品（设备、货架等）的合理定置。一般可包括车间定置图、作业区域定置图、设备定置图等。实质是企业布置的细化，如图 2—14 所示。

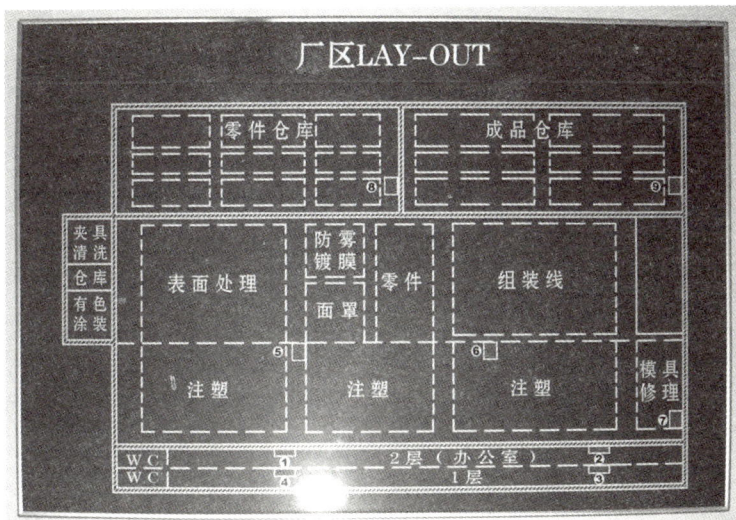

图 2—14　某工厂定置图实例

信息媒介物设计，包括信息符号设计和示板图、标牌设计。

（1）设计信息符号时，如已有国家规定的（如安全、环保、搬运、消防、交通等方面）信息符号则直接予以采用；如没有国家规定的信息符号，则根据行业特点、产品特点、生产特点自行设计。

（2）定置示板图是现场定置情况的综合信息标识，而标牌则是指示定置物所处状态、标识区域、指示定置类型的标识，包括建筑物标碑，货架、货柜标牌，原材料、在制品、成品标牌等。各生产现场、库房、办公室及其他场所都应悬挂示板图和标牌，示板图中内容应与蓝图一致，示板图和标牌的底色宜选用淡色调，图面应清洁、醒目且不易脱落。物品存放定位和定量示意图，如图 2—15 所示。

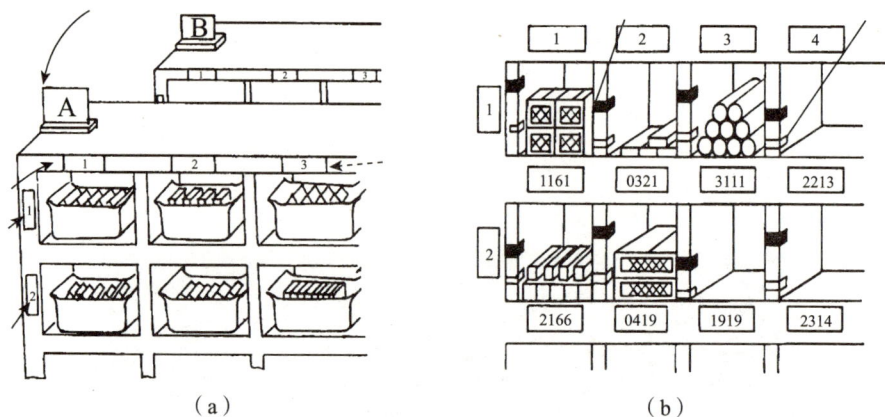

（a）　　　　　　　　　　　　　（b）

图 2—15　物品存放定位及定量示意图

说明：（a）物品存放定位，图中箭头指处为存放位置的各级编号；

　　　（b）物品存放定量图，图中黑色标识为存货量上限，白色标识为存货量下限。

4.5　定置实施

根据上一步做好的设计要求，将生产现场的各类物品整理、定位，按区存放、按图定置。具体而言，这一环节可细化为以下 4 个步骤：

（1）将与生产无关的物品清理出现场，为定置打好基础。

（2）按照定置设计的要求，定置场所内的设施（料架、货架、箱柜、容器）结构和编号，流动器具的位置信息符号。

（3）设计现场定置管理卡片，准确表示定置物的名称、规格、代号、数量、位置，并将其悬挂在现场。

（4）制订定置物收发、进出的定置管理办法。

开展定置活动后，现场将变得整齐有序，大大节约物品寻找时间，实现物品的有序管理和高效作业，提高生产效率。

4.6　定置考核

定置管理工作是一条持续而漫长的工作，需要对定置成果不断加以巩固和改善。为此，定置管理人员需要建立起一套科学的定置检查、考核制度，来保证定置管理的制度化和长期化。

定置管理的检查与考核一般分为两种情况：一是定置后的验收检查，检查不合格者不予通过，并且必须重新定置，直到合格为止；二是定期对定置管理进行检查与考核。后者是一项需要长期进行的工作，比定置后的验收检查工作更复杂、更重要。

定置管理的考核指标是定置率，它表明生产现场中必须定置的物品已经实现的定置程度。一般情况下，定置率达到 90％的区域可以视为已完成定置。定置率的计算公式为：

定置率＝实际定置的物品数量/规定定置的物品数量×100％

第 2 节　环境管理

制造业的环境管理是很重要的管理环节。环境的安全与清洁会对企业的正常生产运作产生极大的影响。要想保持生产进度的协调，提高生产效率，降低生产成本，打造通畅的生产加工流，就必须建造良好的环境。

环境影响

作业环境是指人机系统中对操作人员的安全、健康和工作能力，以及对机器、设备（或某些部件、装置等）的正常运行产生重要影响的所有天然的和人为的因素的组合。

作业环境直接影响着员工的工作效率。脏、乱、差的作业环境会让员工对日复一日的工作产生极度的疲倦感和厌烦感，最终导致企业的生产率下降，生产成本升高。相反，舒适的作业环境会让员工感到身心愉悦，对工作充满热情，最终将会提高企业的生产率，降低生产成本。

1. 作业环境的分类

根据作业环境对员工的身心健康以及工作态度的影响，作业环境可分为以下四类：

（1）最舒适区

能够保护员工的健康，使员工感到舒适，并且卫生的作业环境。

（2）舒适区

员工能够接受，不致感到疲劳和厌烦的作业环境。

（3）不舒适区

让员工极易产生厌烦情绪，并且卫生状况不是很好的作业环境。

（4）不能忍受区

不能保证员工健康的作业环境。

在精益管理中，管理人员必须营造舒适的作业环境，才能达到缓解员工作业压力以及提高生产力的目的。

2. 作业环境的要求

闷热、潮湿、昏暗等工作条件都不适宜持续作业，明亮、空气清新、温湿度适宜的环境才能满足长时间作业的要求。因此，企业的作业环境应满足以下基本要求。

照明要求

作业现场应当保持光线明亮，才能保证生产作业顺利进行。作业现场的照明应当符合以下要求：

(1) 照明度的大小应当满足生产条件的要求，一般工作面不低于500lx（lx是照度值，勒克斯）；

(2) 尽量采用自然光照明；

(3) 采用自然光照明时，太阳光不能直接照射工作空间；

(4) 采用人工照明时，不得干扰广电保护装置；

(5) 除安全灯和指示灯外，不得使用有色光源照明。

空气条件

空气清新是持续作业的基本要求。因此，作业现场应当设置天窗，保证适量通风。一般说来，作业现场最小换气量应当遵守如下规定：每人占作业现场容积小于20m³时，则最小换气量为30 m³/h；人均容积处于20～40 m³之间时，则最小换气量为20 m³/h；当人均容积大于40 m³时，则可采用门窗换气。

温湿度

作业现场的温度设计要符合《体力劳动和脑力劳动的最合适温度》表，如表2—13所示。

表 2—13　　　　　　　　体力劳动和脑力劳动的最合适温度

干球温度（摄氏度）	实效温度（摄氏度）	体力劳动		脑力劳动
		RMR3.5	RMR1.7	RMR0.3～0.4
20	18	很好	坏	不喜欢
25	22	不舒适	很好	好
30	26	不喜欢	不舒适	不舒适

注：RMR 为能量代谢率。

作业现场的相对湿度应当控制在30％～70％之间。在湿度设计时，应当综合考虑作业现场的物料、设备等对湿度是否有特殊要求，以免过干或过湿对物料的质量或设备运行造成影响。

绿化

作业现场还要进行相应的绿化，既可以美化现场环境，增添作业现场的生机，还能够对改善作业现场的空气条件起到一定的作用。如可以在车间门口等合适的地点摆放盆景。

3. 作业环境的改善

每个企业的作业环境都有这样或那样的问题，存在着或多或少的污染。要想改变作业环境就必须要消除污染。作业现场常见的污染源包括生产过程中产生的噪声、跑冒滴漏现象、粉尘、有毒物质、有害气体等，这些污染源不仅破坏了作业现场的环境，还威胁到员工的身体健康。因此，在现场改善过程中，要积极消除这些污染源，打造环保现场。

噪声治理

作业现场的各类机器运行很容易产生噪声，不仅使作业环境变得嘈杂，长期在高噪声的环境下工作，还会给员工的身体健康带来极大危害。国家《工业企业噪声卫生标准》规定，作业场所的噪声卫生标准为 85dB（A）。因此，超过此标准的作业现场都应当积极消除噪音，改善现场环境。

噪声治理的途径主要有三种，具体如下：

（1）控制噪声源：尽量使用噪声小的机器设备，或者安装消声器。

（2）控制噪声传播：采用消音板、隔音门等设施，减少通过空气传播的噪声。

（3）噪声接受点防护：采用戴耳罩等手段对人进行防护。

作业现场的噪声治理，首先应当从噪声源和噪声传播途径进行控制，在前两种途径都难以实现噪音消除的情况下，才采取噪声接收点防护的方式。

跑冒滴漏治理

跑冒滴漏现象是指作业现场的气体、液体等在运输过程中，由于管道或容器破裂、密封性不良等原因，而产生的跑气、冒水、滴水、漏油、等现象。

跑冒滴漏现象不仅会对泄露处的设备、地面、管道、构筑物造成腐蚀，直接造成经济损失，还会对作业现场的环境造成污染。因此，有必要对作业现场进行全面检查，找出所有的跑冒滴漏现象，积极采取措施修补泄露处，消除污染。跑冒滴漏的治理方法如表 2—14 所示。

表 2—14　　　　　　　　　　跑冒滴漏的治理方法

污染类型	污染原因	治理方法
跑	管道、容器破裂，进出口开关失灵。	修补裂缝，更换开关。
冒	流量控制不当。	合理控制流量。
滴	管道、容器、阀件等接口处密闭性不严。	检查密闭性，修补裂缝，消除滴漏。
漏	容器、开关密闭性不好，有缝隙或裂口。	

全面排查和消除跑冒滴漏现象，不仅可以消除作业现场的环境污染，还可以节省生产成本，为企业获取经济效益。

空气污染源治理

作业现场通常还存在粉尘、有毒物质、有害气体排放等污染源，对现场的空气造成污染。空气污染源的处理方法如表2—15所示。

表2—15　空气污染源的治理方法

污染源	国家标准	治理方法
粉尘	《中华人民共和国国家职业卫生标准》（GBZ 2—2002）相关标准	采用粉尘处理设备，安装吸尘管道等。
有毒物质		采用新技术、新工艺、新材料减少有毒物质和有害气体排放，采取职业防护措施，加强通风等。

创造满足持续作业的工作环境，是打造一流作业现场的重要保障。对于作业环境的改善，企业还可以采取寻宝活动、洗澡活动、油漆作战等方法。

寻宝活动

寻宝活动是指在整理阶段后期，为了将无用物品彻底清除而开展的一项活动。前期工作中未被发现的物品或是作业人员遗忘在某个不易发现的角落的物品都是寻宝活动的对象。通过开展寻宝活动，可彻底清除不必要的物品，为后续管理工作的开展打下坚实的基础。寻宝活动是一种非常有效的现场管理手法，用以培养管理者不断改善现场环境的意识，有效挖掘和改善现场的问题。

1. 寻宝活动周期

企业进行寻宝活动不是越频繁越好，频繁地进行寻宝，会耽误员工的作业时间，降低生产率。寻宝活动通常以1个月为一个阶段性周期。

（1）充分利用空闲时段，如在生产任务不紧迫时进行，避免加大员工工作强度。

（2）即使在工作进行繁忙时也不应彻底放弃寻宝活动，有必要就要执行，只要控制好寻宝标准和数量就可以了。

2. 寻宝活动原则

为了使寻宝活动安全、有序地开展，企业在活动中还需遵循以下基本原则：

（1）提前确定不用物品处理流程，明确相关部门的职责。

（2）提前规划活动区域，确定部门及个人的责任区域，保证活动有序开展。

（3）在找到不用的物品时，做到对物不对人，尽量不追究责任。

（4）确立奖励机制和办法，以提高员工参与活动的主观能动性。

（5）安全约定。找到不用物品后，在处理前要对其进行保护；在活动过程中员工也要保护自身安全。

3. 寻宝步骤

企业进行寻宝活动时除了要确定活动周期，遵循活动原则之外，还要按照相应的步骤一步一步地进行，才能达到彻底清扫无用物品，改善作业环境的目的。寻宝活动的具体步骤如下：

3.1　制订活动规划

活动小组制订寻宝活动的实施计划。计划的内容可包括活动的对象、重点问题、处理方法、处理时间的具体安排等，如表 2—16 所示。

表 2—16　　　　　　　　　　　寻宝活动计划表

部门：_____　　　　　　　　　　　　　　　日期：_____ 年___ 月___ 日

对象	重点问题	处理方法	处理期限	责任人
工作台	是否存在不使用的工具	清除不使用工具		
	工具是否摆放整齐有序	定位有序摆放		
	工作台下方是否堆放杂物	清理杂物		
	私人物品是否定位放置	物品定置		
现场物料存放	物料存放时是否定位	定位存放		
	物料放置是否整齐	整齐摆放		
	是否存在无用物料	清除无用物料		
通道	通道上是否堆积物料	清除障碍		
	通道拐角处是否有杂物	清理杂物		
	通道上是否有设备	转移设备		
机器设备	是否存在闲置设备	使用或转移		
	设备上是否放置不用物品	清除		
墙面及地面	墙面上是否悬挂无用物品	清理		
	地面上物品摆放是否整齐	整齐摆放		

部门主管审核：　　　　　　　　　　　　　生产副总签字：

3.2 进行宣传

活动计划经领导层批准之后，应通过各种宣传手段，比如相关会议、简报、宣传板报等使得相关人员对活动提前了解，并做好准备。

3.3 开展寻宝活动

按制定好的规划在企业相关部门和岗位开展寻宝活动。有关部门应积极配合以达到活动的目的。

3.4 分类物品

将活动中找到的物品首先集中放置，做好标识，然后对物品分类，形成清单，上报活动小组。物品处理报表，见表2—17。

表2—17　　物品处理报表

部门：________　　日期：________年____月____日

序号	物品名称	型号	数量	废弃原因	部门意见	备注

3.5 处理废物

活动小组组织相关部门及人员通过对分类的物品进分析和评价，确定处理办法。常用的处理办法，如表2—18所示。

表2—18　　物品处理办法

物品	方法
长期积压物品	向供货商要求调剂或降价销售
可能污染环境的物品	交给相关部门或单位处理
本部门不需要，另一部门需要	组织相关部门将物品交接
没有使用价值的设备	以废品处理或减价出售
无用废物	报废处理

寻宝活动小组根据处理办法处理物品，同时做相应的记录。废品处理统计表以表2—19为例。

表 2—19　　　　　　　　　　　废品处理统计表

部门＿＿＿＿＿　　　　　　　　　　　　　　　日期：＿＿＿＿＿年＿＿月＿＿日

序号	物品名称	型号	数量	处理方式	部门意见	委员会意见	备注

判定人：　　　　　　审核人：　　　　　　批准人：

3.6　总结成果

在寻宝活动末期，相关部门应把活动的成果以文件形式上报给推行委员会，委员会对成果进行评价，总结活动成果和经验，可对活动中表现突出的部门和个人予以表彰。

洗澡活动

洗澡活动是指全体员工对混乱的生产作业现场进行大扫除，对年久失修的墙壁、门窗、地板和天花板进行维修和翻新，对油污严重、锈迹斑斑的机械设备进行清洗，使整个生产作业现场焕然一新。

1. 洗澡对象

洗澡活动的对象主要厂房里脏污较多、锈迹斑斑的机器设备以及灰尘覆盖、年久失修的地板、墙壁、天花板和门窗两大类。洗澡活动可以使破旧的机器设备、墙体、门窗焕然一新，既实现了生产现场的美化，又增强了员工自己动手的意识，节约了维修成本。某车间开展洗澡活动前后的机器设备对比情况如图 2—16 所示。

说明：上排图（洗澡活动前，设备上满是油污和锈迹）；下排图（洗澡活动后，设备干净美观）。

图2—16　洗澡活动前后对比图

为了使读者更清晰地了解洗澡活动的对象、常见问题、处理方法等，以更好地运用这一工具，洗澡活动常见的问题总结，见表2—20。

表2—20　　　　　　　　　　洗澡活动常见问题表

对象	常见问题	处理方法
地面	地面上存在油污	专项清理
	地面死角灰尘积累	及时清扫、清洗
	出现的纸屑、散落的零件	马上清理
设备	设备上累积的油污	定期清理
	设备上的灰尘	及时清除
	设备表面受到腐蚀	组织专家进行修补
门窗	玻璃上灰尘堆积	专项彻底清洗
	门体布满污渍	及时组织人员清理
异味	现场经常有各种异味	定时通风

2. 洗澡活动注意事项

洗澡活动的开展要注意以下几个问题：

2.1　清扫设备时应注意的问题

设备是否运行良好关系到产品质量以及作业效率，在进行洗澡活动时，对设备进行清扫是重点工作内容。

（1）对设备进行洗澡活动时，要对容易发生漏气、漏水的缝隙等部位仔细地检查。

（2）检查设备操作表面是否有污垢、磨损，或不该放置的异物。

（3）对设备的旋转部分、连接部分、操作部分要重点检查，看是否有松动或磨损等隐患，同时在检查中还要确保员工的安全。

（4）对设备进行洗澡活动时，不仅要清洗设备本身，其附属设备和设施也要经常清洗。

2.2　要追究问题根源

从表面上解决问题不是真正地解决问题，只有从源头上解决问题，这个问题才能不再发生，彻底被根除。如设备经常受到污染，不仅要清理，还要试图找到污染源，以杜绝此类情况的再次发生。

2.3　改进重点

对于活动中发现的问题要及时处理。需要注意以下几点：对容易生锈的部位要予以保护，防止设备的损坏；老化或损坏的设备零件要及时更换；对一线操作工人要增设必要的安全装置。

3. 洗澡活动步骤

洗澡活动以彻底清洁清扫为目的，所以在生产现场的推行步骤只要能达到这一效果就可以。活动的开展一般可遵循以下步骤，如图 2—17 所示。

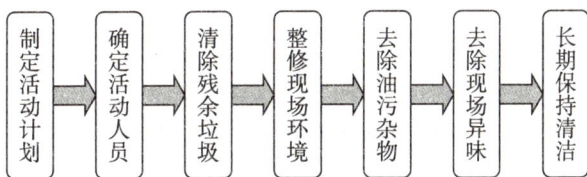

制定活动计划 → 确定活动人员 → 清除残余垃圾 → 整修现场环境 → 去除油污杂物 → 去除现场异味 → 长期保持清洁

图 2—17　开展洗澡活动的程序

油漆作战

油漆作战是清扫清洁活动过程中又一重要手法。油漆作战是根据作业区、通道、休息室、仓库等场所的不同功能，刷上不同颜色的油漆，对生产现场进行颜色管理的一种手段。油漆作战是用来划分区域、美化墙面和地面、隔离作业的常用办法。

1. 油漆作战的标准及原则

油漆战中，不同的颜色代表着不同的意思，选择正确、合理的颜色对精益管理至关重要。油漆作战颜色含义如表2—21所示。

表 2—21 油漆作战颜色含义

颜色	使用说明	使用范围
红色	为凸显红色，底色一般为白色。	用于有关防火、停止、禁止、高度危险的场所。例如，防火标识、防火警示标识、灭火标识、消防栓、灭火器、灭火桶、火灾报知器、紧急停止押扣开关、停止信号旗、禁止标识、禁止警示标识。
红黄色	为凸显红黄色，底色一般为黑色。	用于可能引起伤害、有危险性的部位。例如，危险标识、危险警示标识，以及开关箱的内面、机械安全盖的内面、露出齿轮的侧面、仪表面板的危险范围、管制塔。
黄色	为凸显黄色，底色一般为黑色，或画成黄黑斑马线。	用于标示有冲撞、坠落、摔倒等危险的部位。例如，注意标识、注意警示标识、瓦斯标识、地面凸起物、凹坑边缘、楼梯步阶边缘、电线防护具、路障、有害物质容器或使用部位。
绿色	为凸显绿色，底色一般为白色。	用于标识没有危险的物品以及与防止危险有关的部位，或进行中的部位。例如，紧急出入口、安全旗、急救箱、保护具箱等位置、方向标识或警示标识。
蓝色	为凸显蓝色，底色一般为白色。	用于除了担当者之外，不允许他人随意操作的部位。例如，修理中或停机部位标识，以及开关箱。
白色	一般作为红、黄、绿、蓝等颜色的底色。	用于通路标识、方向指示以及有必要整顿、清洁的场所。例如，通路区域线、方向线、方向标识、废品容器。
黑色	一般作为红、黄、绿、蓝等颜色的底色。	用于禁止性标识。

1.1 油漆作战标准

在油漆作战中，精益管理推行小组应提前规划画线颜色，标准，适用范围。这样才能达到彻底清扫，美化作业环境的目的。表2—22为某公司的油漆作战方案。

表 2—22　　　　　　　　　　　　　　某公司油漆作战方案

	类别	颜色	宽度（cm）	备注
地板	作业区	绿色	——	——
	通道	橙色	——	荧光色
	休息室	蓝色	——	——
	仓库	灰色	——	——
引线	区域分隔线	黄色	10	实线
	出入口标识线	黄色	10	虚线
	门开关线	黄色	10	虚线
	通行方向线	黄色	——	箭头
	虎纹线	黄、黑相间	10	——
	定置线（在制品）	白色	5	实线
	定置线（操作台）	白色	5	直角线
	定置线（烟灰缸等）	白色	5	虚线
	定置线（不合格品）	红色	5	实线

1.2　油漆作战的原则

为了使油漆作战安全有效，除了将颜色和线宽标准化之外，企业在活动中还应该遵循以下基本原则：

（1）选择活动时间时必须以不影响现场生产为考虑的首要因素。

（2）在油漆作战之前，要做好前期工作，彻底将杂物、污垢等清除，如锈迹、油污等。

（3）安全防范不可忽视，尤其要注意对易燃设备和物品的保护，确保员工人身安全。

2. 油漆作战的目标

企业在遵循油漆作战原则的情况下，进行活动，除了能达到彻底清扫的总目标之外，还能达到以下目标：

（1）增强员工对生产环境的保护意识

通过在企业内部组织此活动，使更多的员工投身到现场管理的活动中，培养员工的主观能动性，增强对生产环境的自我保护意识。

（2）增强员工之间的合作意识

员工的操作技能和团队协作能力随着活动的推行会得到提升。员工可以通过活动了解油漆的涂刷原理和方法，提高员工间协同作战的意识和能力。

（3）增强员工自信心

员工通过对活动前后情况的对比，发现原本陈旧的设备和现场经过自己的油漆作战变得焕然一新，这会大大增加员工的自信心和成就感，并进一步激活员工的参与热情。

3. 油漆作战的步骤

企业在进行油漆作战时，应把握整体，按照一定的步骤，逐步实施，才能达到以上的目标。油漆作战的步骤，如图2—18所示。

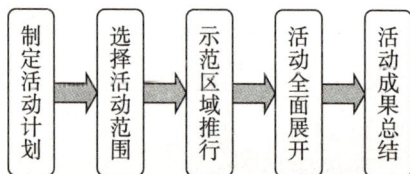

图2—18　油漆作战活动步骤

3.1　制订计划

计划主要包含以下几个重点：对活动前的现场情况予以记录，如拍照；活动进行标准的选择，比如选取活动对象时破旧程度的规定，油漆颜色的选择等；活动用具以及材料的准备；相关参与人员的权责分配；刷漆方法等。刷漆这项工作看起来容易做起来难，事先制订好计划十分重要。

3.2　活动范围选择

这也是关系到活动是否能顺利开展的重点之一。要先选择容易上手、实际操作不太难的车间现场推行，以免打消员工参与的积极性。

3.3　示范区域推行

示范的目的是通过实际运行验证制订的计划是否合适，存在哪些问题，然后总结大家的意见和建议对活动进行修改。

3.4　活动的全面推广

根据完善之后的计划实施油漆作战活动。油漆作战推广时的具体方法，如表2—23所示。

表 2—23　　　　　　　　　　　油漆作战的重点对象及处理方法

重点对象	处理方法
厂区	(1) 围墙、建筑外墙要彻底清洗并以统一染料统一粉刷。 (2) 厂区地面及厂房外墙的各种标识线要重点粉刷。
门窗	(1) 去除剥落的门窗漆皮，重新油漆。 (2) 厂房内部门窗的油漆不能太过耀眼，防止影响生产。 (3) 厂房外侧门窗颜色要统一。 (4) 油漆后的门窗要分类予以编号。
地面	(1) 地面要统一油漆。 (2) 厂房内部地面的标识线要涂刷醒目，如使用黄色染料。 (3) 同一工序地面油漆的颜色保持一致。 (4) 将操作工位、物料存放位置油漆。 (5) 地面的角落处要仔细油漆。
墙壁	(1) 墙体、屋顶要统一粉刷。 (2) 墙体下部要统一油漆，一般油漆高度为一米左右。
机械设备	(1) 设备表面要定期油漆。 (2) 平常要保持设备表面的干净整洁。 (3) 设备可以根据工序或生产单元的不同的颜色以区分。
工具箱	(1) 存放不同工具的工具箱油漆颜色要区分开来。 (2) 注意对工具箱的保护和保养。 (3) 定期油漆。

安全环境保全

　　企业不仅仅要为员工提供一个清洁舒适的作业环境，还要做好相关的安全工作，保护员工的人身安全。企业的安全保全工作就是要预防生产中发生人身或者设备事故，保证员工在生产中的安全以保证生产的有效开展。

　　做好生产现场的安全管理，是降低生产事故发生率、实现安全生产的重要保障。要做好安全管理，就必须从生产中的一点一滴做起，全面、细致地消除安全隐患，杜绝安全事故发生。

1. 安全环境保全的原则

　　由于生产环境的安全与否涉及企业的生存和员工的安全，所以这项工作一定要长期抓下去，而且还要遵循一定的原则。

（1）企业一定要以保护员工的人身安全为首要目标。

（2）要做好各种工作，积极预防事故的发生。安全环境的要点就是在事前预防上。

（3）发现安全隐患一定要马上处理，以免发生安全事故。安全事故不仅对员工造成伤害，也让企业蒙受了一定的经济损失。

（4）培养员工的安全意识，使其遵循企业内部的安全操作规章制度等。

2. 安全环境保全的目标

安全环境保全的目的是预防安全事故，保护员工的安全。这是一个大目标，具体来说，安全环境保全是围绕以下主要目标进行的。

（1）消除不安全因素

企业的事故发生原因就是不安全因素的存在，比如保护装置设置不到位、安全信息传递不畅、安全标识不明显等。所以企业在进行安全活动时，必须要将这些不安全因素予以排除。企业存在的不安全因素包括以下几类：

①物理性危险因素：由于物理原因造成的危险因素，有设备缺陷造成的刮伤、割伤；噪音；振动过大等。

②化学性危险因素：易燃易爆品、有毒物品、腐蚀性物品。

③生物性因素：细菌、病毒等致病微生物。

④心理生理性因素：员工自身心理和生理的因素，如过度疲劳、厌烦心理等。

（2）制定相关制度和标准

在安全活动进行之后，企业需要将针对不安全因素的解决办法制定成相关制度和标准，制定时要遵循以下原则：

（1）消除原则。消除原则指的是从根本上消除潜在的危险因素。

（2）预防原则。尽可能预防事故的发生，而不是在发生之后才去处理。

（3）减弱原则。在无法消除的情况下要将危害性降低到最低程度。

（4）隔离原则。将不安全因素从生产中隔离出来以改善。

（5）连锁原则。由于作业者的操作失误产生危害时要注意连锁效应。

在确定安全标准后，企业就要根据自身实际情况进行安全作业基准的制定，包括员工着装、火灾预防等。

3. 安全环境的改善

企业在明确了安全环境保全活动的目的之后，就要开展相应地改善活动，具体如下：

3.1　张贴安全标识，做到令行禁止

在作业现场张贴安全标识，能够有效提醒作业人员注意各类危险的操作动作、器械工具、场所等，以确保令行禁止，全面消除安全隐患。作业现场常见的安全标识主要有禁止性、警示性、提示性、保护性四大类，如图 2—19 所示。其中（1）（2）属于禁止类的，（3）（4）属于警示类的，（5）（6）属于提示类的，（7）（8）属于保护类的。

（1）禁止触摸	（2）禁止烟火	（3）注意安全	（4）当心火灾
（5）易燃气体	（6）有毒气体	（7）必须戴防毒面具	（8）必须戴防尘口罩

图 2—19　安全标识

3.2　高危区域，绘制老虎线以示警戒

老虎线又称虎纹线、警戒线，以其外观像老虎身上的花纹得名，是一种黄黑相间的线条标识方式。黄黑相间的老虎线给予人们强烈的视觉冲击，便于作业人员快速识别并引起注意，避免靠近高危区域，以避免发生安全事故，如图 2—20 所示。

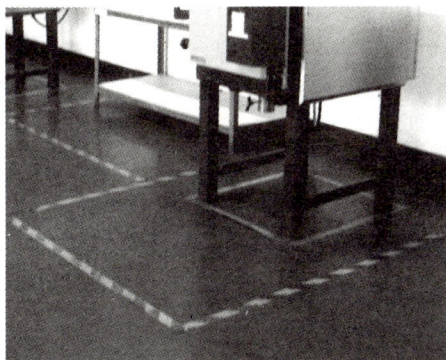

图 2—20　配电柜警戒线

3.3　重点设施设备，设置安全防护装置

对作业现场的重点设施设备要设置安全防护装置，并采用标识牌进行警示，一方面能够有效隔离无关人员，避免对重点设备的运行造成干扰，维护生产活动正常进行；另一方面还可以保障现场人员的人身安全，实现安全生产，如图2—21所示。

图 2—21　小型独立设备防护栏

3.4　按标准配置消防器材，做好维护管理

实现作业现场的消防安全，需要配置足够的消防器材，并对消防器材的分布科学合理地布置，才能有效预防事故发生，并且在事故发生后迅速进行控制和处理，减少经济损失。

作业现场常用的消防设施设备包括各种灭火器、消防栓、消防桶、消防锹、自动报警系统、自动灭火装置等，各类消防器材的配置应当符合《中华人民共和国消防条例》和《建筑设计防火规范》的相关规定和标准。

3.5　绘制消防平面图，明确消防安全状态

在作业现场安装消防平面图，能够明确消防安全状态，使现场人员熟悉消防通道、消防器材等的位置，便于在发生危险时迅速采取应对措施。消防平面图通常采用PC板印制，安装在作业现场的显眼位置或楼道、楼梯间等处，如图2—22所示。

火警紧急疏散图

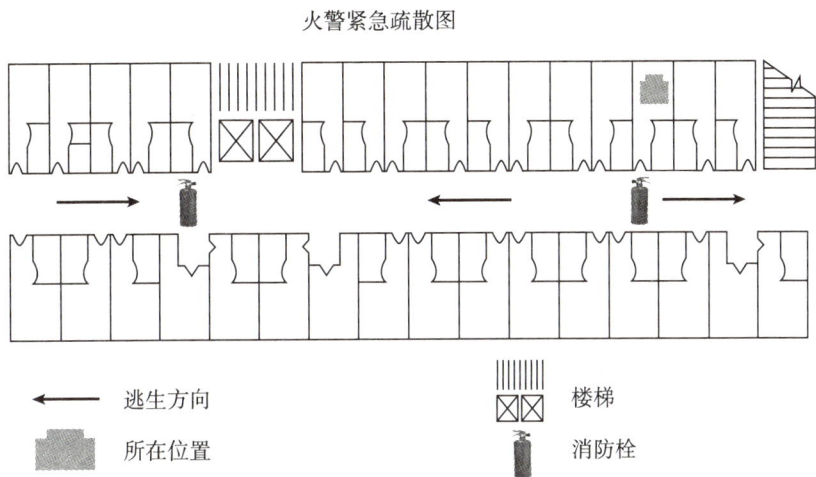

←——— 逃生方向	‖‖‖ ⊠⊠ 楼梯
▨ 所在位置	🧯 消防栓

图 2—22　火警紧急疏散图

第 3 节　设备管理

　　作为生产流程操作的活动载体，设备是生产活动进行的基本要素。设备资源的良好管理，会大大减少故障和设备磨损，保持生产流畅。设备管理是以设备为对象，以追求设备综合效率为目的，通过一系列技术，应用一系列理论、方法，对设备进行全过程的科学管理。设备的精益化管理不仅包括对设备效能的管理，还包括对设备数量的控制以及对设备的维护等。

设备效能

　　设备效能是指设备的效率和功能。设备效能会给生产的协调、生产速度以及生产成本控制等方面带来很大的影响。设备效率能作为影响生产的主要因素，根据其进行设备选型，对企业的设备管理来说就是至关重要的一步了。

1. 设备选型

　　针对不同的生产工艺、生产空间、产品，进行设备选择时，一般需要考虑以下几个因素：

（1）生产性。设备进行生产的可行性。

（2）可靠性。设备操作时的故障、磨损等方面出错率的程度，次品率和事故率要低。

（3）节能性。设备运行的耗能程度，保持低消耗的绿色机能。

（4）维修性。设备故障后进行维修的可行性和难易程度。

（5）环保性。设备本身原料组成以及生产、维修时使用辅料的环保性。

（6）安全性。设备运行时，对生产环境的伤害程度，是否能保障环境的基本安全。

设备选型原则是技术先进、性能可靠、经济适用。所选购的设备一般被分为一般生产设备和专业设备两种类型。针对不同类型的设备，其选型方式也有所不同，如表 2—24 所示。

表 2—24　　　　　　　　　　　　　　　　设备的选型

类型	选型操作
一般生产设备	由生产办组织有关人员进行选型，并报生产经理审批
专业设备	由使用部门提出申请，生产办负责审核，并报生产经理批准

对大型、关键设备以及改扩建、新建项目的配套设备进行选型时，由主管生产经理组织有关技术人员，进行可行性研究、分析论证，并报总经理批准。

2. 设备效能监测

为了了解设备的运行状态，企业要对设备效能进行检测。设备效能监测是指用人工或专用的仪器工具，按照规定的监测点进行间断或连续的监测，掌握设备异常的征兆和劣化程度，或对异常情况进行追踪，预测其劣化趋势，确定其劣化及磨损程度等。设备状态监测的实施可以发挥以下作用：

（1）充分利用设备和零件的潜力，避免过剩维修。

（2）有助于掌握设备发生故障之前的异常征兆与劣化信息。

（3）有利于事前采取针对性措施控制和防止故障的发生。

（4）最大限度地减少故障停机时间与停机损失。

（5）最大限度地提高设备有效利用率。

所以，对设备进行持续监测是十分必要的。目前国际上使用的检测系统有很多，比如人工智能诊断软件、轴承监测技术、红外热像技术等。就我国目前来讲，有大型旋转机械故障诊断系统、现场故障诊断的便携式现场数据采集器、轧钢机状态监测诊断系统等。

3. 设备故障

通过设备效能的检测，操作人员往往会发现设备的故障或隐藏的故障。为准确应对故障，首先要对设备的相关参数进行诊断分析，尽可能深入地发现故障原因，才能更有效地解决故障。如果没有准确的判断，往往只能解决表面故障，而忽视了深层次的问题，继而导致故障的频繁发生。

按照机械设备故障的发生机理，其故障形式主要包括磨损、变形、断裂、裂纹、腐蚀等 5 种，其表现形式和原理，如表 2—25 所示。

表 2—25　　　　　　　　　　　机械设备故障形式及原理

故障形式	故障机理	故障应力	抗力指标
磨损	粘着磨损、磨粒磨损、表面疲劳磨损、腐蚀磨损	机械应力	耐磨性、抗触疲劳应力
变形	弹性变形、塑性变形	机械应力	正弹性模量、切变弹性模量、弹性极限、屈服点等
断裂	疲劳断裂、静载断裂、环境断裂	静载应力冲击应力疲劳应力	抗拉强度、冷脆转变温度、断裂韧性、对称循环疲劳极限、伸长率、收缩率、疲劳寿命等
裂纹	工艺裂纹、使用裂纹	疲劳应力	疲劳裂纹扩展速率
腐蚀	化学腐蚀、电化学腐蚀	化学反应热应力	应力腐蚀应力场强度因子、对称循环疲劳极限

说明：故障应力是指导致该故障发生的应力；抗力指标是指机械构成材料承受故障应力的基本强度指标。

当故障发生时，设备检修人员需要通过机械设备技术状态及故障的有效特征量进行诊断。诊断参数在各种设备上的应用范围，如表 2—26 所示。

表 2—26　　　　　　　　　　　机械设备诊断参数明细表

设备类别	主要诊断对象	诊断参数
机械零件	滚动轴承、滑动轴承、齿轮	振动、噪声、温度、油液分析
传动系统	轴承、高速旋转件转轴	振动、噪声、声发射模态分析
液体机械	泵、空压机、风机	振动、噪声、压力脉冲、超声波、温度
动力机械	发动机、涡轮机、液压马达	振动、噪声、油液分析、效率测定、气体分析

续前表

设备类别	主要诊断对象	诊断参数
加工机械	机床、剪切机、焊接设备	振动、噪声、负载电流测定、火花检测法
静态设备	压力容器、结构件、管道测量	声发射技术、超声探伤、红外热象、腐蚀监测
电机电器	电机、电缆、变压器	振动、噪声、电流/气相分析法、绝缘诊断法

说明：明确不同设备的相关诊断参数，能更有针对性地应对故障发生。

4. 设备效能的改善

坚持设备的持续改善意识，这里的改善主要包括操作方法、设备质量，生产结构和管理方式上不断地改进与提高。具体如下：

（1）选用合理的工艺方法，严格按操作方法执行，在保证质量的条件下，缩短生产产品的必要时间，提高设备效率；

（2）通过技术改进，保持设备的性能，提高设备的可靠性，尽量减少或避免故障停机，缩短修理时间，提高设备的可利用率；

（3）加强生产计划协调和平衡，合理进行生产，提高设备的利用率。

设备定量控制

设备定量控制是指根据生产订单需求，核查企业当前的产能状况，继而设定合理的设备量，确保最适宜的设备数量控制。设备的定量控制能够减少设备数量，消除设备过多造成的浪费，减少设备的运营维护成本，但设备的定量控制还要考虑一定的限制因素。

1. 设备定量的限制因素

设备定量时除了要考虑企业的实际情况和以往的经验来进行设备安排外，还应考虑一些限制性因素，以避免造成设备的窝工和浪费现象。

（1）作业量

作业量的多少直接影响设备的启用数量。一般情况下，作业的物资量越大，所需要的设备数量就越多，反之则越少。但是，即便是同样数量的原材料，但如果作业环节不同时，其作业量也不同。因此，必须确定原材料所实际需要的实际作业量。

（2）设备类型

不同类型的设备，其性能不同，对环境的适应性也不同。确定设备数量时必须根据设备的特点和实际作业能力来确定。在确定设备时应尽量选择运作稳定、效率较高的设备。

（3）作业均衡性

大型生产企业的生产运作往往需要采取多机联合作业的形式，必须保持作业的连续性和均衡性，因此进行设备配备时也要按照各环节的作业内容的特点基本均衡。

（4）作业时限

完成作业的时限要求直接涉及设备启用数量的设定。在一定的设备条件下，作业量越大，作业时间越长；反之，作业时间越短。但是，这样简单的增减也是有限度的。超过一定限度反而会导致作业效率降低。因此，必须合理确定作业时限。

2. 设备定量分析

在设备量分析过程中，对于设备当前运行状态、实际产能状况等信息，分析人员可以从设备维护部的日常维护记录中获得，因而，设备量分析的重点便落在了两个环节上，即：设备需求总量预测和设备排序计算。下面对这两方面操作进行重点说明。

2.1　选择精益的排序方法

设备需求量与人员和设备的排序方案有极大关系。即便是统一任务，如果设备和人员的排序不同，那么所需的设备量也是不同的。因此，选择最优的排序方法，便成为进行高效设备量分析的前提条件。

下面以单台设备排序为例进行说明。假设 n 件工件必须都在单台设备上生产完成，此时，就需要对单台设备进行排序计算。对于每件任务 i，需要了解以下各量的定义。

t_i——任务 i 的加工时间。

d_i——任务 i 的预定交付时间。

W_i——任务 i 的等待时间。

F_i——任务 i 的流程时间。

T_i——任务 i 的延迟时间。

L_i——任务 i 的滞后时间。

E_i——任务 i 的提前时间。

假设平均流程时间为 F'，则其计算公式如下：

$$F' = \frac{1}{n} \sum_{i=1}^{n} nF_i$$

在只考虑单台设备的排序问题时，一共有种 $n(n-1)(n-2)\cdots(2)(1)=n!$ 不同的数列排序。

接下来，假设生产目标是最小化延迟任务数量，那么可以采用以下步骤进行设备排序。

（1）根据最早的预定交付时间进行作业排序，使 $d_{[1]} \leqslant d_{[2]} \leqslant \cdots \leqslant d_{[n]}$。

（2）找到目前序列中的第一个延迟任务 $[i]$，如果没有这个延迟任务，则可以跳过下一个步骤。

（3）考虑任务 $[1]$，$[2]$，$\cdots$，$[n]$，除去有最大加工时间的任务，并返回到上一个步骤。

（4）将除去的最大加工任务附加在当前的作业序列中，并形成最优顺序。附加在当前任务的序列总是延迟的，因此可以任意排列。

当然，排序并不能仅考虑静态环境，还要考虑动态环境。

2.2 预测设备的总需求量

在确定了可选择的排序方案之后，即可开始预估年度订单量，继而计算年度设备需求量。设备需求量的预测过程主要包括测算年度需求总台时、计算设备有效台时、计算生产设备量的差额等三部分内容。

（1）预算年度需求总台时

用台时数表示年度总产量时，应将实物量按照单位产品定额台时转换成预测定额的台时数。计算公式如下：

$$预测定额总台时数 = \sum (预测产品产量 \times 单位产品台时) \times 定额改进系数$$

其中，定额改进系数 =（预测年度估计新定额台时/现行定额台时）$\times 100\%$

（2）计算设备的有效台时

这一环节是设备需求量预测中的重点，如何进行设备调度、排序都会影响实际的台时需求量。所以，要针对设备布排情况进行统计。计算公式如下：

设备的有效台时 = 单位设备日均台时 $\times$ 实际工作天数 $\times$ N（产能相同的设备数量）

（3）计算生产设备量的差额

当预测所得产量远大于企业当前的产能时，企业需要做出"是否购进新设备或者租用设备"的决策；如果预测显示"在未来的比较长的一段时间，市场对当前产品的需求量呈现出明显的下降趋势"，企业就要做出"是否缩小生产规模"的决策。

2.3　实现最佳的设备定量控制

设备定量研究并不仅仅是确认设备需求数量，更重要的是如何实现设备与人之间的平衡。人机关系一共有三种类型：同步服务、随机服务、同步与随机相结合的服务（复杂人机服务）。最佳设备定量主要是达到这三种人机关系下的平衡运作状态。

（1）同步服务的设备定量

同步服务即将多台设备分配给一个人，使人和设备都处于工作状态的一种理想工作模式。具体而言，在启动第一台设备后，操作人员转移到第二台设备的位置，安装加工件，启动第二台设备；随后操作人员转移到第三台设备处，以此类推，直到第一台设备即将停止运转，操作人员才回到第一台设备。同步服务如图2—23 所示。

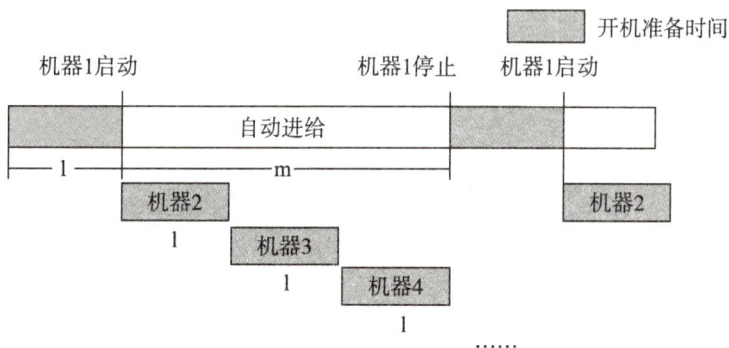

图 2—23　同步服务

最理想同步服务情况的计算方法：

$$N = \frac{l + m}{l}$$

式中：N 为分配给操作人员的设备数量；l 为操作人员在每台设备上耗费的装夹、启动时间；m 为设备从开启到停止之间自动运转的时间。

另外，在两台设备距离稍远，或者是操作人员从一台设备走到另一台设备的时间相对较长时，要用下式来进行计算：

$$N \leqslant \frac{l + m}{l + w}$$

w 为操作人员从一台设备走到另一台设备需要的时间。

（2）随机服务的设备定量

随机服务即不知道何时服务，也不知道会服务多长时间。例如维修人员的工作时间就属于这种模型。

虽然不知道什么时候会为哪台设备服务多长时间，但是设备平均发生故障的概率，以及平均维修时间可以通过检验统计得到。

（3）复杂人机服务的设备定量

随着设备数目的增加，人机之间的关系也就变得复杂起来，如不能科学处理，会造成工作时间的浪费。为了解决这个问题，通常采用经验判断法和公式计算法分别来解决简单的和复杂的人机情况。

①经验法是用分配给操作人员的设备数、设备的平均运转时间以及平均服务时间，来确定操作人员的预期工作负荷，主要应用于简单的人机关系。

②公式法主要依据固定公式来确定人机情况，主要应用于设备数目大于 6 时的人机关系。

在不同情况下，设备定量的方法各有不同。设备定量分析人员应根据实际需求，来确定所采用的方法，实现最佳定量计算和规划。

自主保全

自主保全是以设备操作者为主体，依据操作者的感觉对设备进行日常的维护和保养，通过不断的解决问题，现场操作者会逐渐熟悉设备的性能，对生产效率的提高很有帮助。在传统观念中，作业者通常认为设备发生故障和自己无关，这是绝对需要改善的。操作者的自主保全对设备起到的保护作用是其他方法不能弥补的。

1. 自主保全的内容

自主保全主要指针对设备的保养和维修工作。其工作的重点内容，如表 2—27 所示。

表 2—27　　　　　　　　　　自主保全的重点内容

重点	含义
整理、整顿	精益活动的保持和延续
基本准备工作	设备正常运行的基本条件
可视化管理	对设备的管理更容易掌控
设备点检	对设备的基本情况予以检查
修理	主要指操作者可以自主完成的小维修

自主保全要求操作者自主地对生产设备实施全面的管理、维护和保养，要培养作业者主人翁的工作态度，使得自主保全成为操作者日常工作的一部分。

2. 自主保全的目标

提高设备综合效率，使设备性能达到最优是自主保全的主要目标。但具体来说，自主保全还能实现以下目标：

（1）建立备件库

操作人员可以根据自主保全经验，对设备易损快的部件，建立相应的备件库。建立良好的备件库，设备备件储量充足，对设备维修是十分必要的。备件库能保证设备维修的快速完成，减少生产停顿时间。

（2）规范设备使用

为了避免检修的麻烦，操作人员在自主保全的过程中就会形成规范使用设备的习惯。规范设备使用可以保证生产设备的正常安全运行，减少生产停滞时间，延长设备使用寿命。规范设备使用还可以保障设备操作人员的人身安全。

（3）建立设备管理档案

操作人员将进行自主保全时发现的问题以及对设备维护和保养记录下来，形成设备管理档案。设备管理档案是设备管理的重要组成部分。设备管理档案实现设备问题的可追溯性，便于明确责任。

3. 自主保全的步骤

自主保全的实施必须有详细的步骤予以指导，否则不但起不到保全的目的，还会使生产受到影响。

3.1 明确职责

在进行自主保全之前，企业一定要将责任明确到操作者个人身上，加强操作者的责任意识，才能达到自主保全的目的。

3.2 建立健全保全机制

自主保全体制是提高设备运行稳定性的一系列体制，包括设备的保全标准和方法、制订保全计划等。操作者在进行自主保全之前就要制订好保全标准和计划，以便自主保全活动的顺利进行。

3.3 基本保全问题处理

根据制订的保全计划，操作者就要对设备存在的基本问题进行维护，这一步骤是需要实践的环节，要点是巩固前期的保全成果，落实保全计划。

全员生产保全

全员生产保全（简称 TPM）是以生产现场的全体操作人员为主体，对设备进行日常的维护和保养。全员生产保全讲究全员参与、互相配合和问题意识，鼓励部门和班组实施改善和保养活动，为稳定高效的生产提供保障。

1. 全员生产保全活动的分类

为了达到保养目标，可以将全员生产保全活动分为以下两类。

（1）维持活动

主要针对故障的防止及故障后的机能恢复，可分为正常维护和预防保养。

（2）改善活动

主要目标是延长设备寿命，缩短保养时间，甚至最好能达到免保养的程度。可分为改良保养（信赖性及预防保养性的改善）和保养预防（免保养的设计）。

只有两项活动齐头并进时，设备综合效率才能达到最高。在维持活动方面，这些技术主要以防止劣化、测定劣化、恢复设备为目的，是全员生产保全活动的三要素，其中，以劣化的防止活动较多，是保养过程中最基本的活动。

2. 全员生产保全活动的目标

通过企业各级和各部门员工对设备的有效管理，全员生产保全活动要达到故障为零、浪费为零、不良为零的高效生产的最终目标。在具体的操作层面上，全员生产保全活动是围绕以下目标进行的：

（1）减少设备故障和设备磨损，减少设备问题带来的停工

全员生产保全能够发现设备潜在的故障，及时进行处理，减少因设备故障造成停产，产生的经济损失。

（2）控制设备使用成本

全员设备保全能延长设备的使用寿命，降低设备的年平均成本，降低企业的生产成本。

（3）提高设备综合效率，使设备性能达到最优。

实践证明，实施全员生产保全可以将设备的总效率提升50％～90％。对于以设备为主的企业，全员设备保全将成为其必选的精益化管理技术。

3. 全员生产保全的步骤

为了达到全员生产保全的目标，实施保全活动时要遵循一定步骤，循序渐进地推行。具体步骤如下：

3.1 初期清扫

这是全员生产保全的第一步，也是最基本的工作，其目的是培养生产现场员工发现问题和解决问题的能力。生产现场的员工通过清扫设备，来熟悉设备的结

构、运行机理和性能等基本信息，为日后很好地使用设备打下基础。初期清扫的主要任务，如表 2—28 所示。

表 2—28　　　　　　　　　　　初期清扫的主要任务

序号	清扫任务
1	设备操作员亲自动手。
2	管理部门要将清扫归为日常工作的一部分，必要时可以进行考核。
3	清扫前，要准备好相关的用具。
4	对设备的清扫包括附带设备，如电源线、连接线，保证设备性能的良好。
5	对设备内部进行清扫时，要尽可能将设备予以拆分，以更好地清扫。
6	要保证清扫的持久性。

在进行此项任务前，首先要建立基本的操作体制，如培训操作人员、制定问题清单、制定清扫责任制度等，来确保初期清扫的有效开展。图 2—24 为操作人员在手动清扫的现场操作图。

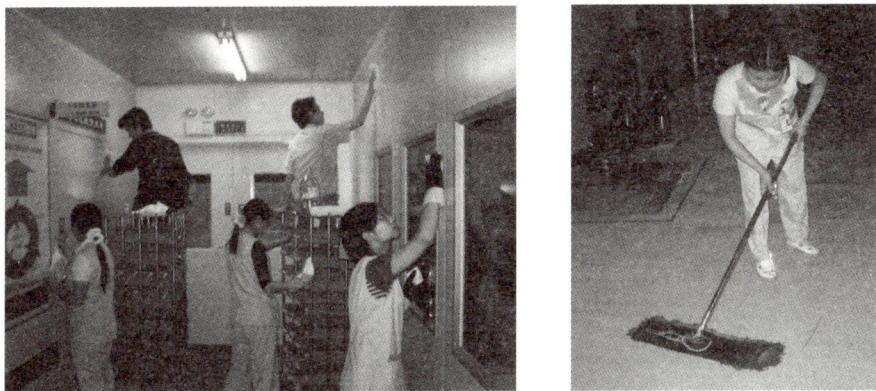

图 2—24　手动清扫

3.2　处理重点部位

容易发生事故的部位或在设备维护中容易疏忽的部位往往是设备的重点部位。做好重点部位的处理，往往使设备维护事半功倍，而且通过对重点部位的处理，也会使生产现场的员工更加熟悉设备。图 2—25 中，生产现场的员工正在针对重点部位进行彻底清理。

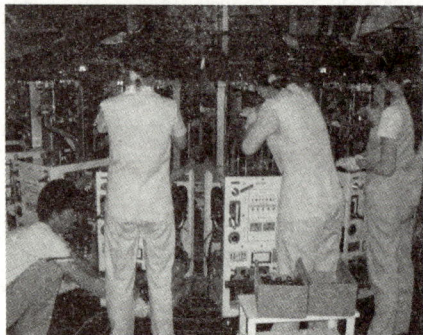

图 2—25　重点部位的彻底清理

此项操作的重点如下：

(1) 将关键设备进行隔离维护。

(2) 将废弃设备进行改造。

(3) 彻底清除设备问题。

(4) 彻底清理污染源。

3.3　编制自主保全基准

为设备的保全活动编制标准化文件，这样不仅可以巩固前期的工作成果，还可以为持续改善打下基础。表 2—29 为保全点检和修理作业的安全基准。

表 2—29　　　　　　　　　　　保全点检、修理作业安全基准

区分	作业基准	重点、补充
目的	防止点检、维修作业出现挤压、割伤、刺伤、触电、坠落等事故发生。	
定义	(1) 点检作业是指按标准对设备状态进行定期、临时性检查。 (2) 维修作业是指对设备故障、缺陷进行排除的作业。	
保全点检时、修理时的遵守事项	进行保全点检和修理时要遵循一定规则。 (1) 作业时，选定作业指挥人员。 (2) 作业指挥人员要遵守指挥责任者的责任，进行指挥： ①作业指挥员要处在便于观察整体及随时可以取得联系的位置。 ②抢修作业指挥人员左手臂须佩戴红色"指挥者"袖套。 ③作业指挥人员负责确认高危作业申请单的办理。 (3) 保全人员要遵守以下的事项： ①服从作业指挥人员的指挥，而且与共同操作人员相互确认安全。 ②作业前的会议中，如有不明之处，一定要请教明白。 ③进行自我危险预知（KY）分析，与指挥人员一起讨论危险因素。	作业指示书的确认 作业开始前变更点的 KY；保全保护用具的使用按公司

续前表

区分	作业基准	重点、补充
	④对于规定的保护用具、工具，一定要正确地加以使用。 ⑤作业之中要提起注意，感到"危险"时，马上停止作业，报告指挥人员，等待指示。 ⑥切断电源时，指挥人员要拔下钥匙，亲自保管。贴上安全牌，所有作业人员要把安全牌挂在其牌周边部位。 ⑦安全牌的取下，由挂上去的人负责。其他的作业人员不能擅自取下安全牌。	《劳动防护用品选用标准》参考安全牌使用基准
	(4) 保全人员离开作业点或移动作业场所时，一定要向指挥人员或班长报告去向。 (5) 抢修作业要在现场划定警示区域，以防无关人员进入。 (6) 切断动力源时，要确认排空残压的阀门是否关闭后开始作业。 (7) 作业结束后，按指挥人员的指示确认是否有工具、部品和其他剩余的物品、安全栅栏的复位等，把作业周边的环境整理后，接收制造现场人员的确认。	废弃抹布要扔到指定的垃圾桶中

对于同一型号和类型的设备，只需编制一份保全基准。

3.4　总点检

总点检操作可以有效度量设备的劣化，具体操作如下：

(1) 生产组长接受进行点检程序的培训，培训教材是维修主管编制的总点检手册。

(2) 生产组长再把这些点检知识传达给小组成员。

(3) 生产小组成员针对总点检中发现的问题，制定技术对策。

(4) 在维修技术人员的援助下，由生产小组成员执行点检对策，改善劣化部位。

保全活动的前三个步骤是恢复设备的基本状况，一般不会产生明显的成效。通过总点检，设备管理通常会有很大改观，例如，故障大大减少，设备综合效率大幅度提高。

3.5　自主点检

到了自主点检阶段后，操作员可以依照检查标准，来评价维修活动与设定的目标和结构的差别，并采取措施减小差别。

第4节 物料管理

物料作为生产的基本组成，如果对其管理不当容易造成现场堆积、交期延迟和停工待料等。如果能及时做好物料供应、存放和搬运工作，就会减少生产中因物料问题出现的浪费和事故，保证生产交期，提高生产效率。

物料响应速度

物料的响应速度是指从生产车间发出物料需求信号开始到将物料送至生产车间所需要的时间。物料的及时供应是物料响应速度最快，又不会造成物料积压的物料供应方式。生产物料的及时供应是指在正确的时间、正确的地点得到正确的物料来源，使库存投资最小化及生产效率最大化。

1. 物料及时供应的内容

物料的及时供应包括需求计划的制订、及时供应流程以及预警机制。具体内容如表2—30所示。

表 2—30　　　　　　　　　生产物料适时供应的内容

主要内容	说明
生产物料需求计划的制订	包括编制物料需求目录、确定各种物料需求量、计算批量、下达计划订单、再次计算5个步骤。
生产物料的适时供应流程	为及时、齐备地供应生产所需的各种物料，确保生产的不间断进行，各部门应各司其职。
生产物料短缺的预警机制	包括设立物料预警周期、物料预警指标等。

1.1 生产物料需求计划的制订

制订物料需求计划的具体步骤如下：

（1）编制物料需求目录

将企业需用的各种不同规格的物料，按照分类的顺序，有系统地整理汇总，并详细列明各种物料的类别、名称、规格、型号、技术标准、计量标准、价格以及供应来源等。物料需求目录要随生产任务，技术条件，供应条件的变化及时进行审核和修订。

（2）确定各种物料需求量

物料需求量按照每一类物料、每一种具体规格分别计算，如表 2—31 所示。

表 2—31　　　　　　　　　　　　物料需求量的计算

物料类型	计算依据	计算公式
主要原材料需求量	与产品的产量相关，大多都有消耗定额，通常采用定额计算法	某种主要原材料需求量＝（计划产量＋技术上不可回避的废料数量）×工艺消耗定额－计划会用废料数量
辅助原材料需求量	按照各种辅助原材料的用途分别计算	某种辅助材料需求量＝（计划产量＋废料数量）×某种辅助材料的消耗定额
动力需求量	主要指电力需求量	（1）工艺用电需求量＝计划产量×电力消耗定额 （2）照明用电需求量，按灯头数量、照明时间、灯光强度等计算
燃料需求量	根据消耗定额计算	实际品种的燃料需求量＝计划产量×标准燃料消耗定额/发热量换算系数
工具需求量		（1）大批量生产的工具需求量＝计划产量×工具消耗定额 （2）成批生产下的工具需求量＝设备计划工作台数×单台设备工具消耗定额 （3）单件小批生产的工具需求量＝每千元产品的工具消耗

（3）计算批量

即决定物料生产批量，包括采用任何批量规则或不采用批量规则。

（4）下达计划订单

即通过各种计算，根据提前期生成计划订单，通过能力资源平衡确认，正式下达计划订单。

（5）再次计算

物料需求计划的再次生成包括两种方式，一种是重新计算库存信息，同时覆盖原来计算的数据，生成全新的物料需求计划；另一种是在制订、生成物料需求计划的条件发生变化时，相应地更新物料需求计划有关部分的记录。

1.2　生产物料的适时供应流程

确保生产不间断的前提是生产所需的各种物料供应的及时性、齐备性。因此，企业必须有一个适时的物料供应流程，保证企业达到以下 3 方面要求：

（1）在计划期内对各项生产任务所需物料做出合理部署和安排，平衡企业内的物料供需。

（2）按物料供应计划组织进货，根据生产进度和时间要求，按质、按量、按时、齐全地向车间班组发料。

（3）充分利用所有物料，减少和杜绝积压浪费，降低成本，加速资金周转，以提高企业生产效益。

物料适时供应的流程，如图2—26所示。

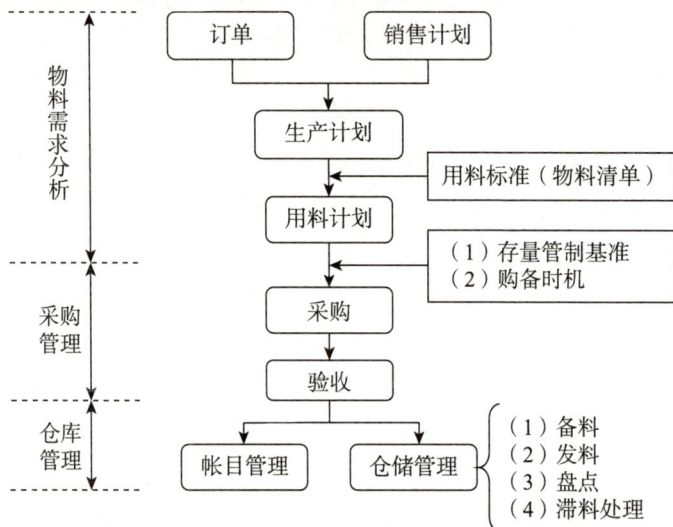

图 2—26　物料适时供应流程图

为了及时、准确地供应生产物料，各部门应各司其职，具体内容如下：

（1）做好物料需求控制，确保物料清单的准确性。销售部与客户充分沟通，了解客户的需求行为，得到较为准确的销量计划，并根据近期销售趋势及时调整计划，以便生产部提前准备物料。

（2）采购方面，要求采购的物料能够准时、准确地交货，并保证符合物料品质要求。做好采购催单，配合生产排程不延误。

（3）仓储方面，要求收发料及时、准确，物料盘点准确，维护库存用料的质量与数量。

（4）账目管理方面，要求各种单据传输及时、准确，与实际相符。

1.3　生产物料短缺的预警机制

根据生产订单及库存状况，建立物料短缺预警机制，包括设立物料预警周期、物料预警指标等。物料预警的基础概念，如表2—32所示。

表 2—32　　　　　　　　　　　物料短缺预警机制的基础

名称	定义	举例
警情	描述预警结果。	例如，已出现物料短缺、安全库存减少、生产停工等。
警源	引起警情的各种可能因素。	例如，供应商方面的原因、生产方面的原因、业务原因等。
警兆	从警源发展到警情过程中出现的警情先兆。	例如，生产备料率低于规定界限、安全库存小于订购点、出现大批生产插单等。
警限	有警与无警的临界值。	设定相关预警指标，例如，备料率、生产效率等。
警度	反映警情的严重程度。	根据物料到位情况，确定警度，采取控制措施。

其中警限是确定警度的基础，警限与警度的确定是实际预警的关键。

2. 物料及时供应的原则

与传统的物料供应相比，物料的及时供应节省了物料供应管理过程中的物料仓储以及出库、入库的时间，提高了物料的响应速度，降低了物料的管理成本。

但由于其采用供应商准时、直接、适量等特点运送货物到生产现场进行物料的供应过程，在具体实施时，应尽量遵循一些原则，才能保障及时供料，具体原则如表 2—33 所示。

表 2—33　　　　　　　　　　　物料及时供应的原则

要求	说明
供应商数目力求最少	最理想的供应商数目为每种产品都是单源供应商。
小批量、高频供应	采用"需要多少购进多少、什么时候需要什么时候购进"方针，避免库存积压。
交货准时	对供应商的生产水平和运输水平较高，以达到准时化进料，准时化投料、准时化生产。
加强交流信息	供应商和企业的信息共存，以保证需求信息和供应的实时性和准确性，实现物料准时、准量购进，及时投入生产。

3. 提高物料响应速度

在遵循物料及时供应的原则的情况下，企业提高物料响应速度可以行以下方面入手：

3.1 设置一定的安全库存

为防止物料短缺影响物料响应速度，应该在安全库存量的基础上增加一定的数量库存，而不能等到物料的库存量消耗到安全库存量时才补充库存，因为物料的供应需要一定的时间（即供应周期，如物料的采购周期、加工周期等），所以必须有一定的时间提前期。

3.2 与供应商建立长期的双赢互信合作关系

（1）由供应商在生产企业厂区内设立仓库（厂外临近区域），面对库存和需求，随时对物料进行补货。

（2）将非核心低价位的零部件外包，降低物料的采购品种，由供应商面向生产计划（需求）进行供货。

物料存放

由于生产的需要，要经常取拿物料，若物料的存放不合理，则会造成寻找时间过长，出入库速度变慢，这会浪费大量的人工，同时也增加了生产等待时间。

1. 物料存放原则

为了合理地存放物料，企业在进行物料存放时要遵循"三防"和"三定"的原则。"三防"、"三定"内容如表2—34所示。

表2—34　　　　　　　　　　　　　"三防"、"三定"内容

项目	内容	说明
三防	防水	以免物料变质、变形，甚至着火、爆炸。
	防火	
	防压	
三定	定点	将物料储存在适当的固定位置，利于养成固定作业习惯，自然减少寻找物料的时间（物料的"三定"存放规范示例图如图2—27所示）。
	定位	将物料使用一定外形的容器储存，以便堆放及清点（物料的"三定"存放规范示例图如图2—27所示）。
	定量	将物料以一定单位的量包装，以便于物料领取及快速清点（物料的"三定"存放规范示例图如图2—27所示）。

物料"三防""三定"存放示意图，如图 2—27 所示。

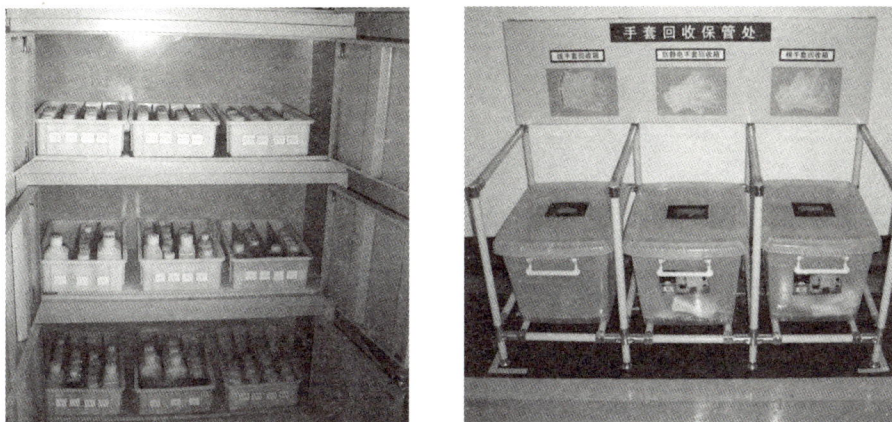

图 2—27　物料"三防"、"三定"示意图

物料定位时，需根据一定分类方式将物料进行分类，然后在架子或者柜子上贴上每种物料的标签，便于取拿物料。物料的编号方法如表 2—35 所示。

表 2—35　　　　　　　　　　　　物料的编号方法

物料编号方法	内容	举例
英文字母法	用英文字母进行排序的编号方法。	如：D 代表布制品，B 代表陶制品，C 代表玻璃制品。
数字法	用阿拉伯数字进行排序的编号方法。	如：1 代表布制品，2 代表陶制品，3 代表玻璃制品。
暗示法	将与物料有关的文字或符号代表该项物料，使之能望文生义。	如：Febric 代表布制品，Ceramic 代表陶制品，Glassware 代表玻璃制品。
混合法	用英文、数字、文字的混合进行排序的编号方法。	如：F12—R—44，其中 F12 代表斜棉布，R 代表红色，44 代表 44 英寸的门幅。

对物料的编号方法应力求统一，这样利于整体管理。

2．物料的存放方式及影响

对物料的存放要合理，取拿有序，这样才能保证物料入库出库的顺畅，提高物料的使用效率，节省生产的时间。

2.1　物料存放的方式

物料的存放需要根据物料自身的特点选择不同的存放方式，常见的有货架存放式和堆垛法两种。

（1）货架存放式

货架存放式适用于规格小、易碎、不便堆垛的物料的存放，特别是价值比较高而且需要经常盘点的物料，如图2—28所示。

图 2—28　成品货架存放式

（2）堆垛法

堆垛法适用于形状比较规则或规则包装的物料的存放，常见垛形由平台垛、梯形垛、梅花垛等，如表2—36所示。

表 2—36　　　　　　　　　　　　堆垛法常见垛形

垛形	堆垛说明	图示
平台垛	（1）从下往上第一层以同一方向平铺摆放，然后垂直往上堆积，每层对方的数量保持相同。 （2）适用于形状为规则长方体或装箱存放的物料。 （3）优点：整齐，稳固，便于清点，方便拿取。	
梯形垛	（1）从下往上物料的堆放数量逐层递减，整个货垛呈立体梯形。 （2）适用于包装松软的袋状或圆柱形捆包的物料。 （3）优点：空间利用率较高。	
梅花垛	（1）单排货物与双排货物卡缝摆放，整个垛形横切面呈梅花状。 （2）适用于需要直立存放的桶装物料。 （3）优点：摆放紧凑，充分利用了容器之间的空隙。	

2.2　物料存放不当的影响

归结物料存放不当的各类影响，我们会发现，其大致有以下几类：

（1）影响物料质量

如果物料存放不当，物料本身发生变形或功能性变化，进而影响产品质量。比如，在存放仪器仪表时如果选择了一个潮湿、40 摄氏度以上的保管环境，那么其精度、灵敏度很容易受到破坏。

（2）威胁物料安全

一些物料的性质较为活泼，容易发生化学反应。比如，一些油料类物料，如果存放不当就容易发生自燃、爆炸等问题。

（3）造成物料浪费

一些企业未对物料存放顺序加以规范，于是新物料将旧物料挤到角落里，而旧物料没有按期使用，最终因过期而造成浪费。

（4）有损仓库形象

物料存放混乱，会给人们带来负面的观感，严重影响客户对仓库管理水平的评价。

（5）增加物料查找时间

物料存放杂乱，无分类，自然不便查找，工作效率会大大降低。

（6）仓储搬运作业不便

如果物料存放位置未作规划，那么出入库时的搬运难度会加大，搬运效率会大大降低。

3. 物料存放标准

物料的存放若无特殊要求，则按物料的大小、高度、重量等采取适当有效的存放方法，一般的标准如下：

（1）堆放总高度一般限制在 3 米以下，置放料架时每层不超过 1.5 米；

（2）在放置物料时要考虑物料的重量，重的尽量放在下层，避免存放物料时发生意外。

（3）较常使用的物品应储存于靠近接收及搬运地区，以缩短作业人员往返时间的搬运成本。

（4）常一起使用的物品宜放在同一区域，以缩短存取时间。

（5）储存设计时储存位置应按照存放物品的大小而给予适当的空间，以确保能充分利用空间。

（6）物品的保管安全为第一，危险物品的存放应采取一些安全措施，以维护存放作业区的安全。

（7）物料员定期检查物料存放是否规范，如摆放有误应及时纠正。

除此之外还应注意，对于那些易腐蚀、易燃烧等危险物料应以可视化的方式注明，易于管理和使用。特殊物料的标识示例图，如图2—29所示。

图 2—29　特殊物料的标识例图

物料搬运

物料搬运是指在同一场所范畴内进行的、以改变物料存放状态和空间位置为主要目标的活动，是制造企业生产过程中的辅助生产过程，是工序之间、车间之间、工厂之间物流不可缺少的重要环节。选用恰当的方式搬运物料，能够提高物料搬运效率，从而提高物料管控效率，保证生产作业顺利进行。

1. 物料搬运原则

作业现场的物料搬运，应当遵循省力化原则、排除无效搬运原则、优化路线原则。

（1）省力化原则

现场搬运应力求省力，尽量采用合理的机械化或自动化作业，以提高作业效率、反应速度和一致性，降低成本，并消除重复性和存在潜在不安全性的人工作业。

（2）排除无效搬运原则

物料搬运时应当尽量消除无效搬运。无效搬运不仅会产生不必要的时间和人力浪费，间接增加生产成本，还可能增加物料损坏的几率，降低物料的使用价值。因此，在搬运物料时，应当尽量合并搬运作业，减少搬运次数，排除无效搬运作业。

（3）优化路线原则

作业现场的物料搬运路线应当尽量缩短和简化，尽可能地采用直线，避免迂回和交叉，从而提高搬运效率，保持物流顺畅，使物流与生产节拍充分融合。

2. 物料的搬运方法

在遵循物料搬运原则的情况下，针对物料体积、重量、搬运距离三个属性，可以选择不同的搬运方法。常见的物料搬运方法，如表 2—37 所示。

表 2—37　　　　　　　　　　　现场物料的搬运方法

搬运方法	说明	适用范围	优缺点
人工搬运	手搬、肩扛等。	适用于物料体积小、数量少、重量轻、搬运距离短的情况。	优点：简单、方便。 缺点：效率低，人工费用高，作业人员易疲劳。
简单工具搬运	使用手推车、工位器具等进行物料搬运。	适用于件小量大、短距离的物料搬运。	优点：简便实用，搬运效率高于人工搬运，不易产生人员疲劳。 缺点：不适合大宗物料、较长距离搬运。
机械化搬运	使用叉车、电瓶车、起重机、吊车等搬运。	适用范围广，适用于大件、小件、长距离、短距离搬运。	优点：搬运方式灵活、效率高、运输量大、节省人力、适用范围广。
自动化搬运	利用机械手、传送带、悬挂链、滑到等自动化设施进行物料搬运。	适用于物件小、数量大、重量轻、短距离搬运。	优点：效率高、节省人力。 缺点：适用范围有限。

虽然这些方法的使用范围较为广泛，但是有时并不能解决一些混合现场的问题。此时，就需要通过系统性的物料搬运分析，来选择适宜的方法。

3. 物料搬运的改善

为了压缩物料搬运成本，保证物料搬运省时省力以及人员和物料的安全，企业可以从以下方面进行物料搬运的改进：

3.1　设计合理的搬运路线

合理的搬运路线可以降低搬运的成本，避免由于路线制定不合理造成的浪费，在一定程度上提高了搬运效率。企业所设计的搬运路线应，尽量减少搬运的距离，

避免通道弯曲以及路线交叉。物料搬运路线类型如表 2—38 所示。

表 2—38　　　　　　　　　　　货物搬运路线类型

类型	说明	图解	适合范围
直达型	遵循各种物料从起点到终点的路线最短原则。	起点 → 终点	适用于物流量较大、距离较短或者时间较紧迫物料搬运。
渠道型	一些物料在预定的线路上移动，与来自不同地点的其他物料一起被运到同一个终点。	起点B　起点A → 终点	适用于物流量较少，距离较长物料搬运。当布置不规则而又分散时更为有利。
中心型	各种物料从起点移动到一个中转点，然后再一起运往终点。	起点A　起点B → 中转 → 终点	适用于物流量小、而距离较长的物料搬运。当厂区布置合理且管理水平较高时更为有利。

3.2　制定搬运作业指导书

搬运作业指导书是对搬运作业进行规范的指导性文件，将搬运作业指导书张贴在搬运人员正面可见的地方，可以对搬运工作起到指导作用，避免错误操作和不规范操作。

3.3　张贴搬运安全标识

搬运安全标识是通过安装标识牌的方式，提醒搬运人员应当注意的相关事项，以保证搬运物品和人员的安全。常见的搬运安全标识，如表 2—39 所示。

表 2—39　　　　　　　　　　　常见的搬运安全标识

小心轻放		
易碎品	由此吊起	怕晒

续前表

怕雨	温度极限	由此夹起
		-kg_{max}
禁用手钩	此面禁用手推车	堆码重量极限
	N	
位置向上	堆码层数极限	禁用叉车

　　搬运安全标识的安装位置依照其内容的不同，可以直接粘贴在物品上，也可以安装在搬运工具上，还可以安装在搬运点的墙壁上。在安装搬运安全标识时，要注意安装在作业人员正面可见的地方，防止被物品遮挡。

第**3**章

生产管理

对制造型企业来说，最重要的就是企业的生产。用精益化的思维对生产过程进行管理，能够规范生产秩序，提高生产效率，降低企业的生产成本，使企业适应日益变化的客户需求。

　　　　　　　　　　　丰田的现场管理

　　关于消除浪费，丰田喜一郎曾做出如此构想："诸如汽车生产这类综合工业，最好将每个必要的零部件非常准时地集中至装配线上，工人每天只需完成必要的数量即可。"大野耐一将丰田喜一郎这个思路灵活地应用到汽车生产现场，从而形成了一套严谨成熟的生产管理体系。

　　首先是生产流程的优化。大野耐一学习福特的流水线工作方式，将"以设备为中心进行加工"的生产方式改变为"根据产品的加工工艺来摆放设备"，形成专线生产，并计算出每个产品的节拍时间。所谓节拍时间，即如生产 A 产品，一天需要 480 个，一天的劳动时间是 480 分钟，那么就可以计算出，生产一个 A 产品的节拍时间是 1 分钟。有了这个节拍时间概念，生产线只要按节拍时间持续流动生产即可。

　　其次是拉动式生产。丰田之前的生产方式是生产计划部门把计划发给各个工序。由于各个工序发生故障的时间有所不同，导致个别工序生产的部件较多，而部分工序生产的部件又很少，这样一来，不仅会导致生产线运转不流畅，而且还会循环往复地造成大量库存。

　　为了解决这些问题，大野耐一从美国超市的取货环节得到启发——其实，大野耐一根本就没有见过美国超市，只是听说而已。但是，这并未妨碍他的思考，自此他开始了一种没有浪费的流程假设。基于这种假设，大野耐一创造了"从后工序到前工序取件"的流程，使推动式生产变成了拉动式生产——每拉动一下最后一道工序，这条生产线就紧一紧，从而带动上一道工序的运转，消除了库存。

　　生产管理是对企业生产系统各项管理工作的总称，包括生产系统的设置和运行。生产管理中最重要的就是生产流程的管理和生产方式的选择。不断地进行流程优化以及选择合理的生产方式能够减少生产过程中的浪费，提高企业的利润率。

第 1 节　流程管理

　　企业的生产活动是按照企业的经营目标和经营计划，组织人力、财力和物力生产出符合市场需要的产品的过程，这其中涉及很多的流程。为了使流程按照企业的既定战略的要求得以执行，需要对流程实施精益化管理。

生产流程

生产流程是指从原材料投入生产到成品产出，经过一定的机器设备按顺序进行加工的过程。对制造企业来说，生产流程的设计和优化是至关重要的。合理的生产流程能够减少单件产品的生产时间，减少生产过程中存在的各种浪费。

1. 生产流程的类型

根据原材料的种类以及工艺的复杂程度，生产流程可以概括性的分为三类，即直线型、装配型、分解型。直线型流程一般来说加工原材料单一、工艺较为简单；装配型流程的特点是原材料类别较多、工艺复杂；分解型流程产出的产品类型较多，不易管理。图 3—1 为三种流程的图例。

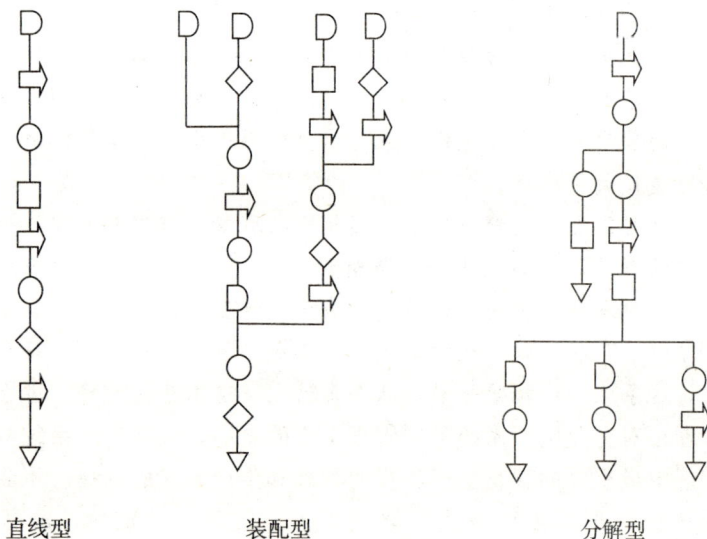

直线型　　　　　　装配型　　　　　　　　　　分解型

图 3—1　生产流程类型

企业可根据自身的实际情况，选择合适的生产流行类型。

2. 流程的诊断和分析

企业的生产流程，一方面是原材料、燃料、动力、劳动力等生产要素的不断输入，另一方面是工业产品和工业性作业的不断输出。生产流程的 5 个内容如图 3—2 所示。

工艺过程	改变劳动对象的性质、形状、大小等，使之成为成品的过程，是生产过程的最基本的部分
检验过程	对加工的毛坯、零件、部件、产品等的质量检验的过程
运输过程	劳动对象在加工过程中在各工序、车间之间进行搬运转移的过程
自然过程	某些需要借助自然力对劳动对象进行作用的过程，例如，时效、冷却和干燥等
储存等待过程	由于组织管理等原因，有计划安排的储存、等待停歇的过程

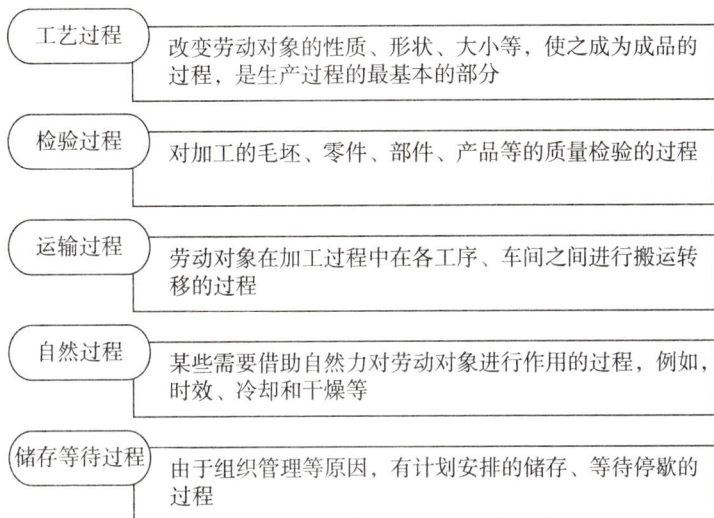

图 3—2　生产流程的 5 个内容

生产流程的诊断和设计是一项经常性的工作，企业应对现有流程进行分析，找出需要改进的地方，并加以改进。

2.1　分析、改进现有生产流程的步骤

分析、改进现有生产流程的步骤，如表 3—1 所示。

表 3—1 　　　　　　　　　分析、改进现有生产流程的步骤

步骤	名称	说明
1	定义	定义需要分析和改进的流程，例如，效率最低的流程，耗时最长的流程，技术条件发生了变化的流程，物流十分复杂的流程等。
2	评价	确定衡量流程的关键指标，例如，企业内部的生产成本、客户服务、生产效率等。用这些指标对该流程进行评价，找出差距。
3	分析	利用分析方法寻找产生问题和差距的原因。
4	改进	根据分析的结果，提出可行的改进方案。
5	实施	实施改进方案，对实施结果进行监控。

2.2　绘制流程图

绘制流程图是进行流程分析的第一步，是流程分析中最基本、最典型的工具，能简单、明了地说明流程中包含的工作任务，任务之间的先后关系或并行关系。

流程图是流经一个系统的信息流、观点流或部件流的图形代表。在企业中，流程图主要用来说明某一过程。这个过程既可以是生产线上的工艺流程，也可以是完成一项任务所必需的管理过程。流程图的三种形式，如图3—3所示。

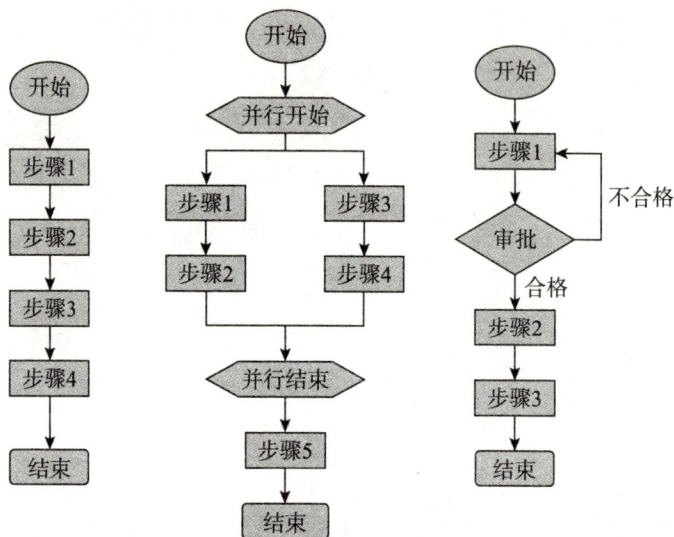

图3—3　流程图的三种形式

2.3　科学运用其他诊断、分析工具

NVA/VA分析是诊断、分析生产流程的常用工具。NVA/VA分析将构成一个流程的各项工作任务分为3类。

非增值活动（NVA）。非增值活动不增加附加值，但是必需的活动，是各项增值活动的"连接剂"。

增值活动（VA）。增值活动指能使产品或服务的附加值得到提高的活动。

浪费（Waste）。浪费既不增值、也不是必需的活动。

生产流程的NVA/VA如图3—4所示。

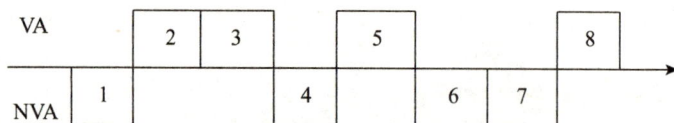

图3—4　生产流程的NVA/VA显示图

图3—4清楚地表示出增值活动在流程的全部活动中所占的比重，帮助找出改进的重点，制定切实可行的改进目标。

3. 生产流程的优化

经过流程的诊断和分析，企业就会发现现有流程的不妥之处，可以进行相应的流程优化。一般情况下，流程管理的总体优化是指不能用更新设备和原材料来代替部分流程的优化。对此，可以采用以下方法：

3.1　简化工作流程

由于在分工合作中，可能出现工作效率不高或工作量超负荷等问题，所以要适当考虑对工作流程进行简化。简化工作可以从以下两方面进行：

（1）简化流——信息流、物流、资金流是否重复或者调理不顺？

（2）简化技术——保证技术适合于所执行的任务是绝对必要的。低技术能解决问题的地方，一定不要用高技术。

例如，装配线上最大的单项费用是用于将各部件组合成产品的螺钉、螺母、螺栓、铆钉等紧固件的费用，紧固件本身的造价并不高，但是厂家却因组装工作特别"费时"造成制造成本提高了 10 至 15 倍。著名的日本索尼公司努力压缩其产品上的各种紧固件的数目和操作环节，紧固程序从 21 个精简到只有 4 个，海外有关专业人士说，索尼此举"是最大的节约"。

3.2　删除非增值活动

企业最终目的都是为了提升客户在价值链上的价值分配。为了以一种新的结构方式为客户提供这种价值的增加，及其价值增加的程度，就可以尽一切可能调整生产流程中的核心增值活动，减少流程中非增值活动。

例如对于过量生产/采购、活动等待时间、不必要的运输、重复的活动（反复的加工、检验）、跨部门的协调、过量的库存等活动，可以予以剔除优化，从而大幅度降低组织的运营成本，提高流程效率，提升对内外部客户的反应速度。

3.3　瞄准标杆

瞄准企业标杆（包括企业外部和企业内部），是指将本企业各项活动与从事该项活动最佳者进行比较，从而提出行动方法，以弥补自身的不足。采用这种方法时，可遵循以下步骤：

（1）获取标杆的相关流程资料。

（2）将本企业流程与标杆流程进行对比分析。

（3）确定关键差距点，分析形成差距的各种原因。

（4）设计并实施流程优化。

瞄准标杆的重点在于把握本企业生产流程与标杆企业的生产流程之间的差距，这是本企业努力的方向，同时本企业也需要根据比较差距来确定优化点。

流程程序分析法

流程程序分析是程序分析中最基本、最重要的分析技术。它以产品或零件的制造全过程为研究对象，采用简明的符号，对各道工序的运行状态予以准确记录，之后发掘可改进之处。在系统分析时，强调系统性——从原材料购入到成品售出、从第一道工序到最后一道工序状态都要进行全面的分析。

1. 流程程序分析的原则

程序分析法主要是对流程现状进行分析，在分析时需要遵循一定的原则。具体原则如下所示：

(1) 明确区分分析对象是产品，还是作业人员。

(2) 在现场与作业人员和管理人员共同分析。

(3) 对于临时的工序流程变更，应以最基本的主流程为基准进行分析。

(4) 在分析过程的过程中要同时思考改善方案。

(5) 研讨改善方案时，以流程整体的改善为最优先考虑的目标。

因此，在程序分析过程中，分析人员必须掌握最真实的程序信息，找到合适的改善点，力求达到最佳的工序运行效果。

2. 流程程序分析的优点及局限性

与其他分析方法相比，程序分析法有很多优点。

(1) 产品在流动的情况下被加工，程序分析法可以被用于对任何工序进行分析。

(2) 与工序管理图对照，更易于获得准确的分析结果。

(3) 易于发现作业人员的多余动作。

(4) 有助于作业人员对自己作业方法做出有效的改善。

(5) 工序之间的时间关系及空闲时间可以清楚明了地展现出来。

(6) 人与机械的运转状态可以一目了然。

但在应用该技术过程中，绝不可忽视程序分析这一技术的固有局限性，否则不可避免地会导致程序分析工作结果出现偏差，甚至做无用功。

(1) 作业人员的动作不明了，往往也因作业人员的不同而使分析结果有所差异。

(2) 必须紧随作业人员行动，方可观察到真实状态，否则难以做出准确记录。

（3）如果工序之间没有时间关系，那么分析工作便无法发挥作用。

（4）必须预先设计一定的时间精度要求。

企业在决定是否使用流程程序分析法时，应综合考虑其优点和局限性，进行取舍。

3. 流程程序分析的步骤

流程程序分析法的关键在于对流程中各道程序加以分解，确认每道程序的价值和有待改善之处。因此，如何让每道程序的核心内容，特别是改善点展现出来，便成为流程程序改善的重点。当分析人员选定了分析对象后，即可按照以下步骤展开分析：

3.1 明确程序分析的五方面

产品从原材料到成品需要发生一系列的变化。在这一过程中主要涉及五种程序工作，即：加工、搬运、储存、等待、检验，而程序分析工作也主要围绕这五方面展开。

五大基本程序由不同的符号表示，而涉及的内容也各不相同，具体说明如表3—2所示。

表 3—2　　　　　　　　　　　　　程序分析的五大方面

名称	符号	含义	示例	说明
加工	○	使加工对象物理或化学性质发生变化。	淬火、搅拌	生产产品类别、型号的变动很可能导致制造过程的变动，此时要减少或合并工序以寻求更合理的流程。
搬运	⇨	使加工对象发生位置移动。	传送带搬运	搬运分析首先要着眼于流程整体，分析搬运距离、搬运量是否合理，此外搬运工具的优劣和方法也会影响到搬运情况。
储存	▽	指有计划的存放。	原材料、在制品的储存	储存分析要首先分析物料采购计划以及仓库管理状况，此外生产进度的安排和调整也必须确保合理，才能避免过量储存。
等待	▷	指暂时造成的、非计划的延误。	加工等待	等待是必须要尽量削减的，可以从流程设计等根源处予以彻底改善。
检验	□ ◇	检验活动，方形符号表示数量检验，菱形符号表示质量检验。	质量检验	检验是通过发现产品生产中存在的问题来更好地进行生产，检验点的设置、检验手法都应该予以分析。

3.2　界定程序分析的指标

分析某些程序是否合理，必须借助一系列准确的评价指标。进行程序分析的常用指标如表3—3所示。

表3—3　　　　　　　　　　　　程序分析的常用指标

评价指标	说明
工件流程时间	即工件从开始加工至完工所花费的时间。
全部完工时间	完成一组工件所需的工作时间，指从第一个工件在第一道工序开始加工算起，到最后一个工件在最后一道工序完成，这一过程所花费的时间。
延迟时间	延迟时间有两种表示方式：一种是用比预定完工时间延迟的时间表示；另一种是用未按时完成的工件数量占总工件数的百分比表示。
在制品库存	用在制品的库存量评价工序组合的合理性，即可用在制品的货币价值表示，也可用在制品的数量表示。
总库存量	指计划入库量与现有库存量之和。
生产利用率	指现场设备与人员的利用效率，即设备或人员的有效生产时间占总工作时间的百分比。

在进行程序分析时，可以以这些指标为基本衡量标准，继而准确判断程序的合理性。

3.3　ECRS原则分析流程改善点

除了借助上述分析指标来分析程序运行状态外，分析人员还可以用ECRS原则来衡量该程序是否存在可改善空间。所谓"ECRS原则"，即取消（eliminate）、合并（combine）、重组（rearrange）、简化（simple）。"ECRS原则"的具体内容和方法如表3—4所示。

表3—4　　　　　　　　　　"ECRS原则"的具体内容和方法

取消（E）	考虑该工序有无取消的可能性，如果取消该工序而又不会影响半成品的质量和组装进度，那么这道工序便是改善的对象。

（1）取消所有多余的步骤或动作（包括身体、四肢、手和眼的动作）。
（2）减少工作中的不规则性，如将工具存放地点固定，形成习惯性机械动作等。
（3）尽量取消或减少手的使用，如抓握、搬运等。
（4）取消笨拙的或不自然、不流畅的动作。
（5）特别对于那些工作量大的装配作业应取消不必要的工序。
（6）如果不能全部取消，可考虑部分地取消。

续前表

合并（C）	合并就是将两个或两个以上的工序变成一个。如果合并后可以有效地消除重复现象，解决当工序之间的生产能力不平衡，人浮于事和忙闲不均的问题时，就需要对这些工序进行改善。

（1）合并多个方向突变的动作，形成单一方向的连续动作。
（2）固定设备运行周期，并使工作能在一个周期内完成。
（3）实现工具的合并，控制的合并，以及动作的合并。
（4）有些相同的工作完全可以分散在不同的部门去进行，也可以考虑能否合并在一道工序内。

重组（R）	重组也称为替换。如果通过改变工作的先后顺序，可以使运作更快速，那么这道工序就需要加以改善。

（1）使两只手的工作负荷均衡，而且同时进行，相互对称。
（2）对换前后工序。
（3）手的动作改换为脚的动作。
（4）生产现场设备位置的调整等。

简化（S）	如果现行方法还能够进一步地简化，提高工作效率，那么这道工序需要加以改善。

（1）减少目光搜索的范围与变焦次数。
（2）使动作幅度减小，在正常区域内完成而不必移动身体。
（3）使用尽可能简单的动作组合。
（4）减少每一个动作的复杂程度，尤其是在一个位置上的多个动作。

根据 ECRS 法，并在其基础上稍加拓展，便可设计出《工序分析检查表》，如表 3—5 所示。

表 3—5　　　　　　　　　　工序分析检查表

| 项目 | 内容 | 检查 | | 说明 |
		是	否	
有无可省略的工序	（1）是否存在不必要、不起作用的工作内容。 （2）是否可以通过改变作业场地进行省略。 （3）是否可以通过有效地利用设备进行省略。 （4）是否可以通过调整工艺顺序进行省略。 （5）是否可以通过设计变更进行省略。			

续前表

项目	内容	检查		说明
		是	否	
有无可合并或分割的工序	（1）工序内容是否可分割或合并。 （2）是否可以通过工装机械化、设备自动化进行合并。			
有无可以与其他工序重新组合的工序	（1）是否可以改变作业分工的状态。 （2）是否可以改变作业场地。 （3）是否可以利用设备。 （4）是否可以调整工艺顺序。 （5）是否可以进行设计变更。			
有无可以简化的工序	（1）是否可以重新分配工序内容。 （2）是否可以通过使用工装夹具来简化工序。 （3）是否可以通过设计变更来达到简化工序。 （4）是否实现了动作经济原则下的作业简化。			

程序分析人员可以根据表 3—5 中提供的内容再加以拓展，使操作人员在执行过程中更易于参照。需要注意的是，分析改善的过程，实际上也是建立新工序方案的过程。该环节工作结束后，即可将所建立的新方案予以实施。而接下来，还要再次启动新一轮的程序分析，使流程不断得到优化。

"一个流"生产

生产流程的最优化就是能进行"一个流"的生产。一个流生产是指各工序只有一个工件在流动，使工序从毛坯到成品的加工过程始终处于不停滞、不堆积、不超越的流动状态，是一种工序间在制品向零挑战的生产管理方式，其核心思想属于改善型。

"一个流"生产由日本企业首先提出来的，是对传统生产观念的根本改变。传统的生产方式是靠大量的在制品和零部件储备来维持生产和任务的完成，储备量越多，问题就越不容易暴露，其核心思想属于维持型。与传统的生产方式相比，"一个流"生产能够减少在制品数量，缩短搬运距离，降低生产成本。

1. 一个流生产的基础

并不是所有的企业都适合"一个流"的生产方式，盲目地将生产方式转变成

"一个流"，不仅不会优化生产结构，还可能造成生产混乱，降低企业的生产效率。实施"一个流"生产模式时，必须关注八大条件，这是"一个流"得以成功实现的基础，同时也被作为"一个流"生产所固有的标识。

（1）单件流动

"一个流"生产的第一要点就是要使产品生产的各道工序做到几乎同步进行，使产品实现单件生产、单件流动。单件流动是为了避免以批量单位进行加工，前道工序的加工一结束就立刻转到下一道工序，从而使得工序间在制品的数量接近于零。

（2）按加工顺序排列设备

在一些企业中经常可以看到，不同工序的加工设备之间的距离非常远，加工过程中产生的中间产品需要花费较多时间和人力才能搬运到下一道工序，这样的现象被称为孤岛设备。"一个流"生产要求放弃按设备类型排列的布局，而是按照加工顺序来排列生产设备，避免孤岛设备现象的出现，尽可能使设备的布置流水线化，真正做到只有"一个流"。

（3）按节拍进行生产

"一个流"生产还要求各道工序严格按照一定的节拍进行生产。如果各道工序的生产节拍不一致，将会出现产品积压和停滞，无法形成"一个流"。因此，应该设法让生产慢的设备快起来，生产快的设备适当减慢速度，每一道工序都按节拍进行生产，从而使整个生产过程顺畅。

（4）站立式走动作业

在很多企业的生产现场都可以看到，操作人员们几乎都坐着工作，他们的很多动作都属于浪费。为了调整生产节拍，有可能需要一个人同时操作两个或多个设备，这就要求作业人员不能坐着工作，而应该采用站立走动的作业方式，从而提高工作效率。

（5）培养多能工

在传统生产方式中，操作人员通常只会操作一种设备。当 A 设备的生产能力很强而 B 设备的生产能力较弱时，很容易造成 A 设备的操作人员空闲而 B 设备的操作人员过于繁忙，从而导致生产不均衡。因此，"一个流"生产要求操作人员能够同时操作多台生产设备，通过培养多能工来均衡整个生产节拍。此外，培养多能工还有利于缩减人力成本。

（6）使用小型、便宜的设备

由于大型设备的生产能力很强，很容易让后续工序无法及时跟上，从而导致大量的中间产品积压。此外，大型设备还会造成投资和占地面积的增加。因此，"一个流"生产不主张采用自动化程度高、生产批量大的设备，而主张采用小型、便宜的设备。在不影响生产的前提下，这样不但投资金额较少，而且灵活性非常高。

（7）"U"形布置

如果将生产设备一字摆开，操作人员从第一台设备到最后一台设备就需要走动很远的距离，从而造成严重的人力浪费。因此，"一个流"生产要求将生产设备按照"U"字形来排列，从入口到出口形成一个完整的"U"形，这样可以大量减少因不同工序之间的传递而造成的走动，减少时间和搬运的浪费，提高生产效率。

（8）作业标准化

作业标准化求每一个岗位、每一道工序都有一份作业指导书，然后检查员工是否按照作业指导书的要求工作，这样便能强制员工严格按照既定的生产节拍进行生产。如果作业没有实现标准化，那么单位产品的生产时间、生产节拍就难以得到控制，自然也无法保证形成一个流。

2. 一个流程生产的设计原则

企业要成功实现"一个流"生产，不仅要有相应的基础条件，在设计时还必须坚持遵行三大原则，具体如下：

（1）物流同步原则

"一个流"生产要求在零库存的前提下，实现"在必要时得到必要的零件"的目标。为此，必须使各种零部件的生产和供应实现完全同步，整条生产线按照后工序的需要安排投入和产出，以稳定、一致的节拍进行连续生产。物流同步要求避免以下情况：

①因某一工序出现问题而导致整条生产线出现停顿。

②某工序所需要的原料不能同时抵达，分别出现超前或滞后。

③超过需求数量的在制品到达某工序，出现了积压和等待。

（2）内部用户原则

实现"一个流"生产要求每一道加工工序无缺陷、无故障。若在制品出现缺陷，要么让存在缺陷的在制品继续生产下去，要么立即停下生产线，而任何一种选择都必然导致生产成本上升。因此，"一个流"要求每一道工序都遵循"内部客户"原则，严格控制产品在生产过程中的质量。而所谓"内部客户"原则具有以下5个含义：

①每一道工序是前一道工序的客户。

②每一道工序是后一道工序的供货商。

③每一道工序只生产合格的产品。

④每一道工序只提供合格的产品给后一道工序。

⑤每一道工序只接受前一道工序合格的产品。

遵循内部用户原则的具体方法是开展自检、互检，并严格按工艺操作规范进行生产。

（3）消除浪费原则

"一个流"生产的终极目标是最大限度地减少在制品，暴露出生产浪费现象，并不断予以排除，从而降低运作成本。这些浪费现象主要包括以下4种：

①供货时间延误。

②在制品生产过剩。

③排除设备故障所用时间过长。

④信息流通不畅通。

上述的任何一个问题都会为"一个流"生产方式的顺利进行造成障碍。因此，规划人员必须采取积极的态度来解决这些问题，为成功实现"一个流"创造必要的条件。

另外，在创建"一个流"时，企业还必须确保生产过程中的一些基本要素的稳定。

（1）稳定的产能：只有确保生产能力的稳定和一致，企业才有可能去建立"一个流"生产。

（2）生产过程的稳定性：生产中要尽量杜绝非正常的停工，要确保生产的连续性和稳定性。

（3）生产周期：生产周期稳定才能保证按时交货，并顺利有序的执行后续订单。

3. "一个流"生产的实施步骤

在实施"一个流"生产时，企业可按照以下11个步骤进行，如表3—6所示。

表3—6　　　　　　　　　　　"一个流"的实施步骤

序号	步骤	说明
步骤1	全员的意识建立	企业全员必须从观念上作出改变，站在客户的立场上，坚持以"一个流"的生产方式进行作业。
步骤2	成立示范改善小组	由不同部门的骨干力量成立示范改善小组，率先尝试"一个流"生产方式，以便其能早日正式实施。
步骤3	选择示范生产线	应将最容易的区域作为示范线。

续前表

序号	步骤	说明
步骤 4	现况分析	选定示范线后，要充分了解该产品的生产状况（如生产流程图，生产线布置方式，人员的配置，库存时间人力空间）。
步骤 5	设定生产节拍	依据生产时间及订单量的变化，设定合理的生产节拍。
步骤 6	确定设备、人员的数量	根据生产节拍、各制程（制品流程）的加工时间和人力时间，计算出各个制程的设备需求数和操作人员的需求数。如设备不足，应进一步改善以提高设备产能；如人员不足，则需努力设法改善工作量，实现少人化管理。
步骤 7	布置"一个流"生产线	要按照加工顺序，以逆时针拉动，确保按需生产；设备尽量靠近，以减少人员走动及物品搬运的距离；设备小型化、专用化，并调整设备的工作高度，以增加操作人员工作的灵活性。
步骤 8	配置作业人员	按照计算所得的作业人数，结合机器设备布置情况，进行人员分配。
步骤 9	单件流动	生产线建立后，以"生产一个，检查一个，向下一制程传送一个"的方式进行生产。
步骤 10	维持管理与改善	流线化生产线配置好之后，会有各种意想不到的问题发生，应尽量改善；对于部分人员的排斥和抵触，应耐心地进行沟通。
步骤 11	正式推行	将"一个流"生产方式在企业内广泛推行。

第 2 节　流程拉动

　　减少在制品数量是生产流程管理的最主要的目标之一。传统的生产方式经常会造成在制品积压成堆的情况，而由后一道工序决定前一道工序在制品的生产数量的拉动式生产能够有效降低在制品数量。拉动式生产方式是精益化管理思想的主要支柱。

拉动式生产

　　拉动式生产是指后一道工序根据需要加工产品的数量，要求前一道工序制造正好需要的零件的生产方式。拉动式生产是丰田生产模式两大支柱之一，也是大野耐一从美国超市售货方式中借鉴到的生产方法。

拉动式生产方式以客户为中心，关注客户需求的变化。通过客户需求数量确定生产的总体数量，由生产的总体数量确定一天生产的数量，由一天生产的数量来确定生产一件产品的标准时间以及零件的投入量。

1. 拉动式生产的基础

这种拉动式生产管理需要依赖于适用的基础支撑体系，如现场支撑、质量支撑、装备支撑。

（1）现场支撑

运行状态基本良好的现场是实施拉动式生产前的必要准备，也是保证系统能持续运行的必要支撑。如果现场无序和混乱，势必会影响拉动式系统的运行和效果。所以，在确定实施拉动式生产方式前，企业管理者必须先对现场实施精益管理。

（2）质量支撑

良好的产品质量可以使生产系统更为健康高效地运转。通过实施 ISO9001 和 QS9000 质量标准，落实标准体系要求，履行"预防为主"、"一次做好"、"持续改进"的原则，切实提高产品的实物质量，从而避免了产生不良品造成的浪费。

（3）装备支撑

有效的装备保证直接决定着拉动式生产系统的实施效果。通过全面生产管理对装备进行全员维护，将传统的抢修式管理转变为预检修式管理，及时分析和控制装备故障。

只有在这些资源的协调支持下，企业才能成功实施拉动式生产。否则，任何"拉动式"管理、实现低成本目标，不过是一句空喊的口号罢了。

2. 拉动式生产的目标

与传统的生产方式相比，拉动式生产方式可以达到以下目标：

（1）准时交货

在拉动式生产管理模式下，生产指令需要通过后道工序直接向前道工序下达，与生产实施的时间差距很小，能够及时将产品交给客户。

（2）减少在制品数量

在拉动式生产管理模式下，每一道工序在向其前一道工序下达生产指令时，可以根据本工序当前的在制品情况和生产进度状况加以必要调整，这就等同于合并了计划和控制这两项功能，使在制品与进度得到了最有效的控制。

（3）资金占用最小

拉动式生产模式有效地控制了在制品数量，减少了在制品的资金占用量，同时也有效地减少了在制品的管理成本。

3. 拉动式生产的流程

企业在具备拉动式生产基础的前情况下，进行拉动式生产时，还需要遵循一定的流程。具体如图3—5所示。

从图中可以看到，如果每道工序都按下道工序的要求，在适当的时间，按需要的品种与数量生产，就不会发生不需要的零部件生产出来的情况。在顾客需要的时候就能设计、安排生产，意味着企业可以抛开销售预测，直接按顾客的实际要求生产。也就是说，企业可以让顾客按需求拉动产品生产，而不是把顾客常常不想要的产品硬推给顾客。

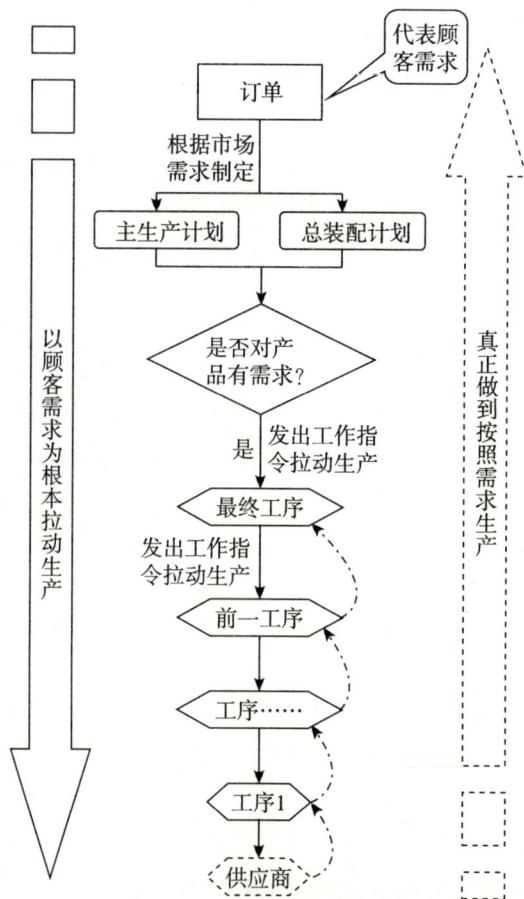

图3—5 拉动式生产流程

拉动看板

拉动看板是利用卡片、箱子、告示牌、门牌、布告、公布栏等方式，在各工序间发布命令，以确保材料递送与产品生产准时的工具。看板方式可以将产品的生产和供求信息完美地结合，实现拉动生产。

看板最初是丰田汽车公司于 20 世纪 50 年代从美国超级市场的运行机制中得到启示，随后被作为一种生产、运送指令的传递工具而创造出来的。经过近 50 年的发展和完善，目前它已经成为了一种管理技术，并在很多方面都发挥着重要的机能。

1. 看板的分类

在企业内的各工序之间，下游环节会根据其操作情况，以看板形式向上游环节提出物料供应要求，从而实现了供应和生产的准时同步。这就决定看板的形式多种多样。从总体上来划分，看板主要分为传送看板、生产看板和临时看板。

（1）传送看板

指挥材料、设备、人员等前、后分项工程之间的移动。

（2）生产看板

某一分项作业时，根据材料、设备、人员的情况，在前后工序之间进行移动，从而起到指挥各工序施工的作用。例如，图 3—6 就是一个典型的生产看板。

（3）临时看板

进行设备维护、设备修理、临时任务时所使用的看板。临时看板是为了处理不合格品、临时增产等状况，而需要某些库存时发行的看板。

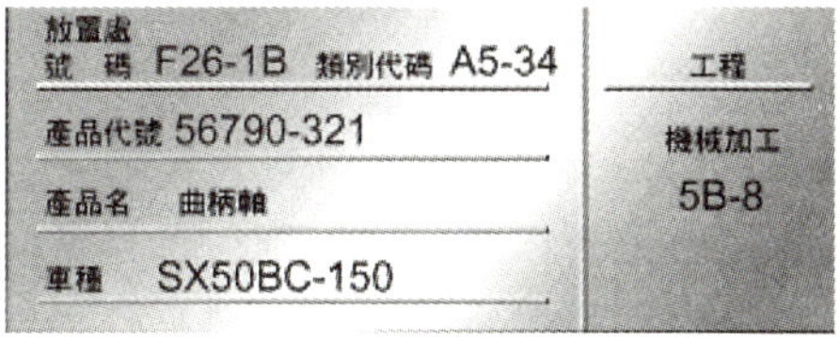

图 3—6　生产看板

2. 看板使用原则

拉动看板的应用可以保证拉动生产的有效运作，降低库存量，提高生产效率。但企业在使用拉动看板时应遵循以下原则：

（1）操作人员领取所需物料，并将对应的生产指示看板置于前工序的看板箱中，并需要领取和生产指示看板相同数量、相同类别的传送看板。

（2）后工序生产时将上一步取得的传送看板置于传送看板箱。

（3）前工序操作人员需要按先后顺序加工生产指示看板所显示的产品。

（4）在整个加工过程中，在制品要和与其对应的看板一起流动。

（5）后工序只能在有需求的时候从前工序领取一定数量的物料。

（6）没有看板时不能生产。

（7）看板的数量要尽量减少。

3. 拉动看板的实施流程

在遵循看板使用原则的情况下，要想将看板的作用发挥出来，就要制订完善的计划来保证看板的有效实施，拉动看板的实施流程如图3—7所示。

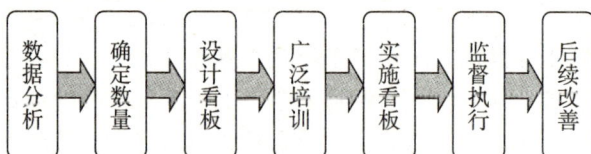

数据分析 → 确定数量 → 设计看板 → 广泛培训 → 实施看板 → 监督执行 → 后续改善

图3—7　看板实施流程

3.1　数据分析

首先要对试图进行看板管理的生产流程进行实地考察和分析，而且必须保证取得的基础数据真实有效，切忌主观想法影响到看板系统的设计。通过对整个生产流程的分析，要得到各生产环节的真实生产情况，据此判断出哪个环节需要实施看板。需要分析的数据主要包括生产效率、产品信息、订单量、生产切换时间、最大库存量等。

3.2　确定看板数量

在实际操作中，看板通常用来指示物品的数量，如一个托盘所盛放某种产品的数量。在获得生产数据之后，就可以着手进行看板数量的确定了。首先要确定现存物品容器的容量，还要考虑到订单数量、库存量、周期时间等因素。看板数量的确定可以按照下面的公式来确定。

$$看板数量 = \frac{物品存储量}{容器容量}$$

3.3　设计看板运作规则

得到需要的看板数量后，就可以对看板的标准进行设计。在设计时要保证看板系统能够提供以下信息：

（1）生产进度的控制。

（2）物料的流动控制。

（3）生产信号的传递。

（4）各项目负责人。

不仅要对看板的内容进行设计，还要将看板的具体运行细化分解，最终得到一个具体而详细的看板系统运行计划。

3.4　广泛培训

在推行看板管理之前要针对看板的运作方式、执行步骤等方面做全面的培训。从管理者到一线操作者都要明白看板的运作形式以及他们该做的事情。可以在生产的空闲时段召集员工到某一示范生产环节进行讲解，形象具体的实例更有助于员工对看板的理解。

3.5　实施看板

实施看板管理之前，要保证生产系统的库存量和设计的看板系统的库存量相吻合，如果不吻合要预先调整。还要确定运行机制已经计划周密并被员工熟知。

3.6　监督执行

对看板运行过程中的监督可以保证其顺利执行。在设计看板管理系统时就要涉及监督工作，而不是等出了问题再去派人做这项工作。监督者的主要任务就是要监督操作者是否按照看板的指示进行生产，一旦发现问题要立即将具体情况汇报给有关部门以尽快解决，并将改善转化为实实在在的成果，以减少看板数量。监督者还要注意生产需求和实际生产情况的关系，并配合有关人员对二者及时做相应的调整。

3.7　后续改善

当看板系统良好有效地运作起来后，就要对看板系统进行持续改善以减少库存量。在改善时，不可以盲目地减少看板数量，首先认真细致地分析生产流程的具体情况，结合实际生产，识别多余的看板后将其剔除。通过不断地改善和优化就可以保证看板系统的高效运行。

防错法

在生产过程中，操作人员不时会因疏漏或遗忘而发生作业失误，由此导致的质量缺陷在质量问题中所占的比例很大。如果能够有效防止此类失误的发生，则质量水平和作业效率都会得到大幅度提高。防错法的核心思想就是对过程进行设计，使得失误不会发生或者至少及早地检测并纠正。

1. 防错法的分类

根据防错的效果，防错法可分为如下 3 个等级：

（1）不制造缺陷的防错，即不可能制造出坏产品，可能发生损坏的产品数为零。

（2）不传递缺陷的防错，即不可能将坏产品传递到下一工位，预先假设所有产品是坏的，然后逐一审核通过，可能损坏的产品数为 1。

（3）不接受缺陷的防错，即后续工位不接受坏产品，预先假设所有产品是坏的，然后逐一审核通过，可能损坏的产品数大于 1。

第一种防错是最理想的管理状态——是一种主动、经济、可预见并防止错误的控制技术。例如，加工前的探头探测、导向限位、传感器感应等防错措施，就能达到这一目标。

但是，由于可能出现的缺陷或造成的原因不同，采用其他两种防错技术也不可避免，不过，这二者是最被动、最昂贵的防错措施。例如，钻孔工位在本工位对刀具加工后的断刀检测，能达到不传递缺陷的目标；而钻孔工位后面的探测工位的探测防错就只能达到不接受缺陷的目标，这一防错措施损坏的零件数就大于 1。

2. 防错法的原理及目标

可以说，防错法是一种建立在人类错误研究的基础上的一种改善技术，它所设计的系统让使用者不容易犯错误，而且非常易于使用。

2.1 防错法的原理

防错法的有效运用需要做好很多工作，这些工作的开展需要有一定的理论基础。防错法所运用到的主要原理如下：

（1）相符原理

发现生产中的相符现象，以防止错误的发生。例如，按照形状的不同来实现：将个人计算机与监视器的连接线设计为不同的形状，以使其能够更方便地连接起来。

（2）顺序原理

将所做的工作任务以"编号"的方式完成。例如，流程单上记载工作顺序，按照数字编列以更好地执行；许多档案放在同一个资料柜内，每次查阅后再放回时容易放错地方，则可以做编号来实现改善。

（3）自动原理

以各种电学、力学、机构学、化学等原理限制某些动作的执行或不执行，以避免错误的发生。例如，电梯超载时，门关不上，电梯不能上下，警告钟也会鸣起。

（4）隔离原理

用分隔区域的方式，来避免造成危险或错误现象发生。例如，将危险物品放入专门的柜子中，并加锁置于特定位置。

（5）层别原理

为避免工作发生错误，以不同颜色代表不同意义或工作内容，设法加以区别。例如，文件夹用红色代表紧急文件，用白色代表正常文件，用黄色代表机密文件。

2.2　防错法的目标

正确地使用防错法可以达成以下目标：

（1）防止作业人员因疏漏或遗忘而发生作业失误。

（2）削减返工次数，消除由于返工所致的时间和资源浪费。

（3）提高质量水平，减少因检查而造成的浪费。

3. 防错法的实施步骤

要想达到上述目标，必须有合理的加工工艺和高精度的专用设备，并在生产过程中合理使用防错设备或检测技术，来发现错误、减少浪费。为此，生产管理人员必须明确防错法的运用步骤以及防错装置的类型等，以在生产中采取最简单有效的防错方法。

3.1　防错法的实施步骤

防错法的实施步骤如图 3—8 所示。

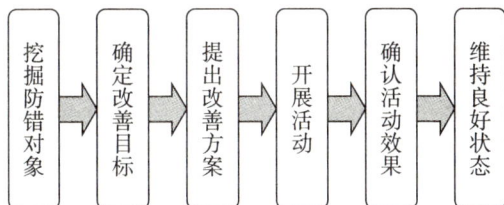

图 3—8　防错法的实施步骤

（1）挖掘防错对象

广泛搜集数据，评价员工的实际工作情况以找出工作中现存的影响产品质量的疏忽，包括异材混入、数量不足、零件遗忘、记入错误等数据，并加以整理和统计。

（2）确定目标

确定改善目标时要使得目标尽量具体化，如果可能的化，尽可能将目标数字化，以指导工作人员更好地做好质量改善工作。

（3）提出改善方案

企业可以组织相关人员成立改善小组，改善小组根据实际情况和改善目标得到一个可行的改善方案。

（4）开展活动

活动开展时要有计划的逐步开展，不可急于求成。针对出现疏忽较多的人员工作的开展更不可操之过急，否则不但不会达到改善效果，还会打消其工作积极性。

（5）确认活动效果

核查活动开展之后的改善效果，作业人员的疏忽发生次数是否得到减少，不良品数量是否减少，产品的质量状况是否得到提高。

（6）维持良好状态

在取得成效后，要努力保持这种状态，培养员工避免疏忽的能力和意识，达到改善产品质量的目的。在生产中可以将当日出现的问题明示，及时改进，以维持良好的生产状态。

3.2 防错装置

在防错法的实施过程中，企业还可以使用相应的防错装置。防错装置主要是针对生产设备、物料、人工三个方面而设置的。以在汽车配件的制造过程为例，在设备上设置的防错装置主要有以下类型，如表3—7所示。

表3—7　　　　　　　　　汽车配件制造过程中的防错装置类型

类型	说明	具体装置说明	
定性防错	通过图像识别技术，光电、限位、接近开关的逻辑控制技术等来完成防错。	即时摄片比较	区分装配零件的方向是否正确。
		传感器感应检测	传感器将感应到的信息反馈给下一工序，使下一工序可以调用对应的加工程序。
		加工孔探测	攻丝后的工位对加工孔进行断刀检测及切屑冲洗。
		硬探头	检测零件的型号，如用硬探头探测缸孔，区分不同容积的缸体。
		夹具防错	控制装配零件在夹具上的摆放必须到位。

续前表

类型	说明	具体装置说明	
定量防错	通过测量探头感应或经过气电转换的测量技术来达到防错的目的。	红宝石探头探测数据反馈	通过红宝石探头探测已压装气门座圈的内径，区别零件的型号大小。
		泄漏测试	发动机缸盖、缸体的油道以及水道的在线测试等，控制泄漏件流入下一道工序。
		扭矩控制	对于螺栓固定的拧紧程度，可以通过扭矩枪来控制。
		BTS 刀具长度检测	防止错误长度的刀具安装在刀库中，防止加工过程中的断刀现象，减少加工首件或加工过程中的废品出现。
		定位面气孔压力检测	确认工件正确到位。
颤动功能防错	通过零颤动机的颤动判别技术，识别产品合格与否，来达到防错目的。	判别零件的方向正确与否，只有零件处于正确的位置方向时，才能进入轨道，如：缸体凸轮轴衬套的方向验证，防止衬套压反。	

　　物料防错装置主要有两大类，一是工件盛放器具的防错，如对加工成品的盛放，可以采用定置法来防错，防止因发生碰撞而受损；二是色标防错，如为区分不同区域的零件，可以对盛放器具进行色标防错。

单元生产

　　单元生产是指将生产线按照流程布局成一个完整的作业单元，操作人员在单元内进行"一个流"作业。单元生产方式是精益化生产中最重要的一个模块，它是当下最先进、最有效的生产线组合方式之一。这种在一条生产线或一个机器设备单元内，由单元的操作工生产多种产品或零部件的制造技术，真正地实现了多品种、小批量的生产需求，成为丰田、佳能等许多一流企业发展壮大的重要武器。

1. 单元生产的主要模式

经典的单元生产有 3 种类型，即屋台式、追逐式、分割式。

（1）屋台式单元生产

屋台式单元生产是指一位操作者单独负责一条生产线。屋台式单元生产是典型的单人作业方式。图 3—9 为典型的屋台式单元生产线。

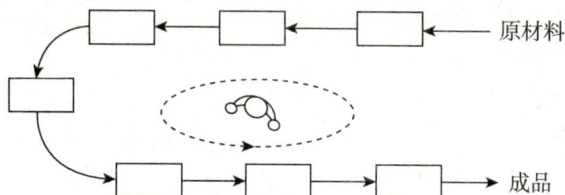

图 3—9　屋台式单元生产线

屋台式单元生产作业员按照工艺流程把原材料加工成产品，并且加工时产品单件流动。作业员生产时在工序间按生产顺序移动，这样的话生产线布局就不可能是传统的直线型的，因为在直线型生产线条件下，当作业员完成一件产品后要回到第一道工序就要浪费大量的时间。因此，合理的布局应该如图所示的 U 型布局，首工序和尾工序位置很接近，这样就能解决此问题了。

屋台式的应用有着较高的要求。在这种生产布局方式下，需要很多台设备，而且对员工技能的要求很高。实际生产中很少有企业可以具备这些条件，于是就延伸出了追逐式和分割式单元生产线来巧妙地避开这两个问题。

（2）追逐式单元生产

追逐式单元生产线实际运转时与屋台式的相同点是一个作业者独立完成一件产品的加工，区别是追逐式单元生产线上有多名作业者同时在作业。在实际生产时的景象就像是在互相追赶，所以叫作追逐式。图 3—10 为典型的追逐式单元生产线。

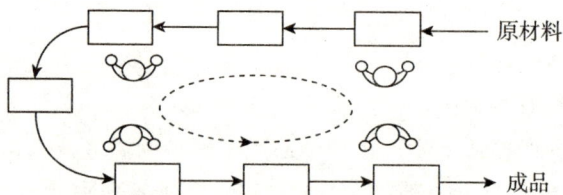

图 3—10　追逐式单元生产线

此生产线方式的优点在于提高了设备的利用率，并且在工作中有利于形成良性竞争的工作氛围，所以可以更好地提升生产效率。但是问题也随之而来，那就是作业员的作业水平必须统一，否则会造成生产的混乱。所以实际生产中管理者要统一考察员工的作业水平，将水平相近的员工安排于一条生产线上，这样就可以有效解决这个问题了。

（3）分割式单元生产

分割式单元生产线的产生可以有效解决员工作业技能不全面的问题。在此生产方式下，多名作业者共用一条生产线，与追逐式不同的是整个作业流程不是由一人完成，而是由多人合作完成，一名作业者只完成其熟练操作的工序，这样就可以弥补作业技能不全面的不足，也有利于提高整体生产效率。图 3—11 为分割式单元生产图示。

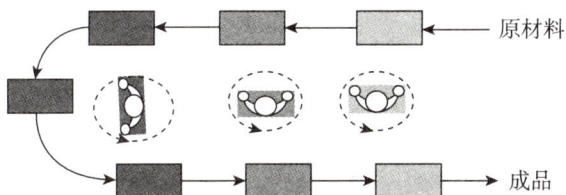

图 3—11　分割式单元生产线

分割式单元生产线降低了对作业者多能化的要求，使得作业者专注于几个工序的操作，有利于其专项技能的提升，并且会提高员工团队合作的能力。如图所示，作业者只完成与自己相近的同种颜色的工序。难点在于如何安排作业者和设备的位置，管理者一定要耐心细致地做好这一点，可以做不同的组合来尝试，选择一个最优效率的形式再进行稳定的生产。

2. 单元生产的特点

单元生产是对传统生产方式的一个颠覆。其思想是将整条生产线分为若干个较小的生产线，方便增加或减少产能而不至于影响到整个生产环节。较其他生产模式而言，单元生产在目的和应用等方面有着明显的特点。

（1）少人化生产

单元生产提倡以很少的人员组织实施生产，其优点体现在以下两方面：

①提高了劳动者的热情和个人能力的发挥。

②减少了人事费用，降低了生产成本。

在单元生产模式下，基层劳动者不再是传送带方式下对于机器设备的简单替代或延伸，而变成了"人"，作为"人"的许多的长处都得到了施展和发挥，调动了员工的劳动热情，企业的效益增长便有了"人性"的基础。

少人化机制不仅让作业人员士气昂扬，精神饱满，而且也给企业带来了巨大效益，在销售额不变的情况下压缩了成本，增加了利润。少人化在降低成本上主要表现为以下几方面的内容：

①由于用更少的人员完成了需求的产量，节省了人员工资、福利、奖金的支出，节省部分的金额所占比重较高，效果显著。

②少人但成员精干的生产组织对于市场订单量的高低起伏以及品种更新的应变能力更强。同时，人事损失费少，还避免了劳资纠纷。

③在制造过程中，在同一时刻内作业员占用的场地、设备、工具等资源要少，减少了其他生产资源的大量投入和水电费等浪费。

（2）使用小型简易设备和自动化实施

在单元生产模式中，完全废除了长流水线、大型高速机生产的格局。劳动者不再被固定在特定的位置上，指定安装或是插装某些零部件，而是更加强调员工的自主性，让工作变得更加富于挑战性，增加了工作乐趣。在单元中，除了引用小型、灵活性的机器以外，还有结合单元中的设备特性进行设备自动化的改善。

（3）压缩工序，减少停滞

单元生产的设计，是在流水化的前提下按照单元生产的理念，重新设计生产制造的工艺路线。它通过将作业过程按照发生的顺序分为加工、搬运、检查、停滞、存放以后，再参照各工序的实施条件（加工条件，经过时间，移动距离等）统一进行分析，获得节省的物料流程，最终编排出最佳的生产工艺路线以及程序组合。在这种组合过程中，最大化地压缩了生产工序，消除了等待时间，并利用"一个流"的优点，不断地暴露问题，检视和改善加工流程中的缺陷。

（4）产品的单件流动

单件流动要求产品一个一个地加工、传递、检查，最后成为成品。这对于传统的大批量生产方式无疑是一个巨大的转变。传统的大批量生产方式存在着大量的浪费，单件流动可以很好地将这些浪费化解于无形之中。

3. 单元生产的步骤

单元生产是解决多品种、小批量带来问题的最有效工具，被誉为"看不见传送带的生产方式"。它的应用，从现场生产线设计层面上促进了拉动式生产的实现。但单元生产也要遵循一定的步骤，具体如下：

3.1 单元生产的实施准备

在实施准备阶段的主要工作是进行应用性分析、实施对象的现状调查、价值流图分析等。这里主要介绍如何进行应用性分析。对此，可以通过分析管理资源变量、环境变量、生产管控变量这三个决策变量，深入了解影响单元生产的具体因素。

（1）管理资源变量

单元生产中管理资源的可变性一般来自以下方面：

①对于应用自动化的态度。

②产品的市场占有率。

③主营产品的市场地位。

④工人数量等。

（2）环境变量

关于环境资源的决策变量，一般是指单元生产的产品在市场中的销售增长状况。

（3）管控变量

生产中的控制变量，一般包括两方面内容：

①产业模型（生产控制系统）。

②生产相关变量。

此外，还有一些变量也在推行单元生产中有着重要的影响，例如产品的多样性，是否开辟新的市场，是否增加生产量等。

3.2　生产单元的构建

目前，制造单元的划分方法基本上可以分为两类：基于工件几何特征的单元划分方法和基于工件工艺特征的单元划分方法。

（1）第一类方法主要采用各种编码系统对工件进行识别分类，并将机床划分成相应的制造单元。

（2）第二类方法以零件—设备为依据，对系统中的工件和设备进行划分。目前大部分研究工作都采用这一类划分方法。

3.3　生产单元的配置

生产单元内的配置对象主要是设备和人员。

（1）对生产设备的配置

明确设备需求的配置是单元生产规划中的重点。通常情况下，规划人员会按以往生产的产品种类、数量，以及工时定额，来计算机床负荷、设备年时基数和机床台数。

①生产单元内全部零件在某种机床负荷（总工时）的计算公式如下：

$$T_f = \sum_1^m t_d \times Q_n$$

式中 T_f 为生产单元内全部零件在某种机床上的全年工时；t_d 为零件加工单件工时，包括单件时间和分摊在每个零件上的准备—终结时间；Q_n 为某种零件的年需要量；m 为使用该机床的零件总数。

②设备年时基数（设备能力）的计算公式如下：

$$P = (365 - 52 - n)m \times K_t \times K_2$$

式中 p 为设备年时间基数；n 为节假日；m 为工作班制时间；K_t 为设备大修系数；为 K_2 为操作人员出勤率。

③机床台数的计算公式如下：

$$C_r = \frac{T_f}{P}$$

式中 C_r 为机床台数。

将所需的每种机床都计算出来，就可以进行设备负荷的调整平衡。通常可以采取以下措施来调整设备的负荷。

一是，扩大生产单元生产对象的范围，让每个单元生产多个相近的加工族。

二是，修改单元工艺规程（如改变加工方法或者合并工序等），去掉个别负荷低的机床或提高其负荷率（如去掉低负荷的机床，由邻近的单元合作等）。

三是，两个生产单元都需要的机床，若仅由一个单元使用负荷会不足，就可以考虑让两个生产单元共用该台设备。

在平衡设备负荷时，要考虑生产周期的问题。为此，要尽量保障单元内物流流动通畅，尤其是在通过关键机床时。在关键机床前后的工序，其安排的机床应有较低的负荷率（也就是有能力完成更多的加工工作量），这会有利于减少关键机床的停歇时间，提高关键机床的负荷率，确保产线运作流畅。

（2）设定单元内的人员

单元内的主要人员是设备操作人员和配料人员。

理论上，各类设备上的操作人员的需要量按下式计算：

$$P_k = \frac{T_c}{t \times R}$$

式中 P_k 为某工种机床操作人员计算数量（人）；T_c 为某种设备加工零件的全年劳动量（台时）；t 为操作人员的实际年时基数；R 为多机床看管系数。

操作人员的实际年时基数，受各种因素影响一般取 $t = 2\,200$ 小时。

需要注意的是，单元规划之始一般是在原车间两班制不变的情况下组织生产单元，设备选择都是万能设备，不存在多机床管理，操作人员随设备位置变动而被分配到单元去，所以，生产操作人员的总人数不变，而辅助人员和管理人员却比原来减少了。

在完成生产单元配置之后，企业就可以根据自己的实际情况，选择适合的单元生产模式，进行单元生产。

第 3 节　效率与成组技术

在生产管理中，将相似的事务集中起来进行处理，不仅能够节省工作时间，而且还能提高员工的工作效率，降低生产成本，也是精益管理的内在要求。并行工程和成组技术就是两种主要处理同类事物的技术。

并行工程

并行工程是指对产品及其相关过程（包括制造过程和支持过程）进行并行、集成化处理的系统方法和综合技术。1988 年，美国国家防御分析研究所完整地提出了并行工程。

1. 并行工程的特点

并行工程一改"串联"进行产品生产的传统方式，强调各部门的协同工作，通过在各决策者之间建立有效的信息交流与通讯机制，综合考虑各相关因素的影响，使后续环节中可能出现的问题在早期设计阶段就被发现，并得到解决。该种方法的特征如表 3—8 所示。

表 3—8　　　　　　　　　　　　　　并行工程的特征

序号	特征
1	将一个产品或者零部件分成若干个部件，使各部件能够并行交叉地进行设计、开发、制造。
2	使单个实施对象在工艺过程设计、生产技术准备、采购、生产等各种活动中，尽最大可能并行交叉进行。
3	在充分细分各种活动的基础上，找出各子活动之间的逻辑关系，将可以并行交叉的活动尽量采取并行交叉的形式开展。
4	提前开始工作。为了减少流程时间，强调在信息不全的情况下就开始工作。
5	强调系统集成与流程整体优化，追求全流程的优化和流程整体的能力。

2. 并行工程的目标及应用

并行工程要求产品开发人员在一开始就考虑产品整个生命周期中从概念形成

到产品报废的所有因素，包括质量、成本、进度计划和用户要求。

2.1 并行工程的目标

并行工程的这种思维模式，可以帮助企业实现以下目标：

（1）使产品在设计阶段便具有良好的可制造性、可装配性、可维护性及回收再生等特性。

（2）保证产品质量，避免大量返工的周折。从设计阶段就开始考虑产品的质量问题，能够减少生产中的次品率，避免进行大面积返工。

（3）最大限度地减少重复设计工作，从整体上控制并降低运作成本。

（4）尽早发现问题，并迅速解决问题。并行工程的整体化思维，能够帮助企业及早发现问题，降低问题给企业带来的损失。

（5）减少流程运作时间，缩短产品设计、生产准备、制造和上市周期。

2.2 并行工程的应用

并行工程最先产生并被应用于传统的制造工业中，如今并行工程已经在越来越多的领域得到应用，并取得了显著效益。

（1）并行工程在生产制造中的应用

在产品研制过程中，采用并行工程的群体协同作业，充分考虑工艺、制造、材料等下游的各种因素，注重人和技术的有效结合，保证产品质量的同时，缩短作业时间。例如，美国洛克希德（Lockheed）导弹与空间公司（LMSC）在新型号导弹开发时，采用并行工程，终将产品开发周期缩短了60%。

（2）并行工程在建筑业设计过程中的应用

并行工程在建筑业设计过程中的应用，主要是建立并授权多专业工作小组进行并行规划，对设计过程和建筑过程中的下游相关环节进行识别，减少或消除整个过程中的不增值活动，并使用建模工具进行建模、改善设计，以此满足建筑设计与建筑过程的质量与安全要求，保障整体运作的经济性。

（3）并行工程在软件开发过程中的应用

开发活动规划人员可以结合并行工程环境下的设计时间估计、项目规划、团队组织方面的情况，快速高效地制订开发计划，设定软件开发步骤的起始时间，合理分配各项资源，从而达到缩短项目开发时间、提高资源利用率的目的。

3. 并行工程的实施步骤

在面对不断加剧的市场竞争所带来的压力以及顾客对产品质量、成本和种类的高要求，企业不妨尝试改变传统的串行生产模式，采用基于并行工程的开发模式。并行工程的实施需遵循以下4个步骤：

3.1　建立并行工程运作环境

建立适宜的运作环境是并行工程实施的重点环节。这主要包括"硬件"和"软件"环境两方面。

（1）并行工程的"硬件"环境

并行工程的"硬件"支持环境包括各种计算机设备（微机、工作站等）、网络设备、接口设备、多媒体交互设备、数据库以及能够操作这些设备的人员等。硬件环境的核心是分散式计算机网络。

（2）并行工程的"软件"环境

并行工程的"软件"环境包括适应协同工作的企业业务组织与管理模式以及计算机相关的技术，如 CIMS（计算机集成制造系统）、CAD（计算机辅助设计）、CAM（计算机辅助制造）、仿真技术、ERP（企业资源计划）、PDM（产品数据管理）等。当工程设计小组建立后，小组成员即可从已建立的环境中，选定适用的开发工具及信息交流方法。选择工具和方法时，要根据实际需求而定，无需选择过多无用的工具，以免造成资源浪费。

3.2　建立并行工程设计小组

组织内全体成员以小组的形式参与产品开发的并行工程设计。工程设计小组需经过管理人员授权并确定相关职责，其主要包括以下人员，如图 3—12 所示。

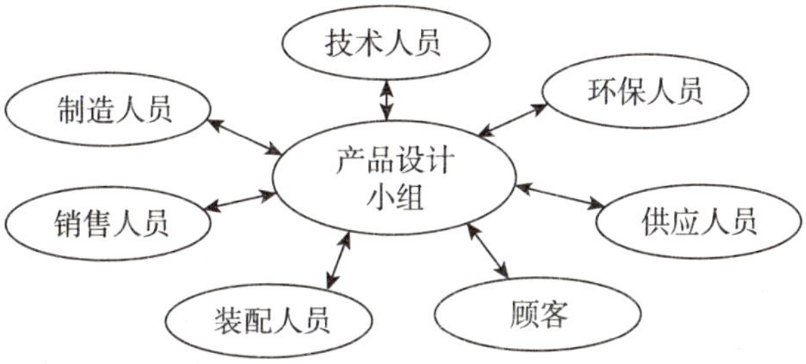

图 3—12　产品设计小组的成员组成

小组的相关职责包括以下方面：

（1）确定内、外部顾客及顾客要求，理解顾客要求和期望。

（2）评定所提出的设计、性能要求和制造过程的可行性。

（3）确定成本、进度和限制条件。

3.3　并行工程的结构性规划

并行工程是一种系统集成的管理技术，从产品、人员、信息等各方面都体现了集成化的发展。并行工程包括四个模块，具体如表 3—9 所示。

表 3—9   并行工程的四大模块

序号	模块	内容
1	产品概念设计	对产品设计要求进行分组描述，并对产品批量、类型、可制造性和可装配性进行评价，继而选出最佳方案，指导概念设计。
2	结构设计及其评价	将产品概念设计方案予以结构化，对各种方案进行评价和决策；选择最佳结构设计方案或提供反馈信息，指导产品的概念设计和结构设计。
3	详细设计及其评价	根据结构设计方案，对零部件进行详细设计，并对其可制造性进行评价，即时反馈修改信息，指导特征设计。
4	产品总体性能评价	该阶段产品信息较完善，对产品的功能、性能、可制造性和成本等采用价值工程方法进行总体评价，并作出反馈。

这四个模块并行操作，即可节省从产品研发到出厂的时间。并行过程的基本运作模式，如图 3—13 所示。

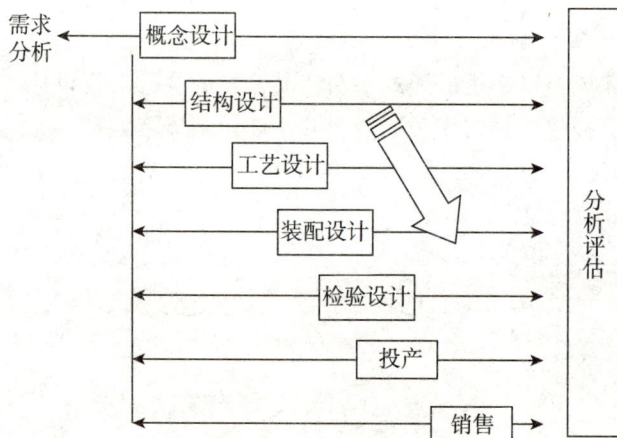

图 3—13 并行工程的基本运作模式

在并行工程下，企业通过全员的共同参与，使概念设计、结构设计、工艺设计、装配设计、检验设计等产品设计过程同步进行，以最广泛的人员利用、最高的效率、最优的质量来完成产品设计产出，最大程度地达成客户满意。

3.4 执行并行工程设计的任务

并行工程设计小组可以同步进行产品开发和过程开发，在此过程中需要考虑产品的功能、质量、可制造型、顾客满意度以及环境等问题。为满足这些要求，在并行工程设计时就需要履行以下任务：

（1）确认顾客的需要和期望。

（2）各个部门共同进行初始可行性分析，以评审制造过程可能发生的潜在问题。

（3）讨论最终产品形式的设计特征、质量策划过程各个要素。

（4）共同获取有价值的信息，以确保优先考虑可能有特殊需要的产品和过程控制的特性。

（5）对输出进行评价，并将评价结果反馈至设计小组。

并行工程可以快速开发适销对路的产品并投放市场，降低生产制造成本，增强企业的市场竞争能力。在未来，并行工程将向全球化方向发展，以支持动态联盟跨国界的全球合作，而且更多地会与计算机网络、分布式数据库等技术紧密地结合在一起，以最快速度，协调分布在全球的各成员进行异地合作开发，来赢得市场机遇。

成组技术

成组技术（简称 GT）就是将各不相同但又具有相似性的事物，按照一定的准则分类成组，使若干种事物能够采用同一方法予以解决，从而达到节省人力、时间和费用的目的。成组技术的核心和关键是按照一定的相似性准则对产品分类成组。因此，产品的相似性是应用成组技术的基础。

1. 成组技术的原理

成组技术的基本原理是将产品分解为零件或者加工过程，然后予以归类、编码。利用相似性对零部件的归类可以有助于生产的安排，如图 3—14 所示。

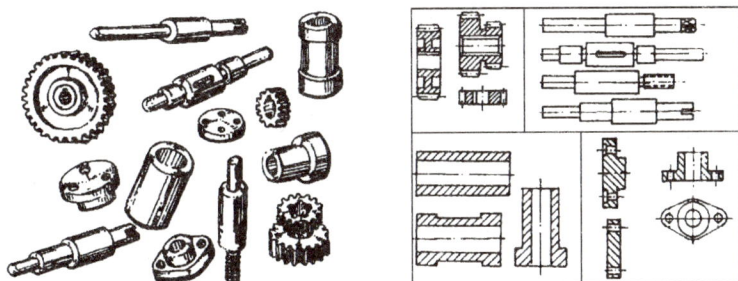

图 3—14　根据相似性对零件的分类

在进行零件分类前，产品或零件都是形状品种不一的。但是成组管理后，零件的组成或者工艺被加以分解，每个类别中的零件或加工工艺都具有了较高的相似度。此外，成组后的相似性又可分为不同种类和级别，如图3—15所示。

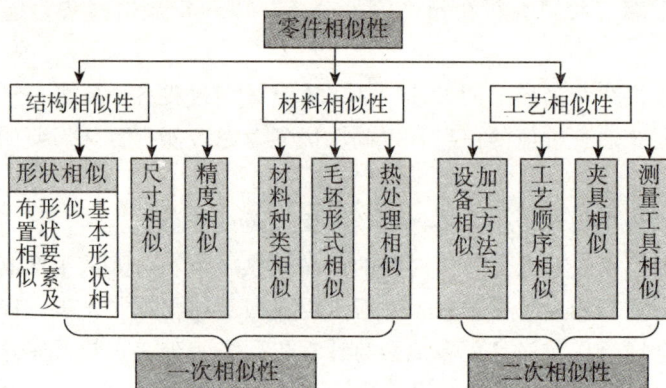

图3—15 成组工艺相似性种类

2. 成组技术应用

成组技术的运用可以给企业的生产带来极大的便利，有效增强企业对多变的市场需求的适应能力，使得生产任务能够快速完成。

最常使用成组技术且效果明显的应用，当属其在产品设计、工艺规程设计以及生产管理中的应用。

（1）成组技术在企业产品设计中的应用

在产品设计中应用成组技术，首先要对企业中已设计、制造过的零部件编码成组，建立起设计图纸和资料的检索系统。

当为新产品设计零件图纸时，设计人员可以将设计零件的构思，如零件的结构形状，尺寸大小等，转化成相应的分类代码，然后按该代码对其所属零件组的设计图纸和资料进行检索，从中选择可直接采用或者稍加修改便可采用的零件图。只有当原有的零部件图纸均不能利用时，才重新设计新的零部件图纸，可以节省很多设计时间。

（2）成组技术在企业工艺规程设计中的应用

利用成组技术的计算机辅助工艺规程设计，可以有效避免因工艺规程过于多样而影响产品质量和生产秩序的问题。采用成组工艺后，利用产品零件编码系统来识别产品的工艺特征，将特征类似的零部件进行工艺过程的统一和优化。如此一来，便可缩减生产准备的工作量和时间，减少工艺的种类及工艺装备，提高零件的生产率和加工质量，降低生产成本。

（3）成组技术在企业生产管理中的应用

很多企业的生产管理是按产品进行分工，按型号进行管理。每个型号都有自己的一套生产计划，生产任务紧张时，矛盾就非常突出，重复性工作量大，生产效率低。

而采用成组技术后，生产过程得到优化，原来以产品封闭式的车间组织的生产方式变为以零件封闭单元组织的生产方式，如此一来，加工周期缩短，成组加工批量扩大，企业就可以获得更好的经济效益。

3. 成组技术的步骤

成组技术的应用需要企业从产品的零部件设计入手，将生产中所需要的零部件分类，之后按照类别组织生产线，进而实施生产。

3.1 零部件分组

零部件分组指依据统一的分类标准将生产所需的零部件进行分类，并统一编码，分类要能准确反映出零部件的各个特征。零部件分类成组的常用手法有代码分组法、生产流程分析法、目视法等。

（1）代码分组法

代码分组法是利用零部件分类编码系统对零部件进行编码。按照零部件代码采用一定的准则进行分组。各个国家或大企业均有自己的零件分类编码系统，比较典型的、应用比较广泛的系统有捷克的 VUOSO 系统、德国的 OPITZ 系统、日本的 KK－3 系统和我国的 JLBM－1 系统。

（2）生产流程分析法

生产流程分析法是以零部件的加工工艺流程为依据，通过分析各个零部件进行分类。具体的方法有关键机床法、顺序分枝法、聚类分析法、键合能法等。此外还有势函数法、模糊模式识别法等。

（3）视检法

视检法是由有生产经验的人员通过对零件图纸仔细阅读和判断，把具有某些特征属性的一些零件归结为一类。它的效果主要取决于个人的生产经验，所以会受到人的主观思维的影响。

3.2 制定加工工艺

根据分好的零部件类别和族别，要对各个零部件的生产工艺进行设计。可以使用复合零部件法和复合工艺路线法。

（1）复合零部件法

复合零部件法是指在一个零部件族中，设计一个能包含这组零部件全部的几何特征的零部件作为复合零件，其加工工艺（加工工艺是指按照图纸，将毛坯的形状、尺寸等加工成合格零件的过程）则为该族零部件的成组工艺。即设定一个标准化的并且代表性强的零部件。

（2）复合工艺路线法

复合工艺路线法是根据一个零部件族中全部零部件的工艺路线，制定一个能包含全部零件加工工序的工艺路线（工艺路线是指导制造单位按照规定的作业流程完成生产任务的手段），作为该零部件族的成组工艺。近年来，成组技术与数控技术、计算机技术相结合，实践水平有了很大提高，为此方法的运作奠定了基础。

3.3 组织生产线

成组生产条件下的生产线组织情况可以分为三种类型，即成组单机生产、成组生产单元、成组流水线生产。

（1）成组单机生产

在一台机床上能完成工艺相似零部件组的全部或多道主要工序。这种形式可以减少工序间的停顿和调整时间，对提高机床利用率和生产效率有明显的效果。

（2）成组生产单元

在工作场地内配置可以完成工艺相似零部件族内所有零部件全部工序所需的不同类型的机床。

（3）成组流水线

工作场地内的机床是按照工艺相似零部件族的复合工艺过程的顺序布置的。成组流水线要求工艺相似零部件族内的零件有很强的工艺相似性和较大的生产批量。这种形式具有大量流水线的多种特征和优点。

实践证明，系统地实施成组生产可以取得明显的效益。由于在设计阶段就考虑到了成组技术的思想，可以有效提高产品的质量，为生产线的均衡和有序生产打好坚实的基础。

第4章

生产均衡化

　　在如今的生产类企业中，生产系统及协作关系日趋复杂，生产环节多，情况变化快，若某一局部发生故障或某一措施没有按期实现，都可能导致生产延误。因此，就需要对企业的生产运作加以计划和调控，以确保生产的均衡化。

　　　　　　　一汽轿车的均衡化管理

2008 年，一汽轿车要求在当初职能设计 12 万辆的工厂里生产出 20 万辆轿车，而且还要增加两个新车型，任务量极大。多品种、快节奏混流生产，使流水线两侧成了铜墙铁壁，到处是摆放零件的货架，流水线上高密度拥挤。于是，一汽轿车决定改变批量供应方式，实行生产均衡化管理。

以实施零部件供应箱供货的内饰线为例，原来一班如果 5 种车型混流装配，那么操作者若装一辆车就必须分别到 5 个零部件供应箱中去取件。这种作业方式导致远离零部件供应箱的操作员工紧张忙碌，靠近零部件供应箱的操作员工轻松省力，生产节拍不一致，作业效率低。

实施生产均衡化管理之后，依据车型、流水号（底盘号）以及车身、内饰颜色送到工位的零部件供应箱让操作工人取件即装，平衡各操作员工的作业负荷，既保证了生产节拍的一致，又确保了装配品质。内饰 12 个工位上，共减少 56 个货架、减少 202 秒走动时间、节约 466 平方米现场面积，每年节约 36 万元成本。

企业运作时生产要素的投入和产品的产出要尽量减少波动，才能保证企业利润的稳定。这就要求在具体的生产层面上，各个生产环节要按照计划进行，稳定而均衡地生产，保证各工序负荷稳定，并且要做好生产产品品种的切换工作，以满足客户对于不同产品的需求。

第 1 节　生产计划

生产计划是指为了满足客户要求的"交期、品质、成本"，并使企业获得适当利益，而对生产三要素"人员、机器设备、材料"的准备、分配及使用所做出的规划。在管理中，生产计划是指导企业生产经营活动的纲领性方案，是企业在计划期应该达到的关于产品品种、质量、产量的要求，是对产品生产进度的总体安排。生产计划的制订方法主要有计划排程、甘特图和里程碑等。

计划管理

计划管理是指生产计划的编制、执行、考核的过程，是用计划来指导和协调企业的一系列生产经营活动的总称。计划管理是企业生产均衡化管理的前提和中心，有效的计划管理不仅可以使生产有序进行，还可以确保生产快速应对市场需求的变化。

1. 计划的分类

要想做好计划的管理工作，首先就要对生产计划进行分类。生产计划系统是一个包括需求计划、主生产计划、中期生产计划、生产作业计划、能力计划等多方面的复杂系统。在如今的企业中，内部生产分工极细且合作紧密。对于生产活动来说，需要综合协调多种资源，以更好地提供产品，因此必须要有一个周密的计划来指导生产活动。

生产计划一般可以分为战略计划、战术计划、作业层计划三个层次：从战略层到作业层计划期递减、计划内容越来越详细、计划的不确定性递减。具体实施中可以分为长期生产计划、中期生产计划、短期生产计划三类。

（1）长期生产计划

长期生产计划属于战略计划，企业的决策部门根据业务发展需求对生产的发展方向、生产规模、生产能力做出相应的规划和决策。

（2）中期生产计划

中期生产计划属战术计划，企业的生产管理部门根据生产的方向和目标，在正确预测市场需求的基础上对企业的生产情况做出统一的规划。

（3）短期生产计划

企业的执行部门根据客户订单制订生产计划，合理安排生产的细节，以确保顺利交货。

2. 计划管理的目标

企业进行计划管理旨在生产出合乎要求，又能保证企业利润的产品。其需要达到的目标主要有以下三个。

（1）效益性

进行计划管理时，要在确定盈利水平的前提下，确定生产计划的各项指标，充分地挖掘企业潜力，充分利用企业的人力、物力、财力并努力降低各种消耗。

（2）生产质量达标的产品

质量是企业赖以生存的基础。产品设计部门应结合客户要求以及机器加工能力，来设定产品的质量标准。在计划管理的过程中，要严格按照设计部门给出的质量要求来实施生产。

（3）确保交货期

每一批产品都有规定的交货期限。计划管理的目标之一就在于督促产品生产进度，确保按时交货。对此，应在产品制造计划中事先加以安排，并在生产过程中严格按照生产计划组织生产。

3. 计划编制步骤

在计划管理中最重要的就是计划的编制。编制生产计划，实际是在制订产品出产进度计划。由于不同的生产计划有不同的编写步骤，不能进行统一，现以实践性和实用性较强的短期生产计划，即生产作业计划为例，进行阐述。

3.1　期量标准的确定

期量标准又称作业计划标准，是对加工对象在生产数量和生产期限上确定的标准数据，是编制作业计划的重要依据。根据生产类型的不同，期量标准也有所不同。

流水线生产的期量标准有节拍、在制品库存等。

批量生产的期量标准有生产批量、生产周期、生产间隔期、生产提前期等。

单件生产的期量标准有生产周期、生产提前期等。

（1）生产批量和生产间隔期

批量是指一类产品一次产出的数量。生产间隔期指相邻两批产品生产的时间间隔。二者在实际生产中密不可分，相互影响。在生产量确定后，生产批量大，则间隔期长；批量小则间隔期短。二者只要确定一个，另一个也基本可以确定。

（2）生产周期

生产周期是指从原材料投入到成品产出的全部时间。生产周期的长短受到各个生产环节、工序生产时间的影响，准确制定生产周期十分重要。制定生产周期标准时要注意以下问题：

①要找到关键生产路线，即用时最长的工艺路线，因为其决定了整体的生产时间。

②确定关键路线后，其他工序要从最后的工序开始逆向安排加工顺序，这样就可以使总生产时间最短。

③充分研究设备的负荷，使得设备上的负荷尽量均衡。

（3）生产提前期

生产提前期是指产品从原材料准备到产出所花的时间。生产提前期同生产周期之间有着密切的关系。准确制定提前期标准对于组织生产有序进行和缩短交货期至关重要。

（4）标准在制品库存

在制品数量过多会对生产周期产生严重影响，要将其合理地控制在一定的范围内。

3.2 生产计划的主要指标

生产计划要确定一系列的指标来指导生产。主要指标有生产产品的品种、生产数量、质量、生产日期、产值等。

（1）品种指标

品种指标是指对企业在计划期内应该生产产品的名称、型号、规格做出规定。通俗地讲，就是要解决"生产什么"的问题。这也是生产计划的首要问题。

（2）数量指标

数量指标是指企业生产出的合格品的数量规范。即做出"生产多少"的决策。一般来说产量可以台、件、吨等单位来衡量。

（3）质量指标

质量指标是指对企业生产出的产品的质量做相应要求，常以合格率来衡量。

（4）生产日期指标

生产日期指标是指为了保证及时交货而确定的产品的出产期。

（5）产值指标

产值指标以货币数量来衡量企业的经营成果。

3.3 确定生产能力

企业的生产能力对生产计划的影响至关重要。生产能力即产能，指生产设备在一定的生产条件下所能生产的最多产品的数量。产能分为正常产能和最大产能，正常产能指平均的生产能力。最大产能指在最高负荷下的产量。生产负荷是指生产中设备按规定应完成的加工量。一般按照一类设备的工作量来计算。

$$人力负荷 = \frac{生产总工时}{工作时间 \times (1 + 时间系数)}$$

$$时间系数 = 1 - 工作时间百分比$$

实际操作中确定产能时要分三个步骤：首先确定毛产能，即假设设备完全不停歇地运转的最高产能，之后要计算实际生产状态下的计划产能，最后考虑各种因素，确定有效产能。

3.4 制订计划

制订计划的手法和工具有很多种，如在制品定额法、提前期法、生产周期法等。现以对订单生产模式最为适应的生产周期法予以阐述。

现今企业生产的产品种类和数量不确定性很高，编制生产计划时取决于订单，要做的就是要使产品在各环节的生产可以有效衔接，可以用生产周期法来解决。实际操作中首先要为一批订货编制一个生产周期进度表。根据交货期限，企业要为每一个订单编制一份说明书，以规定产品在各工序上的投入与产出时间。如表4—1所示。

表 4—1   生产说明书

订货号	交货期限	工艺流程	生产开始时间	产出时间

根据说明书，就可以编制具体而详细的生产计划，并发放到各个工序负责人手中，以明确生产任务。

3.5 计划的实施与反馈

生产计划需要应用到实践中才能取得效果，在生产中，要通过生产进度、产品质量等标准，评价生产计划的合理性，并不断完善计划，以保证以后的计划制订可以避免之前犯的错误。

计划排程

生产计划排程是指在实际产能的基础上，综合考虑市场、物料供应、流程、管理制度等对生产的影响，经过一系列优化，得出合理有效的生产计划。

进行生产计划排程最主要的目的是生成一个的短期生产计划，即排产计划。排产计划详细地给出了一个订单的加工开始时间和结束时间，也给出了订单的加工工序。

1. 计划排程的内容

计划排程的主要内容包括排产计划的间隔期、计划排产的方式、约束等。

1.1 排产计划的间隔期

排产计划的计划间隔期可以从一天到几周不等，企业可以根据自己的实际生产情况决定。合理的计划期取决于以下两个因素：

（1）排产计划间隔期应大于或等于一个订单在生产单元中最长的流动时间。

（2）排产计划间隔期受到顾客订单或需求预测的可用性限制。

很明显，只有当排产计划比较稳定时，进行订单排程才是有意义的。也就是说，排产计划不应受其他事件经常变化的影响。

1.2 排程要求

不同生产类型的计划排程的要求是不一样的。如对某些生产类型（如成组技术），生产计划排程要有按时段、自动地检查资源组的能力，看其是否能够在下一个时段内完成一组订单；而对另一些生产类型，生产计划排程需要对瓶颈上的订单任务进行排序和计划。排产计划任务能够分散来做，这样可以根据车间当前状况，有效地利用每个生产地点的操作员工的专业知识进行排程，使排程计划合理。

1.3　排程约束

生产计划排程主要受主生产计划的约束。主生产计划是确定每一具体的最终产品在每一具体时间段内生产数量的计划。主生产计划规定生产计划排程的大体框架。计划排程人员可以从主生产计划中获得超时或加班的数量、设施物料项的可用性、计划结束时需要建立的各物料的库存量等指导。

2. 计划排程的原则

企业在进行计划排程应遵循一定的原则，具体如下：

（1）客户分类原则

并不是所有的客户对企业来说都是一样重要的。按客户对企业利润的贡献，客户分为重点客户和普通客户。越重点的客户，排程应越受到重视。

（2）交货期先后原则

为保证交货期，交货时间紧急的产品，应安排在最早时间进行生产。

（3）工艺流程原则

工序复杂的产品，制造时间比较长，在排程时应重点关注。

（4）产能平衡原则

企业各生产线应协同进行，成品生产线与半成品生产线的生产速度应一致，不能产生生产瓶颈，出现停线待料事件。

3. 计划排程步骤

在遵循排程原则的情况下，进行计划排程时，要按照步骤，循序渐进地进行。由车间生成排产计划的步骤如下所示。

3.1　收集数据

生产计划排程使用的数据主要来自生产车间和主生产计划。所收集的数据要能反应生产流程的特征和相应的物流，以便以最小的成本生成可行的计划。由于一个系统的出产率主要受潜在瓶颈的限制，因此，与生产瓶颈有关的数据是重点关注的部分。

3.2　生成粗略的排产计划

在有了数据之后，就可以针对实际的生产状况，利用线性规划等各种优化方法来生成排产计划。这项工作可以一步完成，也可以通过两级计划分布完成。

　　线性规划是企业编制计划时最常用的一种方法。这种方法有成熟的计算机软件作支撑，使得复杂的计划编制工作变得容易。运用线性规划法解决计划编制问题的基本思路是：在有限的资源和市场条件下，求得利润最大或者成本最小的总计划。这种方法的最大优点是可以解决多品种生产的问题。

　　在进行计划的编制过程中，需要注意以下问题：

　　（1）线性规划考虑的问题过于理想化。成本、利润与产量之间的关系很复杂，不是简单的线性关系即可表示出来的。

　　（2）在编制约束时，所考虑的因素都是量化的，还有很多因素在约束当中难以体现出来。

　　（3）成本、利润与数量的关系简化为线性关系，其系数有时候不是常数。即便是将所有产品都转化为抽象的代表产品，这个系数也会受到产品数量和产量结构的影响。

3.3　排产计划分析和修改

　　生成粗略的排产计划之后，计划制订人员就需要对其进行仔细的研究，看其是否可行。如果生产计划不可行，为使排产计划合理可行，计划制订人员可以利用一些途径来平衡生产能力（如自动化、培养多能工）或修改加工工序。此外，还可以结合计划制订人员的经验和知识对排产计划进行改进。

甘特图

　　甘特图又叫横道图、条状图，是以图示的方式，通过活动列表和时间刻度形象地表示出特定项目的活动顺序与持续时间。甘特图是以发明者亨利·劳伦斯·甘特命名的。

1. 甘特图的优点及局限性

　　由于甘特图形式简单，在项目管理、计划进度设计等工作中得到了广泛的运用，如图 4—1 所示。

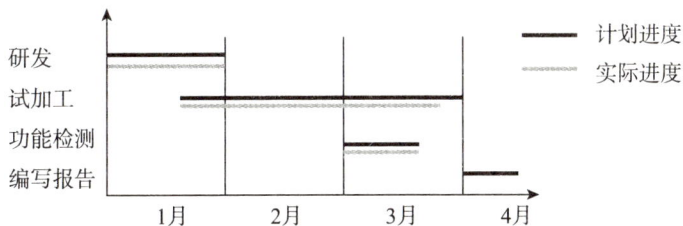

图 4—1　甘特图示意图

甘特图直观易懂，从上图中可以直接看出计划进度与实际进度的情况，便于比较。甘特图还有专业软件进行支持。在对相关任务项做出调整时，如果采取手工绘制方式，工作量会比较大。如果任务数超过 30 个复杂计划，可以借助软件解决，常用软件有 Microsoft Project，ASP（高级计划与排程）等。

但甘特图也存在一定的局限性。上图不能确定关键的工作项和时差，并且在甘特图中工作环节之间的逻辑关系不易表达清楚。

2. 甘特图的绘制步骤

企业在绘制甘特图，可遵循以下步骤：

（1）明确计划牵涉的各项内容，包括任务名称、任务顺序、开始时间、工期、依赖性和依赖于哪一项任务。

（2）创建甘特图草图。将所有的任务按照开始时间、工期，标注到甘特图上。

（3）确定任务活动依赖关系及时序进度，按照任务的类型联系起来，并安排好每项任务的进度。此步骤可以保证在计划有所调整时，各项活动依然能够按照正确的时序进行。

（4）计算单项任务的工时。

（5）确定活动任务的执行人员，并适时按需调整工时。

（6）计算总体计划的时间。

里程碑

里程碑计划是指为了达到特定的目的，去完成的一系列活动。里程碑计划是一个目标计划。里程碑计划通过建立里程碑和检验各个里程碑的完成情况，来控制生产的进展和目标实现。

1. 里程碑计划制订原则

企业在制订里程碑计划时，应遵循一定的原则，保证计划切实可行。具体原则如下：

（1）首先要确定计划的最后一个里程碑，即计划的最终结果，从该里程碑反向设置其他里程碑。

（2）多次复查已识别出来的里程碑，避免重复识别、遗漏等问题，造成计划不准确。

（3）找出里程碑之间的逻辑关系。这可能会产生新的里程碑或合并里程碑。

（4）合理的设置里程碑数量。里程碑数量设置得过多，会影响生产进度，增加成本；里程碑数量设置得过少，就不能对生产进度进行及时管理和监控。

（5）一般是头脑风暴法确定所有可能的里程碑。头脑风暴法又称为脑力激荡法、自由思考法，是一种激发性思维方法，指通过有组织的、无限制的自由联想和讨论，产生新的观点激发新的设想。

2. 里程碑的目标

里程碑计划是生产进度管理的重要工具之一，科学地设置里程碑可以实现控制生产进度的目标。同时。里程碑的设置还可起到激励员工的作用。

（1）控制生产进度

通过里程碑，生产人员可以不断地检查和确定生产进度是否正在按计划执行。如果发现生产进度偏离计划，管理人员必须及时找出原因，采取补救措施，保证准时交货。

（2）激励生产人员

里程碑的设置可以使生产人员有责任感和适当的压迫感，提高生产效率，准时地完成生产任务。在完成里程碑计划的过程中，企业还可以对有突出贡献的生产人员进行奖励。

（3）计划稳定

与其他制订计划的方法相比，里程碑计划的制订更严谨，不易产生变动，便于生产人员的执行。

3. 里程碑的设置步骤

里程碑计划本身就含有计划执行的结果，有利于企业对生产过程的监督和控制。企业在制订里程碑计划时应遵循一定的步骤，具体如下：

3.1 将目标进行分解

制订里程碑计划的第一步就是要将总目标分解成若干阶段目标或子目标，然后根据阶段目标或子目标制订里程碑。这是里程碑计划最基础也是最重要的一步。图 4—2 为建立制造型公司的目标分解结构。

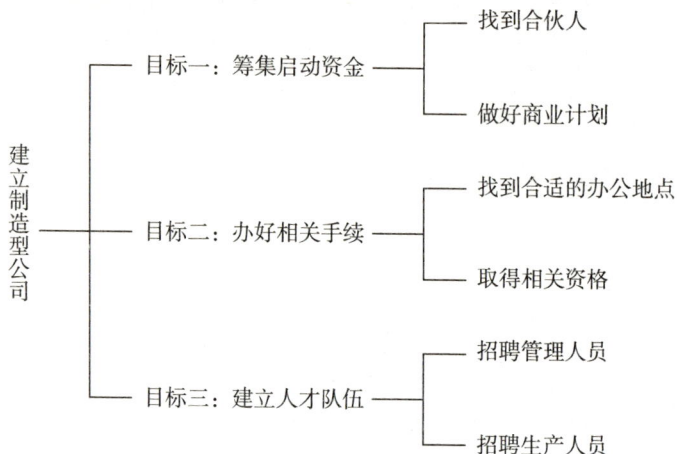

图 4—2　建立制造型公司的目标分解结构

3.2　绘制里程碑计划表

将上部得到的阶段目标或子目标绘制成图或表的形式。这样清晰易懂，便于员工执行，如表 4—2 所示。

表 4—2　　　　　　　　　　　里程碑计划表

文件编号			检查日期		
产品名称			项目经理		
里程碑	该里程碑责任人	计划完成日期	实际完成日期	是否完成	备注

3.3　修正里程碑计划

在里程碑计划执行的过程中，企业要根据实际生产情况，不断对其进行完善和修正，但一定要保证计划的整体稳定性。

第2节　生产均衡化

生产均衡化的实现会使生产现场的作业规律化，便于管理，并且可以作为生产现场效率提高的标志。此外，也能够有效防止生产过剩造成的浪费和生产能力不足导致的原材料供应失调等问题。在生产均衡化的过程中，企业应尽量平衡生产负荷，实现快速换模。

均衡化

生产均衡化最重要的标志就是生产线平衡。生产线平衡就是对生产环节中各道工序的负荷进行均衡，使得各工序的作业时间基本相同。这就要求分配到各生产线的工作人员技能、作业时间、工序排列等要素之间保持协调。

1. 均衡化基础

进行生产均衡化生产之前，企业首先要做好基础工作，为平衡工作的顺利开展进行前期铺垫。在这一阶段，企业要做好下面几个工作：

（1）确定基本作业并制定作业标准

在均衡化之前，企业要确定整个生产线由哪些基本作业要素构成。如生产线由哪些工序组成，工序由哪些作业构成等。平衡前要对企业原有的生产线进行改善，尽量使得生产线的工序设置和作业者操作方法合理，并通过作业测定，制定作业的标准时间，使得生产线达到一种最优化的状态。

（2）确定作业顺序

可以根据原材料和在制品的流动情况确定作业顺序。在均衡化的过程中，无论如何调整基本作业，确定的作业顺序都不应该被破坏。

（3）确定节拍

根据作业的标准时间要计算出生产线的节拍，节拍的稳定是均衡化的前提。

2. 均衡化的目标

生产均衡化的最终目的就是要通过平衡生产线，实现生产环节"一个流"。具体来说，生产均衡化是围绕以下几个目标开展的：

（1）提高作业效率

均衡化生产对生产任务进行细化，产生了作业分工，简化了作业难度，降低员工作业的错误率，便于员工执行。

（2）减少自制品数量

均衡化生产使各个工序的作业时间相同，平衡作业负荷，改变了各工序之间的在制品堆积成山的现象，从源头上减少了在制品的数量。

（3）降低生产成本

均衡化生产减少了生产人员的等待时间，消除了工时浪费，减少了生产产品的时间，从根本上降低了生产成本。

3. 均衡化的步骤

生产均衡化的实现应该从生产节拍的计算开始，调整产品在各道工序的加工时间，确保生产过程的各环节具有大体相等的生产率，使得闲置时间最少。实现均衡化的步骤如下：

3.1 生产节拍的计算

流水线的工序节拍，也就是依次生产两件相同制品之间的时间间隔，是流水线上最重要的工作参数。在确定节拍时，可参照以下依据：

（1）计划生产期内的产量（日产量、月产量、年产量等），包括计划出产量和预计废品量。

（2）有效工作时间，也就是实际生产时间，除去法定休息时间、早晚生产准备时间和生产停顿时间。

生产线的节拍就是有效工作时间与计划生产期内产量之间的比值。计算公式如下：

$$\text{流水生产线的节拍 } R = \frac{F_e}{N} = F_o \times \frac{\eta}{N}$$

式中 R 为流水线节拍（分/件）；F_e 为计划期有效工作时间（分）；N 为计划期制品产量（件）；F_o 为计划期制度工作时间（分）；η 为时间有效利用系数（0.9～0.96）。该系数需考虑设备检修、设备调整、更换工具的时间以及操作人员班内休息的时间。

3.2 生产需求的确定

生产节拍协调后，接下来，生产管理人员还要做好其他方面的安排。

（1）计算设备需要量和设备总负荷系数

实施工序同期化管理后，还要依据确定的工序时间，来计算各道工序的设备需要量，公式如下：

$$S_i = \frac{T_i}{R}$$

式中 S_i 为第 i 道工序所需设备数；T_i 为第 i 道工序的单件时间定额；R 为流水线节拍。

一般来说，计算出来的设备数量是整数的话，就有实际设备数：$S_{ei} = S_i$。如果计算出来的设备数量不是整数的话，取整数+1，这样有实际设备数：$S_{ei} > S_i$。

设备负荷系数为：

$$K_i = \frac{S_i}{S_{ei}}$$

式中 K_i 为设备负荷系数；S_{ei} 为第 i 道工序的实际设备台数。

然后，再计算流水线总设备负荷系数，公式如下：

$$K_i = \frac{\sum_{i=1}^{m} S_i}{\sum_{i=1}^{m} S_{ei}}$$

设备负荷系数直接决定了流水线的协调和连续程度。

（2）计算操作人员需求量

除了计算设备需要量和设备总负荷系数外，还要计算操作人员需求量。个人需求量主要分为以下两类。

①以手动和使用手工工具为主的流水线的人员需求量。

②以设备自动加工为主的流水线的人员需求量。

两种方式的人员需求量的计算公式分别如下：

$$P = \sum_{i=1}^{m} P_i$$
$$P_i = S_{ei} \times G \times W_i$$

式中 P 为手动和使用手工工具为主的流水线的人员需求量；P_i 为以设备自动加工为主的流水线的人员需求量；S_{ei} 为第 i 道工序所需的实际设备台数；G 为日工作班；W_i 为第 i 道工序每个操作人员的设备重复定额。

得到上述需求信息后，生产管理人员还需要对当前生产流程均衡性加以评估。

3.3　生产线均衡性评估

进行生产线均衡性分析，主要基于以下两个方向：

①把握生产工程的作业时间，检查所有生产线的各工程整体时间的平衡度。

②加强改善作业时间长的瓶颈现象。

然后在这两个方向指引下，确认生产线平衡的状态。生产线平衡通常是通过生产速度图来表现，纵轴表示工程作业时间的刻度，横轴等间隔记录了各工程名。曲线图（柱形图、速度图表）如图 4—3 所示。

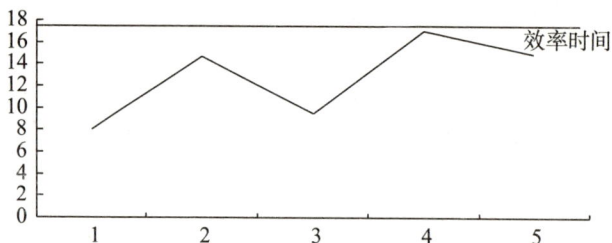

图 4—3 曲线速度图

通过观察速度图的走势，可以很容易地识别生产线的平衡状态。平衡损失率是用来衡量工艺过程均衡性的，以百分率表示。生产线平衡率的计算公式如下：

$$平衡率 = \frac{各工序时间总和}{总人数 \times 瓶颈工序工时} \times 100\%$$

瓶颈通常是指一个流程中生产节拍最慢的环节。

生产线不平衡损失率的计算公式如下：

$$不平衡损失率 = 1 - 平衡率$$

3.4 生产节拍的协调

如果经过分析，发现当前生产线并不均衡，可以对生产节拍进行协调。其基本操作原理是把整个加工工艺流程细分为多个小工序，再把小工序加以组合，形成大工序，使这些大工序的单件作业时间接近或等于节拍或节拍的倍数。同时，还要在关键工序采取措施，来协调各个节拍的工序。协调工序节拍操作可参照以下措施：

（1）提高设备机械化、自动化水平，减少工序作业时间。

（2）改进操作方法和工作地的布置，减少辅助作业时间。

（3）建立在制品储备。

（4）详细地进行工序的分解与合并。

（5）提高操作人员的操作熟练程度和工作效率。

（6）增加工作人员，完善作业人员的组织结构。

通过这些方法，进行生产线的平衡改善，可以使整个生产线的生产节拍达成一致。工序节拍保持一致后，要确保流水线的设备负荷系数达到 0.85～1.05，这才算合格的均衡化。

负荷管理

为了保证均衡化生产能够实行下去，企业还应该做好负荷管理。负荷管理主要是分析各工序的生产负荷和作业者的疲劳度。在企业生产中，即使是实现了均衡化生产，可能也会出负荷不均匀的现象。如有的设备经常闲置，有的设备不停地运转；有的员工在其规定的工作时间内一刻不停地忙碌，而有的员工却有大量的时间去做和生产无关的事情。

丰田汽车公司的生产技术部门为了解决这一问题，经过大量的研究和实践，总结出了一个计算作业负荷和疲劳度的工具，即 TVAL 模型。

1. 负荷计算

TVAL 模型可以计算出生产线上各个工序的疲劳度。公式如下：

$$L = 27.03\log t + 53.78\log M - 487.76 \tag{4—1}$$

式中 L 表示作业疲劳度，具体指相对于作业强度为 M 时的最长持续时间（超过此时间就不能在此强度下继续作业）的作业持续时间的百分比。

M 指肌肉的电功率。作业者在进行某项作业时，肌肉会收缩，继而产生电功率，M 表示肌肉收缩最强烈时肌肉的电功率相对于最大电功率的比率。具体的数值需要用 EMF 测量仪进行测量，用来衡量作业强度。

t 是指该项作业的持续时间。

公式（4—1）适用于不考虑作业时使用的肌肉部位和作业姿势时。L 的另一个度量方法如下：

$$L = d_1\log t + d_2\log W - 160.0 \tag{4—2}$$

式中，W 表示作业负荷。这一作业强度依据生产时加工的零部件重量、作业姿势、用力方向、肌肉力量等因素确定。

为了确定公式（4—2）中的 d_1 和 d_2 的数值，通过研究分析人骑自行车时的工程学情况，得到（4—3）式，式中 W 表示骑车时蹬脚蹬时对脚部的负荷。

$$L = 25.51\log t + 117.6\log W - 160.0 \tag{4—3}$$

骑车时，式（4—1）和式（4—2）中的 L 相等，所以有下面的等式：

$$27.03\log t + 53.78\log M - 48.76 = 25.51\log t + 117.6\log W - 160.0$$

由此得到

$$W = 9.311\, t^{0.012\,9} M^{0.457} \tag{4—4}$$

依据公式（4—4）得到自行车研究中的作业负荷 W，将其代入公式（4—3），就可以得到 L。L 只需要测定各生产工序的作业强度 M 和时间 t 就可以得到。当然这是基于式（4—1）和式（4—2）成立的。

丰田汽车为了要得到装配工序中的电功率 M，根据作业者作业时的姿势和使用身体的部位，将企业内的装配工序分为了 400 个类型。表 4—3 为分类示意图。其中的"负荷"包括了运送时肌肉的力量和部件的重量。

表 4—3 负荷 W 值

推进方向 负荷 姿势	向前					向上	向下	向跟前
	1 级	2 级	3 级	4 级	5 级			
仰头	31	32	35	39	45			
站立	28	30	32	34	36			
蹲坐	34	35	36	40	45			

M 的测定是针对 400 种装配作业类型中使用到的 20 块肌肉进行的。将得到的数值代入式（4—4）可以得到 W 值。然后将负荷 L 按照相对顺序在各个工序上与作业者实际感受到的疲劳度对比，准确率为 80％。一般设定 35 为 L（即 TVAL 值）临界值。

2. 负荷改善

通过得到具体的 TVAL 值，就可以判断目前生产线各个工序的负荷现状了。对于 TVAL 值过高的工序，一定要加以削减，比如通过增设工位和作业者数量来缓解作业压力；对于 TVAL 值过低的工序，就要研究其原因，为什么此工序的负荷会偏低，是订单不均匀引起的，还是由于生产线设置不合理造成的。如果是因为订单产生的问题，就要做好生产的统筹安排，将这种不均匀尽量降到最低程度，如果是生产线设置不合理的原因，就要对生产线进行改造，使得各个工序的生产负荷和作业者的疲劳度尽量平衡或相近，这样才能使生产平稳有序的进行。

快速换模

换模是指因产品更换，而必须使生产线或机器设备停止生产，以从事更换动作。快速换模（简称 SMED）法是由日本的新乡重夫首创，主要通过换模过程中简化、协调操作等方式，以在单分钟（少于 10 分钟）内完成换模，是一种能够减少更换工装、材料时间，持续改进生产准备的技术。快速换模是精益生产管理中的一项核心技术。

在市场需求变化迅速的条件下，生产企业必须做好生产的转换工作，否则在激烈的市场竞争中难以立足。如果因生产转换造成大量工时的浪费，降低作业转换速率，那么势必会影响产品的交货期。因此，对于作业切换时间，要尽量予以削减。

1. 快速换模的基础

通过快速换模方法的运用，企业可以缩短生产切换时间，压低产品库存，最大程度地节约成本，很好地适应多品种、小批量的市场需求。但快速换模技术的运用应该有以下基础：

（1）区分内部转换和外部转换

内部转换是只能在停机状态下进行的转换。外部转换在设备运行时就可以完成。如果不能很好地将二者区分开来，那么本来在设备运转时就可以完成的转换却必须停止生产才能完成。

（2）将内部转换变为外部转换

对转换仔细分析，尽可能地将内部作业变为外部作业，以减少转换时间。

（3）排除调节过程

作业转换中的调节可以占到转换时间的 50％ 到 70％，减少调节时间对于削减转换时间是非常重要的。

（4）取消作业转换操作

对于无法转换为外部作业的内部作业来说，不可以置之不理，而是要尽量缩短其作业时间。对于外部作业也要予以改善。取消作业转换有两种手段。一是统一设计，使得产品使用同样的零部件；二是各种各样的零部件同时生产。

2. 快速换模的原则

要想实现快速换模，不仅要有一定的基础，还要遵循一定的原则，具体如下：

（1）外部转换作业标准化

将准备生产模具、工具和材料的操作充分程序化，且必须达到标准化，并把这些标准化的东西写在纸上、贴在墙上，以便操作人员掌握和自我训练。

（2）将设备局部标准化

理论上，如果能将生产模具的大小和形状完全标准化，这样会缩短作业转换时间。考虑到成本太高的问题，在实际操作中可以只把作业转换中需要的设备功能标准化。

（3）使用辅助工具

在生产过程中，直接操作有时会耗费很多时间，添加一些辅助的工具则会便捷很多。在外部作业转换时将模具、工具等事前安装到辅助工具上。这样，在进行内部作业转换时，便可很快完成模具安装。

（4）同行作业的推进

同行作业是指同时进行多个转换操作，以排除浪费动作，减少换模工序，降低时间。如在压力机和成型机单元线生产中，中间有许多部位要结合。若由一名操作人员来操作这种设备，就需要花费很长的时间；但是由两名操作人员同时转化设备的作业，就能排除不合理的动作，缩短作业转换时间。在这种情况下，作业转换所需要的总劳动时间没有改变，但设备的运转率增加了。

（5）尽可能利用机械自动转换

在安装模具时，可以使用一些设备（例如油压或气压设备）一次紧固几个地方，或者一些模具的高度可以利用电动手段来调整，实现生产换模的自动化操作。

3. 快速换模的步骤

快速换模过程的关键就是尽可能地缩短内、外部作业转换时间。具体的实施步骤如表 4—4 所示。

表 4—4   快速换模的实施程序

序号	阶段	内容
1	生产调查	进行前期调查，观察工序作业时间和转换情况。
2	内外转换作业的划分	区分转换的内部作业和外部作业，将内部工序转化为外部工序，并将外部工序从生产准备工作中分离，缩短内部作业转换的工序，改善外部作业转换的工作工序。
3	标准化工作	将新的生产准备程序标准化。

3.1 生产调查

实施快速换模前，一定要进行产前信息搜集观察转换工序，如表 4—5 所示为生产观察表。

表 4—5   生产准备观察表

日期	生产准备观察表							
机器								由
观察者/操作工								变为
序号	工作步骤	秒表读数			分类				对时间浪费的备注
		小时	分钟	秒	内部	外部	等待	走动	
1									
2									
3									
4									
5									
...									
	合计								

以某单元车间的挤压机切换为例，进行生产调查，如表 4—6 所示。

表 4—6　　　　　　　　某挤压机换模的生产准备观察表

日期	2008 年 1 月	生产准备观察表							
机器	挤压机							换模前：每日活动	
观察者/操作工								换模后：	
序号	工作步骤	秒表读数			分类				对浪费的注解
		小时	分钟	秒	内部	其他	等待	走动	
1	停止挤压机，升高潜槽								
2	支架，开门，切割钢条			9					
3	卷盘管			8					
4	再次开门			3					
5	戴手套			12					
6	打开防护罩			3					
7	拆卸润滑板			5					
8	取走钢条			5					
9	放钢条于支架			5					
10	转至挤压机后方			6					
	合计								

3.2　内外转换作业的划分

得到基本生产信息后，就可以进行内外转换作业的划分。将内部作业转移到外部，可以进一步缩短换线时间。在此过程中还可以减少内部和外部作业。减少内部作业可以发现并排除换线过程中的浪费；减少外部作业可以在缩短内部换线时间后进一步减少机器运行期间人员的工作量。其具体操作可参照表 4—7。

表 4—7　　　　　　　　　　内外转换作业的划分

项目	说明
将内部作业转移到外部	基本程序如下： （1）对内部的活动进行严格的检查分析； （2）考察第一步发现的机会； （3）集思广益地讨论新的办法和创意； （4）工具标准化； （5）工具预热，确保每件物品在正确的时间摆放在正确的位置。

续前表

项目	说明
减少内部工作	常规的方法是利用如下手段排除换线中的浪费： （1）平行作业； （2）旋转式一次锁定方法； （3）触摸式夹钳系统； （4）工具放置的方法、位置统一； （5）工具的尺寸统一； （6）螺钉头尺寸统一； （7）详细的工具更换表； （8）改良设置等。
减少外部作业	通过如下手段改良外部工作构成： （1）把工具存放在机器旁边； （2）在机器旁边设手工工具台； （3）把规尺存放在机器旁边； （4）备好工具更换准备的核查清单； （5）提供详细的工具更换流程记录单。

实施换模操作后，要进行评估；如确认其满足预期目标，则根据操作过程，编制标准文本文件，正式实施标准化管理。

第3节　自动化

自动化是一种最为省力的精益化管理技术。与传统的自动化相比，精益生产所讲的自动化侧重于对生产的控制和及时反应能力，而且更加注重人性化。精益自动化的最终目的就是利用自动化技术建立自动化生产线。

自动化模式

自动化是指在没有人直接参与下，机械设备、仪表和自动化装置按照预先设定的参数完成产品的全部或部分加工的生产过程。生产自动化的范围很广，包括加工过程自动化、物料存储和输送自动化、产品检验自动化、装配自动化以及生产管理信息处理的自动化等。

1. 自动化原理

自动化的应用需要光学、电学、力学、机构学、化学等原理来做支撑，通过它们来限制某些动作的执行或不执行，以避免错误的发生，如表 4—8 所示。目前这些自动开关非常普遍，也是非常简易的"自动化"。

表 4—8　　　　　　　　　　　　自动化原理

自动化项目	应用方法说明
浮力自动化	利用浮力控制，当水平面到达一定高度时，浮球推动拉杆，切断水源，如抽水马桶的水箱等。
重量自动化	当承载重量超过一定限度，承载设备就会发出警告，并停止运载工作，直至重量减少至可承载范围内，如电梯的超载警告等。
光线自动化	某些感光设备在光线不足时，设备按钮无法使用，如自动照相机的快门按钮等。
时间自动化	设备的每次运行时间有限，当超过时间限制，若没有进行续时操作，设备即会停止，如电脑待机控制等。
方向自动化	货物运送有相对工序的自动方向，不会因人为而减少工序操作，如流水生产线的流水化工序操作等。
电流自动化	电源开关皆装置保险丝，用电过量时，保险丝就熔断，造成断电。
温度自动化	设备根据气温进行开机与关机控制。如家庭内冷气机的温度控制，冷度够时，自动停止，温度上升时，自动开启。
压力自动化	设备根据压力大小进行自动停止的操作。如压力锅内压力过大时，则"液压阀"就开启，使锅内之压力外泄，以免造成爆炸之危机。

2. 自动化装置

利用上诉的自动化原理可以进行自动化装置的设计，如失效—安全装置、自动化防错装置。在产品的制造过程中，设备上的自动化防错装置主要有以下几类，如表 4—9 所示。

表 4—9　　　　　　　　　　　　　　自动化防错装置

技术类型	应用方法
传感器感应检测	机加工自动线根据不同产品型号的外形变化，传感器将感应到的信息反馈给后面的加工工序，使后面的工序调用对应的加工程序，实施相应的加工内容。
导向挡块	区分零件的输送导向。
光栅防错	通过光栅的检测控制，达到工件是否摆放到位的防错。
夹具防错	控制装配零件在夹具上的摆放是否到位来防错。
颤动功能	（1）通过颤动机的颤动，使零件随着不断的颤动并输送至判别零件的方向正确与否处，只有零件处于正确的位置方向时，才能进入送料轨道。 （2）位置方向错误的零件则掉入零件颤动料箱里，从而达到预防零件的进给方向错误，避免工件报废的目的。

设备上的"失效—安全装置"装置主要有以下几类，如表 4—10 所示。

表 4—10　　　　　　　　　　　失效—安全装置技术应用

技术类型	应用方法
互锁顺序	在前一个操作顺利完成前，下一个操作不能开始。
预警与中断	在危险设备入口处安装感应装置，当设备感应到有手等异物时，停止冲压等操作。
产品安装中断	在制具上安装感应装置，当感应到产品未正常安装时，不进行下一步冲压工序，减少不良品产出。
防呆型工件夹紧装置	保证工作的一部分只能被固定在一个位置。
限位机械装置	用来保证工具不能超过某一位置或数量。

通过以上自动化装置在生产线上的运用，更加有效地完成了防患于未然的自动化操作，即使在没有人的情况下机械设备也能够自动更正或停止作业。

3. 与传统自动化的区别

精益管理倡导的自动化在机器设备出现问题时会自动停止运转，而不需要设置专人看管。而且在出现问题后员工可以迅速到现场以解决问题。传统意义上的自动化和精益管理倡导的自动化的区别，如表 4—11 所示。

表 4—11   自动化之间的区别

	传统自动化	精益自动化
设备停机	设备的运转和暂停都由人控制。	如发生异常设备自己停机。
生产状态	发生问题如果人不及时停机设备将继续生产不合格产品。	停止生产并且不会把不合格产品传递至后工序。
解决问题	查找问题产生的原因较慢而且难以找到正真的根源。	设备停机后人员可以立即到现场检查问题的根源。
消除浪费	各种浪费随着产生。	节省人力和工时。

自动化产线

利用自动化装置，可以建立自动化产线。自动生产线是一种由工件传送装置连接起来，具有统一控制装置的连续生产的自动化机械系统。在自动生产线上，生产过程无人参与操作。人的任务就是监督、周期性调整和更换切削工具。采用自动生产线可以使全部生产过程保持较高的连续性，并明显缩短生产周期，减少工序间的在制品数量，使产品的运输线路最短。

传统的生产线管理常常存在很多问题，如经常发生设备的故障和异常停产；发生异常不能立即得到解决；作业偏离标准也不能立即停产，导致出现大量不良品；作业转换的时间太长等。如果不能很好地解决上述问题，那么很难保证工作质量和效率。自动化产线可以有效地解决上述问题。

1. 自动化产线的特点

与传统的生产线相比，自动化产线有以下几个特点。这几个特点也是保证自动化产生良好效果的关键。

（1）减少作业者

如果设备可以在出现问题时自动停机，那么企业就没有必要专门设置生产监管人员了。而且实现自动化后，作业者可以操作更多的设备，削减了作业者数量，降低生产成本。

（2）增强对市场需求的适应性

每生产完所需零部件生产就会自动停止，而且产品都是合格的，生产线可以马上转换生产，对需求变化的适应能力得到加强。

（3）尊重人性

在自动化生产管理中，更加强调人解决问题的能力，人在生产中的作用得到了加强，也增强了对人性的尊重。

2. 自动化产线的实现

自动化产线的实现并不仅仅是安装自动化装置，还要做好相应宣传工作，处理停产问题等。

2.1 提高员工自动化思想

在安装自动化装置之前，应做好自动化产线的宣传工作，提高员工的自动化思想，否则没有人执行的自动化管理仅仅是空壳的自动化机器。

瑞特汽车材料公司的企业经理，在一位自动化管理经验丰富的朋友的指点下实施安灯制度。这位经理仿造丰田的安灯制度，安装了昂贵的识别灯控制箱，但是实施的结果却不尽如人意。

当那位朋友再来拜访时，他问道："我用不菲的价钱安装了识别灯控制箱，可是为什么却运作不成功？"这位丰田的朋友答道："你误会我的意思了。"随后他把这位经理带到附近一家超市，买了一把红色旗子、一把绿色旗子以及一把黄色旗子，解释道："实行安灯制度并不是购买时髦的技术，只有让员工知道'使问题浮现以便快速解决问题'的重要性，安灯制度才是有效的安灯制度。"

也就是说，提高员工的自动化思想才是实施自动化的关键。对此，可以通过展板宣传或者开会介绍宣传等方式来实现。

2.2 安装自动化装置

企业在考虑成本的前提下，也要根据生产实际情况，安装自动化装置。为了进行生产控制，企业可以安装传感器及相应开关等来探测异常情况。一旦发现异常，自动停止生产线，防止缺陷进入到下一个生产工序，并且能够避免制造出一系列的缺陷产品。

例如，丰田汽车公司在生产线上安装蝶形螺母时，将使用的工具悬挂在操作人员上方的轨道上，和操作人员一起移动。工具的吊带一旦超过轨道的一定位置，生产线便会自动停下来。

企业还可以安装防错装置。防错装置不仅可以快速响应质量事故，也可以确保操作人员进行安全、准确的生产。

丰田汽车公司在所有设备上都安装了防错装置，仅仅是在前车轴组装线就安装了 27 个防错装置。每当员工操作失误、可能造成质量问题时，组装线就会停止，并发出警报声。

自动化装置安装完成后，企业还需要对其进行相应的保养。根据具体情况选择日保养、周保养或月保养等。自动化产线一旦停止，操作人员要立即对生产线上机器设备逐个检查，找出产生问题的机器，分析原因，迅速解决，快速恢复生产。

第 4 节　多能工

培养多能工能够实现少人化、平衡工序能力、使生产物流顺畅，提高生产效率，实现均衡化生产。多能工也是精益人力资源管理的需要，更是现代企业发展的需要。

多能工

多能工是指一个操作人员能够负责两个以上的工序作业。精益生产要求操作人员一人负责多个制程，以适应生产量变动及少人化的需要。越来越激烈的市场竞争，不仅仅是企业之间各个方面的较量，更是全体员工综合素质的较量。

1. 多能工的培养原则

培养多能工，是企业实现充分运用人力资源的一个行之有效的途径。企业的人力资源部门要遵循一定的原则，有意识地培养员工多方面的能力。

（1）有针对性地制订学习和培训计划。值得注意的是，先要就员工培训需求、意愿进行调查，然后开展培训工作。

（2）有意识地引导和鼓励员工学习相关技术。除了员工学习自身技能之外，还应鼓励员工学习自己领域技能之外，并给予适当的资助。

（3）激发员工自主学习的热情。营造员工学习新技术的紧迫感，使其认识到提高技术水平的重要性。

（4）建立完善的激励体系。对那些身兼数种技能的员工给予奖励，并将这个过程固定下来，激发员工学习动力。

另外，在培养多能工时，还要注意以下几个要点，如表 4—12 所示。

表 4—12   多能工培养要点

培养项目	说明
作业简单	使工序操作简单易掌握，包括更换和调整。
适当指导	重点培养作业顺序和内容，简单易懂的作业标准书。
标准作业	每个人都要具备多个岗位的标准作业操作技能。
整体推广	培养多能工竞争意识，通过树立榜样和表彰先进提高积极性。
改善设备	使设备更易操作和达到离人化，更少人工操作。
保证安全	减少必要关注，不会因操作者疏忽造成伤害。

2. 培养多能工的目标

企业培养多能工旨在使员工拥有"一专多能、多专多能"的特性，以使精益生产中的单件流生产得到实现。具体来说，是通过以下目标实现的：

（1）提高员工个人技能

多能工的培养使员工掌握更多的技能、可以胜任更多的岗位，并可将其作为储备人才来培养，晋升为组长、班长及中层管理人员，加强基层管理力量。这种内部选拔管理人员的方式，还可以降低企业对管理人员进行外部招聘的风险。

在推行多能工培训过程中，整理老员工的技能和经验，通过标准操作加以固定，这样一来，即便老员工离开企业，企业自身的技术力量也不会随之变弱。

（2）实现少人化

在传统的大规模批量生产模式中，员工似乎只是大型机器上被固定的螺丝钉，只需熟练掌握流水线上的一两种劳动技能即可。但企业实施精益生产之后，某些工序经过整改，多能工便可以操作原来 2～5 个岗位的工作，减少了操作人员。同时，企业还可以根据客户的需求和市场的变化，来调整生产布局，变更生产线和增减生产人员，企业生产的灵活性和客户响应速度会因此得到大大提高，在竞争中占据更有利的地位。

（3）灵活安排生产作业

多能工可以让生产作业安排得更灵活。当其他员工缺席时，拥有同岗位技能的多能工可以迅速补位；当企业订单突然加大，某些工序人手不足时，可以让多能工来缓解人手不足的局面，保证生产的顺利进行。

3. 多能工的培养步骤

多能工的培养可以在企业的各个层次开展，如建立统一的多能工培养活动组、部门内部的多能工培养、班组内的多能工培养。企业可参考以下步骤培养多能工：

3.1　制订多能工培养计划

多能工培训的前提是"专"，即员工专于某一设备或工序的操作，达到专业水平。不然，盲目开展多技能培训，员工操作技能不扎实，生产隐患大，得不偿失。多能工计划的制订与记录是"专"的重要保障。

（1）调查在生产现场作业中被视为"必要的技术或技能"，列举并记录到多能化计划表上。

（2）把生产现场和操作人员姓名记录到横轴上。

（3）评价每个操作人员所具有的技术力或技能，并使用所规定的记号来记录。

（4）制订各操作人员未训练项目的培训计划，包括训练项目、训练时间及考核方式等。

（5）随着训练的进展而增加评价记号。

对于多能工培训计划的制订，应考虑以下方面，如表 4—13 所示。

表 4—13　　　　　　　培训计划制订的三个方面

三方面	具体说明
培训内容	视生产的需求而定。首先，保证各个工序都有相应的多能工，以保证任何突发情况都能有效应对；其次，尽量选择有能力同时掌握多项工种的员工进行培训，针对每个人的特长进行工种分配。
培训时间	尽量使用正常工作时间进行培训，可由现场作业情况进行具体安排；随时对空闲员工进行穿插式培训，或者每天每周的固定时间进行培训。
培训考核方法	明确培训考核标准，确认培训效果。常见培训方法有轮岗培训法、师带徒培训法、外部专家培训法等。

3.2　多能工培养的推行

多能工培养是一个循序渐进、不断推行的过程，企业管理人员在此过程中要注意活动的持续性和长久性。

（1）建立多能工培养机制

多能工培养需要健全的体制来保证。很多企业在多能工培养方面投入了大量资金，但效果却不容乐观，究其原因就在于企业的员工教育体制不完善。如果忽视人的作用，再好的设备也生产不出好的产品。

因此，企业要设立专门的人才育成小组，逐步培养出合格的多能工，以影响整个企业的员工；同时，保证多能工培养的长期性和制度化，使这一教育理念深入员工心中。

(2) 多能工培训的现场实施

多能工培养活动的执行最终要落实到员工身上，而很多企业现存的问题是实践性和可操作性不强，致使多能工培养效果不明显。所以，在做好培养规划后，企业必须开展必要的培养活动来保证人才育成的落实。

①首先是通过初期教育活动，将已分解的操作要领告知操作人员，使之掌握基本的技术知识理论。

②接下来，可以令该操作人员进入现场参观操作，使其加深其对作业基准和作业顺序教育内容的理解。

在有其他多能工顶位时，可令受训员工进入工程中与操作人员一起进行实际操作，这样可以提高其作业的准确性和顺序标准化，同时也更快地掌握正确的作业方法。

(3) 多能工培养的评估与考核

多能工学习过程中，培训人员要经常确认受训人员的作业方法与作业指导书的顺序方法是否一致，是否有错误的作业动作，如发现，需及时予以纠正；检查成品是否满足品质、规格要求，有无作业不良造成的不良品。

如果确认受训员工掌握了正确的作业方法，具备了正常作业流水线的速度，并达到此工序的作业基准，完全具备该工作的作业能力时，即可安排其进行单独作业，使其进一步熟练并达到一定程度的作业稳定性。

岗位轮换

岗位轮换是培养多能工主要的方法之一。岗位轮换是指让员工按照计划，在预定的时期内转换工作岗位，进而获得不同岗位的工作经验。实施岗位轮换，一方面有助于让员工学会多种工作技能，适应多重工作的要求，另一方面有助于增进员工对工作、部门之间相互依赖关系的认识，培养团队精神。

1. 岗位轮换的原则

并不是所有的岗位都能进行轮换，也不是所有的员工都适合岗位轮换。岗位轮换要遵循一定的原则，才能发挥其培养人才的作用。

(1) 自主自愿原则

企业在制定岗位轮换制度后，应与进行岗位轮换的员工进行有效的沟通，实行双向选择等方法，减少员工心理的不安和焦虑。

（2）用人所长原则

企业在实行岗位轮换制时，必须要注意人才资源管理的基本原则，即用人所长，避人所短。

（3）合理的时间原则

企业在实行岗位轮换制时必须要考虑轮换的时间周期，如果岗位轮换时间周期过短，对员工心理的冲击要远大于新岗位的新鲜感，其效果就会适得其反。一般来说，员工在同一岗位 5 年以上，又没有得到晋升，就可考虑岗位轮换。

（4）合理的流向原则

企业在实行岗位轮换制时要考虑各部门工作的实际需要，发挥岗位轮换员工的才能，保持人才平衡。

2. 岗位轮换的目标

实施岗位轮换，不仅能够开发员工的潜能，而且通过岗位轮换还能帮助员工找到最适合自己的工作岗位。具体来说，岗位轮换可以实现以下目标：

（1）多岗锻炼，培养人才

岗位轮换制有利于复合型人才的培养。通过岗位轮换使员工能掌握多种技能，适应不同的工作环境和压力。

（2）消除误解，增进理解

岗位轮换使员工能够体验到不同工作岗位的责任与辛苦，有利于打破部门之间的隔阂和界限，为合作打好基础。

（3）消除不满，激励员工

岗位轮换制既能调动员工的积极性，又能发现有潜力的人才。岗位轮换还可以减轻晋升的压力，减少员工的不满情绪。对于一些员工而言，进行岗位轮换，可以让他们发现更具有前景的工作，有更多的表现机会，使得他们对工作时刻充满着好奇。

（4）防止腐败

实施岗位轮换，能够有效控制企业风险。一般来讲，员工长期在一个岗位工作，容易积累到较多的资源，也可能受惰性、人情、关系等因素的影响而导致工作行为退化，甚至滋生腐败之念。实施岗位轮换，可以起到防微杜渐的作用，避免一成不变的管理状态给企业利益造成危害。

3. 岗位轮换的方法

在丰田生产方式下，工作岗位轮换制的具体方法如下：

（1）定期调动

定期调动是指以若干年为周期的工作场所（主要指班、工段或部门）的变动，以及随之发生的工作内容、所属关系、人事关系等方面的变化。

（2）班内定期轮换

在班内的工序中进行变动。

（3）工位定期轮换

以 2～4 小时为单位，有计划地作业交替。

（4）一天班长

轮流当班长，使每个人熟悉各个工种及其操作，并增强责任心。

另外，在实施岗位轮换时，还应制订轮岗路线图，明确轮岗机会、人选计划；实施轮岗沟通计划；制订轮岗工作交接清单（包含文件清单、物品清单、工作进度清单、工作注意事项清单等）；进行岗位交接及岗前培训；定期进行轮岗效果的调查评估等。

第5章

供应链协同管理

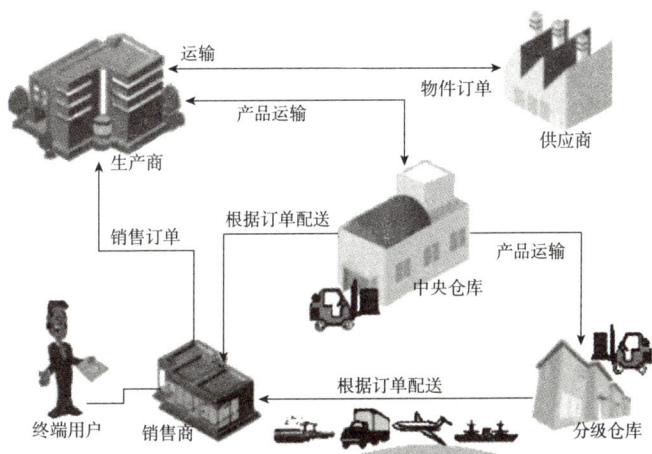

供应链是由产品生产和流通过程中涉及的原材料、供应商、制造商、分销商、零售商以及最终消费者组成的供需网络。其中任何一个环节出问题都会给供应链带来一定的风险，并影响其正常运行。所以供应链的管理对企业来说至关重要。

　　　　　　丰田的供应链管理管理

丰田喜一郎曾确定了丰田汽车供应链管理的两个主导战略如下：

一是，以客户需求作为推动力，以最有效率的运营方式生产丰田轿车。以这个战略理念为基础发展出来的，就是震撼世界汽车工业的精益生产方式。

二是，瞄准客户需求，进行供应链管理，制造使用率最高的轿车产品。这就是举世闻名的精品小车战略。按照这一战略研发制造出来的轿车，在能源、材料和用途上的使用效率都超越了当时的欧美轿车。丰田恰恰凭借精益生产方式和精品小车，创造了丰田奇迹。

从两大策略中，可以看出丰田引以为傲的精益生产方式管理，实际上是一种以客户需求为拉动的供应链管理模式。它以消灭浪费和快速反应为核心，使企业以最少的投入获取最佳的运作效益，并提高对市场的反应速度。

通过"客户需求拉动"供应链管理模式，丰田使企业实现流程与客户需求之间的同步。也就是说，按照客户需求的数量和销售的速度来进行生产，以此保证供应链协同，任何过早或过晚的生产都会造成损失。

对供应链实行精益管理能够减少企业中存在的浪费，降低库存成本，缩短操作周期，提高企业的利润率。精益化供应链管理的第一步就是要做好在制品和库存的管理。

第 1 节　在制品管理

在制品管理追求的极致是实现"一个流"生产，但生产中往往由于工艺、技术等原因，不能彻底实现。因此，在制品管理对于精益化管理目标的实现是非常重要的。

在制品管理原则

在制品是指通过加工等工艺已经被处理成半成品，但还不是成品，还没进行入库管理。做好在制品管理工作，一方面能够使作业现场显得整齐有序，实现现场物料的合理摆放；另一方面可以通过在制品的合理放置，使物流与生产节拍相吻合，保证生产作业顺利进行。但在制品的管理也要遵循一定的原则，具体如下：

1. 在制品数量管理原则

在制品管理最基本的原则就是要合理地控制在制品数量。在制品生产的数量过多会导致车间原材料及场地占用量大、库存量大，严重阻碍了资金流动，加大了企业生产的负担。在制品生产过多的原因及解决方法，如表5—1所示。

表5—1　　　　　　　　　在制品生产过多的原因和方法

原因	解决方法
上游工序不能与下游良好沟通，仅埋头生产，不考虑下游对原料的接收能力及生产现状。	（1）上下游共同制订生产计划，使下游产品的生产与上游原料的供应实现同步。 （2）通过看板管理进行拉式生产。
管理者对生产设备及生产能力没信心，企图通过多库存来掩盖生产问题。	（1）定期维护生产设备，对经常出问题的设备要重点观察，并找专家来发掘问题根源。 （2）提高生产的标准化与均衡化。
个别员工贪图早完工早休息，或多劳多得，而未考虑整体生产事宜。	（1）将生产计划下发至个人手中，按计划进行生产。 （2）进行个人在制品存储数量的管控。
管理者不清楚为保证生产衔接而必需的在制品数量。	进行在制品定额管理，保有一定的在制品存储量，以应对突发需求。
每个工序都有相当数量的在制品存货，导致整体数量巨大。	调整产线生产模式，由水平生产模式调整为垂直生产模式。

2. 在制品摆放原则

对在制品摆放要进行定位。定位能够使作业员快速取用和存放在制品，减少查找物品的时间浪费。作业台上存放的在制品具有件小、量少的特点，因此，作业台的在制品定位通常采用零件盒或周转箱存放，摆放在台面的固定位置即可，如图5—1所示。

零件盒存放

周转箱存放

图 5—1　作业台的在制品定位

3. 处理不良在制品的原则

每一个不良品都是可以避免的。对于在制品的不良，不能视为理所应当，更不能用所谓的"一般不良率"作为借口，而应深入分析寻找原因，杜绝同类现象再次发生生。在制品不良的原因及解决方法，如表 5—2 所示。

表 5—2　　　　　　　　　　　在制品不良的原因及解决方法

原因	解决方法
设备的故障造出大量不良品。	派专人监测设备看是否运转正常；若发现不良，则应立即停止生产，修好后再开工。
工序间及储存过程中的运输导致不良。	(1) 尽量减少在制品的大幅度运输。 (2) 使在制品由工序间移动，而不是通过仓库缓存。
员工操作随意，没有操作标准。	(1) 修正并严格执行作业指导书。 (2) 在生产过程中做好产品保护措施。
不论哪个工序造成的不良，只能通过最后检验才能发现，中途会浪费许多零件。	各个工序的员工，要进行产品自检，即对拿到手的在制品，应先检验其是否合格；对于不合格的产品，应直接剔除，不予加工。

重点说明其中几个方法。

（1）设备故障造成的在制品不良

一般来说，设备一旦出现故障，不良品就会被成批地生产出来。所以，对于个别经常性出现问题的设备，应保证有专人随时监视，并定时检验此设备产出的在制品是否是合格品，以防生产出大量不良品。

需要强调的是，若最后检验出了大批相同的不良品，且又不确定是哪个设备所引起时，应该立刻停止生产线，并从后往前逐个检验各个工序产出的在制品质量。如果检查出从哪个工序开始第一个发现不良品，则有可能是相应工序的故障。对此，检验员应及时报告，不能认为"检验工作只是将不良成批挑出"，毫不考虑产线是否异常。

（2）员工操作随意，没有操作标准

企业应由专业工程师制定作业指导书，将各个工序的标准操作步骤和要求，以统一的格式描述出来，用来指导和规范每个员工的工作。

有些企业的产线很长，不良品在前几个工序就已被制造出来，但还是被下游工序继续加工，直至最后检验时才被挑出。但有些零件是不能重复利用的。因而，在这个过程中，既浪费了人力，又浪费了剩余加工过程中的部分零件。

为避免这类情况的发生，在作业指导书中应强调各道工序的自检活动，在对每个在制品进行加工之前，先检查上一工序流出的来料是否合格；如果不合格，则应及时挑出。

在制品控制

在制品的积压会使生产节拍减缓，影响生产流程的连续运作，并延缓生产流程对市场的反应速度。因此，确定在制品的最少量，进行标准在制品控制，被人们视为拉动生产能否顺利进行的重要管理技术。标准在制品控制能够减少在制品管理成本，控制产品质量，提升产品合格率，使生产流程更加流畅、稳定。

1. 标准在制品数量的计算

为了确保同一生产顺序的重复作业，工序或设备内需要准备最低限度的在制品，即标准在制品。在确定标准在制品时，可以运用利特尔法则。

生产提前期（lead time）＝在制品数量×生产节拍

由此得知，生产周期与在制品数量成正比。所以，如果有效地控制了在制品数量，就可以控制生产周期的长短，而在制品数量越少，就越容易实现"一个流"。

2. 标准在制品的控制分类

标准在制品的控制主要分为老化工艺标准在制品的控制和关键点标准在制品的控制两种类型，下面分别阐述其控制过程。

2.1 老化工艺的标准在制品控制

老化工艺是指在生产中产品在前工序加工完成后不能立刻转到后工序加工，

期间需要等待一定的时间。这段需要等待的时间就是"老化时间"。图 5—2 为老化工艺在制品示意图。

图 5—2　老化工艺在制品示意图

如图 5—2 所示，组装车间中前工序加工完成后产品必须干燥一段时间之后才可以进入后工序加工，那么两个工序就是老化工序，其消耗的时间是老化时间。在这种特殊生产要求下，"一个流"就不可能实现，生产管理人员的工作就是要确定经济合理的在制品数量。

标准在制品数量的确定应正好符合老化的时间要求，即不能过多又不能太少。在确定老化工艺标准在制品时，首先要确定生产工序的生产节拍，因为利特尔法则中要使用到节拍。具体算法如下：

生产提前期（lead time）在制品＝数量×生产节拍

故有：存货量＝生产提前期÷节拍

所以标准在制品的计算公式如下：

标准在制品＝在制品老化时间÷节拍

例如，某生产线生产节拍为 1 分钟，工艺所要求的老化时间为 20min，那么标准 WIP 计算过程为：标准 WIP＝老化时间÷节拍＝20÷1＝20（个），即标准在制品数量为 20 个。

但是，在实际生产中并非如此简单就可以确定标准在制品，因为生产中的其他复杂因素会影响到实际计算过程。

2.2　关键点的标准在制品控制

生产周期的长短受到在制品数量的影响，在制品数量过多就会造成生产周期过长，由此更加大了实现"一个流"的难度。因此，要找到生产的关键环节和工序来加以控制，从而达到控制生产周期的目的。图 5—3 为一个生产路线示意图。

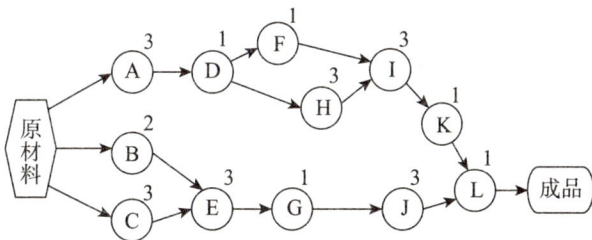

图 5—3　生产路线图

产品生产从原材料开始到生产完成一共经过 12 道工序，每一道工序的提前期都标识于工序编号上方，如工序 A 的提前期是 3 天。整个生产环节共有以下 4 条路线。

路线 1：A、D、F、I、K、L，此路线提前期为 10h。

路线 2：A、D、H、I、K、L，此路线提前期为 12h。

路线 3：B、E、G、J、L，此路线提前期为 10h。

路线 4：C、E、G、J、L，此路线提前期为 11h。

由此可见，不同的路线上生产提前期是不同的，那么就必须确定生产线整体的生产提前期。毫无疑问，此时生产管理人员应该选取几条路线中提前期最长的，即路线 2 的提前期 12h。

在此，路线 2 就是整个生产线的关键路线——要准确计算出这条路线上的标准在制品数量，为整条生产线设定一个较短的生产周期。

3. 标准在制品的控制方法

对标准在制品的控制不应仅仅停留在理论计算上，还要采取实际的行动。在制品生产过多往往由很多原因造成，针对不同原因，生产管理人员可以采取不同的控制方法。下面以两个常见原因为例，来分别加以说明。

3.1 在制品定额管理

关于工序间流动的在制品定额，通常只应用于间断流水线中。它主要是被用来平衡在制品前后工序生产率的差异，使在制品数量在零和最大值之间保持周期性的变化。在制品定额管理中的数额分配，如图 5—4 所示。

经过多次生产，即可总结出各工序间的生产率变化，并依照生产率高低及现场实际情况，进行生产在制品额度的分配。而在日后的生产过程中，也可以根据现状随时做出调整。

3.2 调整产线生产模式

当前，很多企业仍然采用大规模的批量生产模式。在这种生产模式中，各道工序自成体系，在一大批在制品被完成后才将其运往下一工序，这就造成了大量的在制品滞留，如图 5—5 中的图 B 所示。如果将生产线改成流线型（如图 A），就可以大幅度地减少在制品数量。

图A:

中间值

图B:

最小值0

当前工序生产率低于后工序生产率，则前工序必须提前加工积存一定数量的在制品，以便后工序能不停歇地加工，逐渐把积存的在制品加工完。

图C:

最大值

当前工序生产率高于后工序生产率，则一个周期结束，后工序会积压一批待加工的在制品（最大值）。若前工序完成任务后就停工，则后工序能逐渐加工完所积压的在制品。

图 5—4　在制品定额管理中的数额分配

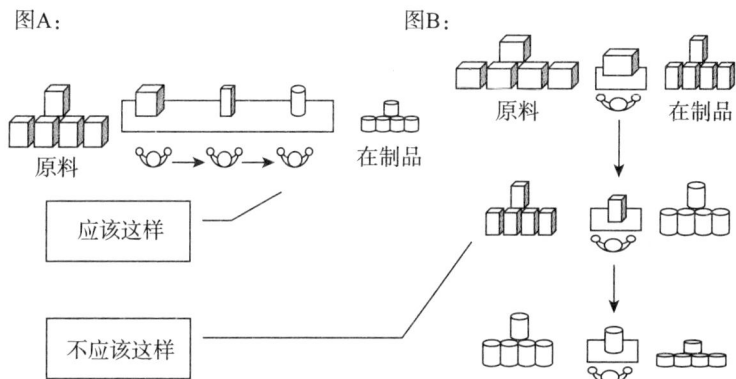

图A:

原料　　　在制品

应该这样

不应该这样

图B:

原料　　　在制品

图 5—5　生产模式中的单件流动与批量作业对比

可见，通过在制品的单件流动以及生产速度同步化，可以更好地实现在制品的零滞留。而通过对在制品的优化管理，亦可以有效地控制产品的流转过程，减少在制品的数量，避免因积压而造成的损失，从而提高企业的经济效益。

第 2 节　库存管理

库存管理是按一定的数量和质量要求，对流程中的物料进行恰当的管理。库存管理应以"零库存"为目标，充分发挥库存的储存、价格调整、整合、配送等功能，达到"既防止货物断流、又尽可能减少库存成本"的终极目标。

库存规则

从现代工业工程的角度看，库存不仅造成资源的浪费，而且造成企业存在多种无效作业和浪费。而现实是企业不得不维持一定的库存来保证生产并应对市场变化。因此，企业需要在保障需求的前提下尽量削减库存，这也是库存控制的目标。

1. 常用库存术语

在库存管理中，有一些常用的概念和技术用语，例如订货点、订货批量等。如表 5—3 所示。

表 5—3　　　　　　　　　　　常用库存术语

序号	术语	含义
1	订货点 S	又称警报点，当库存量下降到订货点的库存量时，必须立即订货。当所订物料尚未到达和入库之前，仓库的存储量应能按原定服务水平满足需要，该订货点的储存量和订货提前期（T）是相对应的。
2	订货批量 Q	根据库存的需要，为补充某种物资的存储量而向供货商一次订货的数量。
3	订货提前期 T	从订购到收货的时间。
4	平均库存量 Q_{avg}	库存保持的平均量，平均库存量（Q_{avg}）＝（期初库存＋期末库存)/2。
5	最高库存量	在提前订货时间 T 可以忽略不计时，到货后所达到的库存量；当存在提前订货时间时，最高库存量是指发出订货请求后，应达到的库存数量。

续前表

序号	术语	含义
6	安全库存量 SS	由于需求量（D）和提前订货时间都可能是随机变量，提前订货时间的 D×T 也是随机变量，其波动幅度可能大大超过其平均值。为了预防和减少这种随机性造成的缺货，必须贮备一部分库存量，即称为安全库存量，只有当出现缺货情况时才动用安全库存量。
7	订货成本 E	订货费被指为补充库存办理一次订货发生的成本费用，包括订货过程中发生的订货手续费、货检费等。
8	采购成本费	被采购物资的需求量与单位物资的单价乘积。
9	保管费	也就是存储费，存储物资在一个单位时间内所需花费的费用。它包括存储物资所占用资金的利息、保险费、存储物资的保养费、搬运费等。从存储费的开支交付可见，一次订货量越大，平均将库存量越大，存储费用就会更高。

2. 库存规则

生产物料的库存管理是在循序库存管理的规则下，使有限的区域内更好地存储生产物料，最大限度地降低成本，从而更好地为生产服务。库存管理的规则如表 5—4 所示。

表 5—4　　　　　　　　　生产物料的库存管理规则

规则	说明
生产物料的出入库管理规则	包括生产物料的领料管理、生产物料的入库管理。
物料房的环境管理和标示说明规则	保证物料房场地的通风、通气、通光、干净，保证物料品质不受影响而变质。
生产物料的登记和盘点规则	对各类生产物料的储存库位、储存区域和分布情况进行日、周、月的登记和盘点，确保每项物料货位区域的分布能够随时间、数量变化做出相应改动。
生产物料的分类编号规则	按生产物料的重要程度、进出仓率、价值大小、资金占用情况进行分类编号，并置放在不同类别的仓区内。

2.1　生产物料的出入库管理规则

生产物料的出库主要指领料现象。

（1）生产物料的领料管理

物料出库的流程如图5—6所示。

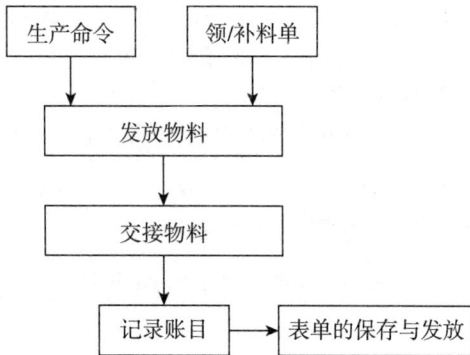

```
┌──────────┐      ┌──────────┐
│  生产命令  │      │ 领/补料单 │
└────┬─────┘      └────┬─────┘
     │                 │
     ▼                 ▼
┌─────────────────────────┐
│        发放物料          │
└────────────┬────────────┘
             │
             ▼
┌─────────────────────────┐
│        交接物料          │
└────────────┬────────────┘
             │
             ▼
┌──────────┐      ┌──────────────┐
│  记录账目  │─────▶│ 表单的保存与发放 │
└──────────┘      └──────────────┘
```

图5—6　领料出库流程

物料员点、装好物料后，及时在物料卡上做好相应的记录，同时检查物料卡的记录是否准确，并在物料卡上签名。仓库管理员按领料单的实际发出数量入账，还要将当天有关的单据分类整理、存档。

（2）生产物料的入库管理

生产物料的入库管理包括不合格物料的退料入库、生产结余入库和采购物料的入库管理流程。

①不合格物料的退料入库管理：

生产物料退库要涉及生产部、品管部、仓储部等多个部门，其流程如图5—7所示。

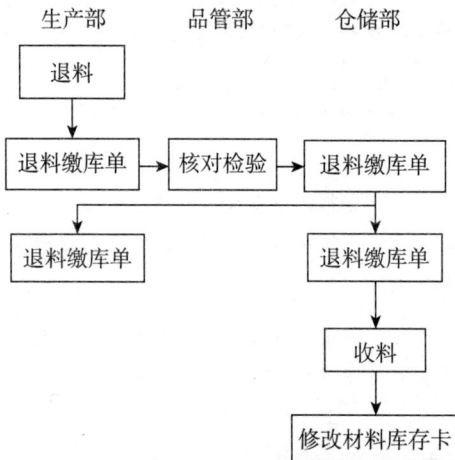

```
  生产部          品管部          仓储部

┌──────┐
│ 退料 │
└──┬───┘
   │
   ▼
┌──────────┐   ┌────────┐   ┌──────────┐
│ 退料缴库单 │──▶│ 核对检验 │──▶│ 退料缴库单 │
└────┬─────┘   └────────┘   └────┬─────┘
     │                          │
     ▼                          ▼
┌──────────┐               ┌──────────┐
│ 退料缴库单 │               │ 退料缴库单 │
└──────────┘               └────┬─────┘
                                │
                                ▼
                            ┌──────┐
                            │ 收料 │
                            └──┬───┘
                               │
                               ▼
                          ┌────────────┐
                          │ 修改材料库存卡 │
                          └────────────┘
```

图5—7　不合格物料退料入库管理流程

生产车间针对领用物料不良，分析原因，填写"退料缴库单"，申报至品管部。

品管部对不良物料进行原因确认，并在"退料缴库单"上签字，转至仓储部。仓储部依据"退料缴库单"接收不良物料并区分放置，及时退回供应商，并修改材料库存卡。

②生产结余退料入库管理流程：

生产结余退料入库管理流程，如表 5—5 所示。

表 5—5　　　　　　　　　生产结余退料入库管理流程

步骤	具体说明
生产部填写退料单	注明日期、退料部门、制造工作单号（领料单号）、机种名称、规格、退料原因、料号、部门、需退量等，经部门主管签核后通知品管部检验。
品管部检验	品管部按照"品质规范"的规定检验物料，并在退料单的"品管检验"栏签注检验结果。经检验为不良品，退回生产部，另填"不良品处理单"，按照"不良品处理作业"办理退料；如为良品，则通知生产部办理入库事宜。
仓储部接收	仓储部接收检验合格的退料品及退料单。核对无误后，在退料单上填写实退量，并将物料存放在适当的储位。退料单一式三联，分送如下：第一联送财务部，入账后按照编号存档；第二联仓储部据以登录材料账或办理补料；第三联送生产部存档备查或据此办理领料。

③采购生产物料的入库管理流程：

采购生产物料的入库管理流程，如图 5—8 所示。

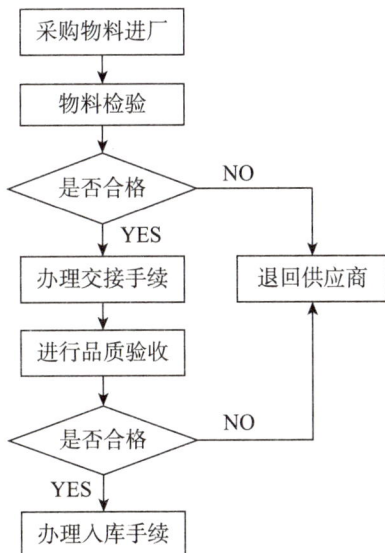

图 5—8　生产物料的入库管理流程

由仓库收料人员与运输人员或运输部进行物料交接。对于品种多、数量大、规格复杂的物料，卸时要分品种、分规格、分货号堆放，以便清点验收。点收物料要依据正式入库凭证，先将大件（整件）数量点收清楚。入库物料经验收和检查后，即可与送料人员办理交接手续，由仓库收货人员在送料单上签收。

物料入库后，品管部对入库物料进行开箱，拆包检验，对符合品质要求的物料办理入库手续，对不符合要求的物料经过采购部退回供应商。

物料验收后，由保管员或验收人员将验收结果填写在物料入库凭证上，以便记账、查料和发料。

2.2　物料房的环境管理和标识说明规则

物料入库后的一项重要管理工作就是维护仓库的存储环境，确保库存物料和产品的准确完好，具体要求如下：

（1）避免使用潮湿地做仓库。

（2）不可超过地面负荷。

（3）保持适当的温、湿度及通讯，仓库内物料以常温常湿（5℃～35℃，相对湿度 45％～85％）环境储存。

（4）良好的照明，保持整齐、清洁。

（5）物料放置要整齐、平稳，依分区及编号顺序排放。

此外，物料房还必须制定明确的标识。具体包括 4 个步骤：

一是，将物料房划分为若干个小物料房，依 A、B、C 顺序由下而上逐层编订，没有时填"○"。

二是，库位编号于适当位置做明显标识。

三是，计划产品应于每一库位设置标识牌，注明品名、规格及单位包装量。

四是，物料管理部依库位配置情况绘制"物料房标识图"悬挂于仓库明显处，如图 5—9 所示。

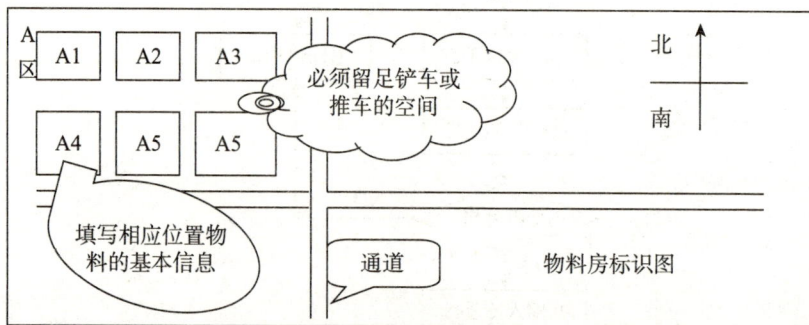

图 5—9　物料房标识图

2.3　生产物料的登记和盘点规则

物料入库后，仓库管理人员需要对各类生产物料的储存库位、储存区域和分布情况进行日、周、月的登记，填写物料卡，如表 5—6 所示。

表 5—6　　　　　　　　　　　　　　　　　物料卡

品名		规格		等级			批号	
入库时间	箱数	总量	出库时间	箱数	总量	调整	备注
合计			合计					

仓库管理人员应每天对进出库的产品进行盘点，真正做到当天事当天毕，切实保障企业资产不流失。

生产盘点是指为确定仓库内或其他场所内生产物料的实际数量，对库存量加以清点。常见的盘点方法包括缺料盘点法、定期盘点法、循环盘点法，如表 5—7 所示。

表 5—7　　　　　　　　　　　常见的 3 种盘点方法

方法	具体说明
缺料盘点法	当某一物料的存量低于一定数量时进行清点，此时做盘点工作，称为缺料盘点法。例如，大物料低于 200 个，小物料低于 500 个时，应及时盘点，核对数量与账目是否相符。
定期盘点法	又称闭库式盘点，即将仓库其他活动停止一定时间（如一天或两天等），对存货实施盘点。一般采用与会计审核相同的时间跨度，如半年一次或一年一次。
循环盘点法	又称开库式盘点，即周而复始地连续盘点库存物料。循环盘点法是保持存货记录准确性的可靠方法。

对生产物料进行盘点，主要经过以下 3 个步骤：

（1）盘点前准备工作

①成立盘点小组，划分盘点区域及责任人以及各项工作的分工。

②确定盘点日期。

③确定盘点程序与方法。

④事先准备各项报表或表格，如盘点卡和盘点清册。

（2）实施初盘作业

①指定时间停止仓库物料的进出，防止一物二盘或漏盘。

②清点物料后填写盘点卡（要做到一物一卡，并填写物料编号、名称、规格、初盘数量、存放区域、盘点时间和盘点人员）。

③盘点卡一式三联，一联贴于物料上，另两联转交复盘人员。

④由专人将盘点卡资料填入盘点清册。

⑤盘点清册一式三联，一联存被盘仓库、另两联交复盘人员。

（3）实施复盘作业

①在初盘人员的陪同下进行复盘。

②确定全部复盘或抽盘（抽盘比例不低于30％）。

③在盘点清册上任意抽取若干项目，逐一至现场核对，或在现场任意指定一种物料，与盘点卡及盘点清册进行比对，确定盘点清册、盘点卡以及实物三者是否一致。

④复盘人员在盘点卡与盘点清册上签字确认。

⑤将两联盘点卡及两联盘点清册一并上交财务部。

2.4 生产物料的分类编号规则

品种繁多的物料进行存放时，仓库管理员需要按重要程度、进出仓率、价值大小、资金占用情况进行分类编号，并置放在不同类别的仓区。物料的编号设计力求有系列，易懂、易记，并容易增加内容。物料的号码大致构成如图5—10所示。

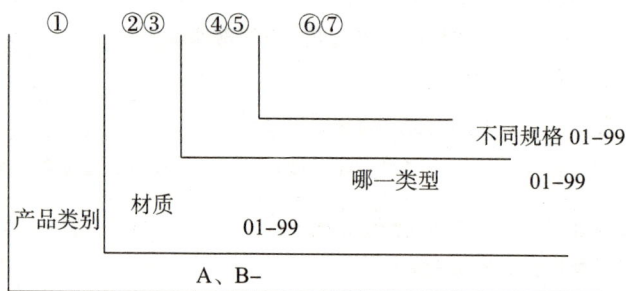

图5—10 生产物料的编码

上面的编码由1个英文字及6个数字构成。

（1）①英文字符代表企业的产品分类（A、B、C、D……）。

（2）第②③数字代表材料的材质01～99，如01～10钢质，11～20铜质，21～30铝质。

（3）第④⑤数字代表不同类别的材料，如01为PE塑料，02为PVC塑料，

03 为 ABS 塑料等。

（4）第⑥⑦数字为不同规格的序号 01～99，每个构成的分类应给予对照表。

库存订货模型

1915 年，美国的 F·W·哈里斯发表关于经济订货批量的模型，开创了现代库存理论的研究。他指出，库存管理是按一定的数量和质量要求，对物资进行恰当的管理。随着管理工作的科学化，库存管理的理论又有了很大的发展，并形成了许多种库存模型。库存订货模型能够避免物料积压，减少了不必要的库存浪费，保证库存合理，确保流程运作的顺畅性。

1. 库存不合理的危害

库存量的不合理会导致很多问题的发生，库存过大或过小都将会造成不同的后果。

（1）库存过大产生的问题

①库存过大使得仓库面积变大，管理费用增高，影响产品的成本。

②过大的库存占用了大量的资金，使得资金的流动受阻。

③过大的库存造成产品在储存中的损耗。

④库存过大使得企业的资源闲置，影响生产效率。

（2）库存太小引起的问题

库存量的削减是一个不断改善的过程。如果人为地不顾企业实际情况而强制性地削减库存，只会对生产造成负面影响。

①库存过小会造成原材料等物资供应不足，影响生产。

②过小的库存将增加订货次数，使得订货成本偏高。

③库存过小会影响生产的均衡性和连续性。

④过小的库存可能会造成产品质量的下降，影响产品的销售。

2. 安全库存的计算

为了避免不合理的库存给企业带来的危害，企业可以设置一定的安全库存，在安全库存的实际计算中，需要借助于统计学知识，对客户需求量和提前期的变化作一些基本的假设，从而在客户需求发生变化、提前期发生变化以及两者同时发生变化的情况下，分别求出各自的安全库存量。

假设客户的需求服从正态分布，通过设定的显著性水平，来估算需求的最大值，从而确定合理的库存。统计学上的显著性水平一般取为 $\alpha = 0.05$，由显著性水平＝1－服务水平，可知服务水平为 0.95，缺货率为 0.05。安全库存的统计学计算原理，如图 5—11 所示。

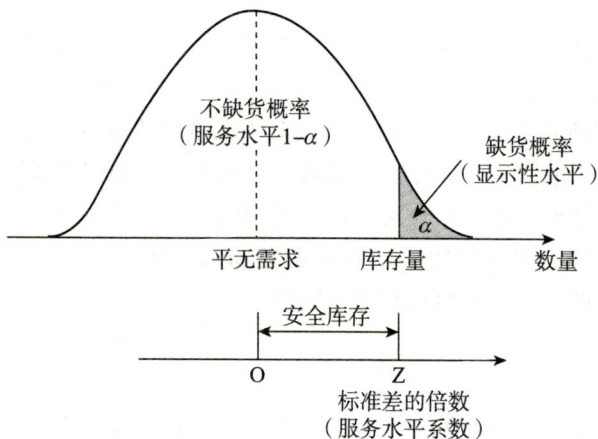

图 5—11　安全库存的统计学计算原理图

从图 5—11 可以看出，库存量＝平均需求＋安全库存。安全库存量 SS 可以用下式表示。

$$SS = Z_a \sigma \sqrt{LT + T}$$

其中，LT 为提前期，T 为订货周期，Z_a 表示在显著性水平为 α、服务水平为 $1-\alpha$ 的情况下所对应的服务水平系数，它由统计学中的标准正态分布的原理计算得来。它们之间的关系一般可以通过正态分布表查得如表 5—8 所示。

表 5—8　　　　　　　　　Z_a 与 α 之间的关系表（部分）

服务水平	0	0.103	0.504	0.683	0.800	0.901	0.950	0.955	0.990	0.997
Z_α	0	0.13	0.88	1.00	1.29	1.65	1.96	2.00	2.56	3.00

由表 5—8 以及 SS 的计算公式可以看出，服务水平 $1-\alpha$ 越大，Z_a 就越大，SS 就越大。

3. 库存订货模型

企业在考虑安全库存的前提下，可根据各种库存订货模型的特点，结合自身实际情况，选择订货模型。

3.1　定期订货模型

定期订货模型是按某一固定周期（如每周一次或每月一次）对库存进行盘

点，来补充库存物料量。首先，计算出最高库存水平 Q_{max}，通常根据订货周期（T）、订货提前期（L）、平均日需求量（r）来计算，计算公式如下：

$$Q_{max} = (T + L) \times r$$

然后，确定订货周期。订货周期一般要根据经验确定，主要考虑的因素是制订生产计划的周期时间，常取月度或季度作为库存检查周期。最后，确定出最小订货批量。如果盘点后的现有库存量为 m，则订货量 n 为：

$$n = Q_{max} - m \quad 。$$

定期订货模型示意图如图 5—12 所示。

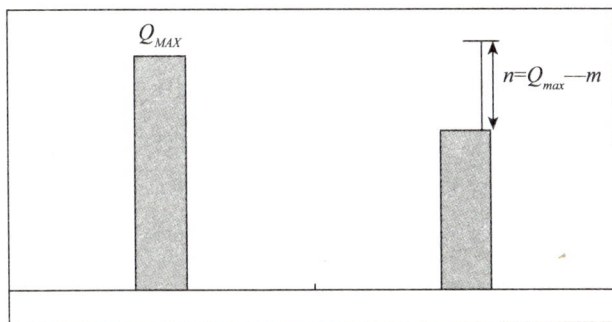

图 5—12　定期订货模型示意图

如果 $n \geqslant Q$，则订购数量为 n；如果 $n < Q$，则在下一次盘点之前不订购。定期订货模型适用于以下情况。

（1）价值高的重要物料。

（2）需要根据市场状况经常调整采购数量的物料。

（3）受交易习惯的影响、需要采用定期订购的物料。

（4）产品定期生产所需、消耗量比较稳定的物料。

3.2　定量订货模型

定量订货是对一种物料事先确定一个订货点和订货的批量，随时地对库存物料的数量进行检测，当物料数量下降到订货点时，就发出订货单。

在定量订货模型中，通常设订货点为 S，订货批量为 Q。这种订货模式存在于一种假设条件下：在整个时间段内，该物资需求量固定不变，提前订货期 T 不变，订货费不变，存储费用以平均库存为计算依据，如图 5—13 所示。

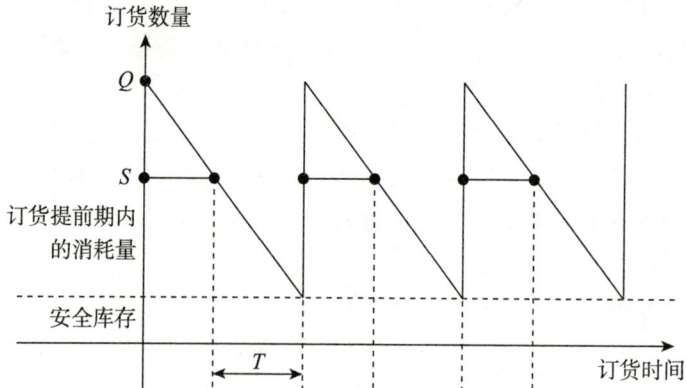

图 5—13　定量订货模型示意图

　　订货批量是一次订购物料的数量，其高低直接决定了物料对生产的满足程度。决定物料订购批量的因素有两个：一是需求速度，物料的需求速度高，一次的订货量就要多一些；二是经营费用，企业经营费用低，占用的资金就少，可以进行大批量的进货，反之，企业经营费用高，订货批量就会少一些。

　　计算经济批量时可使用威尔逊公式，如下所示：

$$Q = \sqrt{\frac{2DE}{H}}$$

　　式中 D 为需求量（每年）；Q 为订货批量；E 为订货费或生产准备成本；H 为单位物料的年平均库存费用。

　　订货点是控制库存水平的关键因素，订货点不能定得太高，太高库存量过大，占用的资金就大、库存成本就高。相应地，订货点也不能定得太低，太低就会导致缺货损失，使服务质量下降。订货点可以用需求率和订货提前期来计算，公式如下。

$$S = R \times T$$

　　式中 R 为物料需求率，T 为订货提前期。

　　定量库存订货模型适用于以下几种情况：

　　（1）物料单价低，不便于少量订货的物料，例如螺丝钉。

　　（2）需求预测比较困难的物料。

　　（3）种类多、仓库管理实物量大的物料。

3.3　ABC 分类存量管制法

　　ABC 物料分类存量管制的方法来自"关键的少数和次要的多数"这一普遍的规律。对于企业的仓储管理来讲，所需物料种类多、价格各异、存量不等，而企业的资源却是有限的。因此，在进行物料存量控制时，需要依据物料的重要程度进行分类管理，这样就产生了 ABC 物料分类存量管制的方法。

ABC 分类存量控制可以按照以下步骤进行：

（1）计算各种物料耗用总量以及总金额。把各种库存物料的年均耗用量分别乘以单价，即可得到该物料的消耗总金额。

（2）按照各种物料耗费的数量和金额的大小，分别计算各种物料在总数量和总金额中所占的百分比。

（3）根据一定标准，将物料划分为 ABC 三类。分类的标准可参考表 5—9。

表 5—9　　　　　　　　　　　　　ABC 物料分类方法

物料类别	典型特征	占物料品种数的百分比	占物料金额数的百分比
A 类	少数且价值高	5%～10%	70%～80%
B 类	数目众多而价值低	20%～30%	15%～20%
C 类	处于前两者之间	50%～70%	5%～10%

（4）ABC 分类控制库存量

对于不同等级的物料，进行管理以控制库存量。

①A 类物料是重点管理的对象，需要严格控制，按订单采购。在实际操作中，可以减少订货量，增加订货次数，尽量减少库存。

②B 类物料是次于 A 类的重点管理对象，处理手法应适中，可以采取定量订货的方式。

③C 类物料是一般管理对象，可适量多存储一些。

ABC 分类订货法使用范围最广——几乎囊括了对所有物料的订货管理。但是，由于其分类标准过于单一，主要按库存物品所占资金数量进行分类，没有考虑到采购难易度、采购提前期、供方垄断、生产依赖性等因素，故具有一定的片面性。

对此，企业在具体实施过程中，可以扩展 ABC 分类法，结合采购难易度、采购提前期、供方垄断、生产依赖性等因素，对物料需求情况进行分析，设计更为合理、更为科学的库存订货模式。

各种库存订货模型都是被验证好的库存订货模型，但每种模型也都有其特定的使用范围。库存管理人员必须多加注意，才能使各种订货模型得以有效应用，使企业的库存水平得到有效控制。

零库存

零库存是最理想的库存状态。零库存是指各类存货，包括原材料、半成品和产成品等，在采购、生产、销售等一个或几个经营环节中，不以仓库存储的形式存在，而是处于周转状态。在实际工作中，由于受到不确定供应、不确定需求和生产连续行等诸多因素的制约，企业的库存不可能为零，但通过有效的运作和管理能把库存总量控制到最小，使企业的库存可以最大限度低逼近零库存。

零库存方法产生于日本，在日本企业有着广泛运用。日本丰田公司无可争议地成为了零库存法最大的受益者。美国的企业在 19 世纪 80 年代逐渐了解并认识了零库存方法，并在美国的企业广泛运用，如美国的戴尔公司以直销模式实现产品的零库存。

1. 零库存的实现基础

企业要想实现零库存，必须有一条良好的供应链作基础。因为零库存依托于整个供应链上下游企业的信息化程度，信息化程度越高，实现零库存的可能性就越大。企业如果盲目追求形式上的零库存，只会破坏整个供应链的平衡。具体来说，零库存需要以下基础：

（1）整条供应链的上下游协同配合，仅靠某个企业是绝对不可能的。

（2）供应链上下游企业的信息化水平相当，并且足够高，因为零库存是与精益生产相伴而生的，这样才能顺其自然地实现供应链伙伴间的零库存。

（3）要有强大的物流系统。

2. 零库存的形式

零库存可以加速资金的周转速度，零库存倡导的最小化库存回避了市场变化带来的产品积压风险。企业要把库存总量控制到最小，使库存量最大限度地接近零库存，其实现的形式主要有以下三种，如表 5—10 所示。

表 5—10　　　　　　　　　　　零库存的可能实现形式

形式	内容
即进即售	这是一种比较理想的销售方式，较难实现。即进即售就是当产品入库后，在正常库存周期到来之前将所有的产品都销售出去，并同时收回货款。这种方式如果不是产品出于垄断状态或及其畅销是很难见到的。
即进半售	这是实际销售中最主要的一种方式，较易实现。即进半售就是当产品入库后，可以采用接受定金或分期付款的办法，将产品半卖半送。
超期即送	这是一种不得已的销售方式。超期即送，就是对于超过正常库龄的产品，采取不付款就送给用户使用，即赊销的办法。这种方式一般只适用于长期呆滞的库存产品。

3. 零库存的实现

企业库存管理运用零库存方法，可以合理配置企业内部资源，在降低企业生产经营成本方面效果明显，在市场运行中占有无可比拟的优越地位。企业可以根据自身的实际情况，选择合理的零库存的实现方式。目前比较流行的企业零库存实现形式一般有以下五种：

(1) 委托保管方式

营业仓库是一种专业化、社会化程度比较高的仓库。委托这样的仓库或物流组织储存货物，就是把所有权属于用户的货物存放在专业化程度比较高的仓库中，由后者代理用户保管和发送货物，用户则按照一定的标准向受托方支付服务费。

这种形式的优势在于可以充分借助受托方的专业优势来实现较高水平和较低费用的库存管理，企业可以免去设立仓库的大量事物，同时剪去了仓库和仓库管理费用。

委托保管主要靠库存转移实现，并不能使库存总量降低，一般适用于需要专业保管的物资。

(2) 协作分包方式

协作分包方式主要是制造企业的一种产业结构形式。这种形式可以由若干企业的准时供应，使主企业的供应库存为零，同时主企业的集中销售库存使若干分包劳务及销售企业的销售库存为零。

(3) 适时适量生产方式

适时适量生产方式，即 "在需要的时候，按需要的量生产所需的产品"。看板方式是适时适量生产方式中的一种简单有效的方式。采用看板方式，要求企业各工序之间或企业之间或生产企业与供应者之间采用固定格式的卡片为凭证，由下一环节根据自己的节奏，向上一环节指定供应。

(4) 按订单生产方式

在拉动生产方式下，企业只有在接到客户订单后才开始生产，仓库不再是传统意义上的储存物资的仓库，而是物资流通过程中的一个 "枢纽"，是物流作业中的一个站点。物是按订单信息要求而流动的，因此从根本上消除了呆滞物资，从而也就消灭了 "库存"。

(5) 寄售方式

生产企业要求供应商在自己所需要的位置存储物料。寄售方式是一种新型的存货方式，通过与彼此间的协作来安排物料，提高了整个供应链的供应速度。

第 3 节　全链条协同

全链条协同管理使企业的供应链得到优化和改善，减少供应链上的各种浪费，加快供应链的响应速度，降低生产成本，提高供应链的绩效，使整个供应链处在理想状态。

顾客参与

顾客是供应链的重要组成部分，也是企业利润的源泉，所以企业的活动要以顾客为中心，让顾客参与进去。顾客参与并不是让顾客真正地参与到企业的生产活动中，而是要企业在充分分析顾客需求后，根据顾客需求进行产品的设计和生产。

1. 顾客参与设计

企业的信息流从企业的角度来看，必须深入识别顾客对产品的关注重点，避免闭门造车，防止顾客关心的产品特性不足、顾客不重视的产品特性投入过多的情况发生。以顾客为中心，对确定、识别顾客需要直至判断这些需求是否得到满足的所有环节加以控制，以确保产品能够满足顾客。

1.1　以顾客为中心产品设计的要求

以顾客为导向的产品设计，要同时满足适用性、可信性、经济性、美观性和安全性，才能得到顾客的青睐，如图 5—14 所示。

1.2　以顾客为中心产品设计的活动

与传统的产品设计过程相比，以顾客为导向来设计产品，还要开展以下活动，如图 5—15 所示。

适用性
指产品适合使用的特性，包括使用性能、辅助性能和适应性。
（1）使用性能：指产品做的怎么样。
（2）辅助性能：保障使用性能发挥作用的性能。
（3）适应性：产品在不同的环境下依然保持其使用性能的能力。

经济性
指产品在使用过程中所需投入费用的大小。
（1）如空调：在达到同样的制冷效果下能耗越低给顾客带来的节约就越大。
（2）如洗衣机：在达到同样洗净比的前提下，用水越少则其经济性越好。

可信性
产品的可信性包括可靠性和可维修性。
（1）可靠性：产品在规定的时间内在规定的使用条件下完成规定功能的能力。
（2）可维修性：产品出现故障时维修的便利程度。
如汽车的首次故障里程、平均故障里程间隔、车体结构是否易于维修等。

美观性
指产品的审美特性与顾客期望的符合程度。
（1）当产品的外观、款式、颜色符合顾客的审美要求时，顾客就会被这种产品所吸引，反之，则会排斥。
（2）工业设计就是专门针对产品美观性进行设计。

安全性
指产品在存放和使用过程中对使用者的财产和人身不会构成损害的特性。
这对于家用电器、汽车、工程机械、机床设备、食品、医药等，安全性是一个特别重要的质量指标。

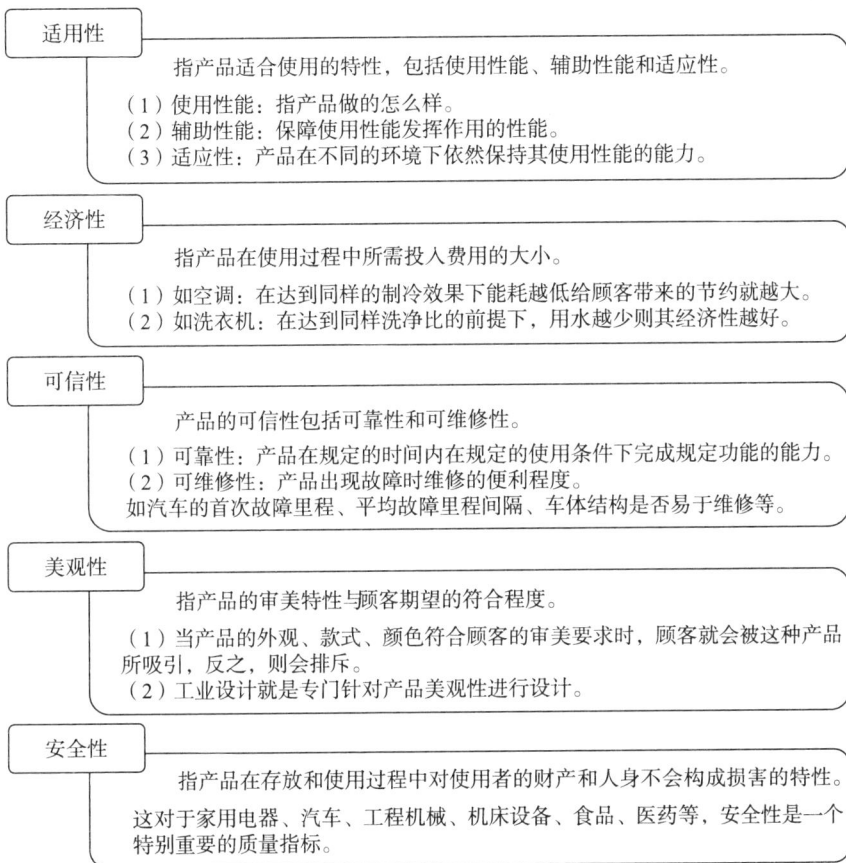

图 5—14   以顾客为导向的产品设计要求

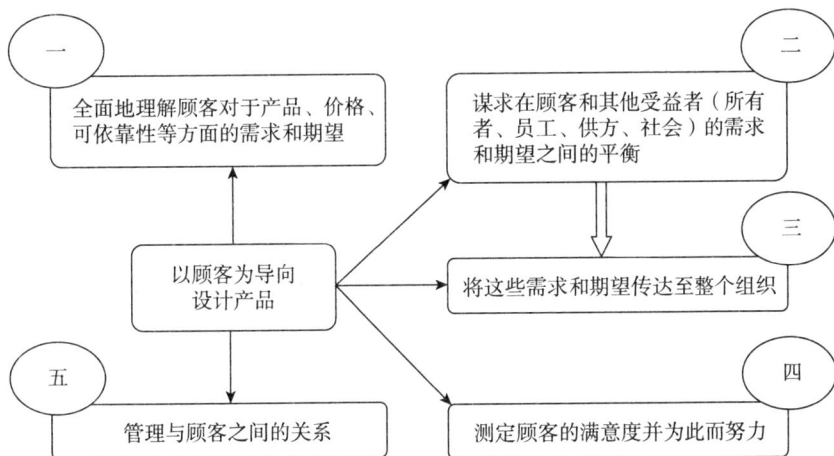

图 5—15   以顾客为导向设计产品所开展的活动

2. 顾客参与生产

让顾客参与生产就是要找到顾客需求切入点，将顾客需求带入到生产中。顾客需求切入点是指在供应链中，产品生产从"基于预测"转向"响应客户需求"的转折点。

在切入顾客需求之前，按推动式生产方式和需求预测来制订计划，进行大规模生产；在切入顾客需求之后，首先将产品的后续分级、加工及包装和配送等过程予以延迟，待切入客户的需求信息并接到订单后，再根据实际订单，将产品按客户的定制要求，进行分级、加工及包装，实现对客户需求的快速、有效响应。顾客需求分析生产决策图如图5—16所示。

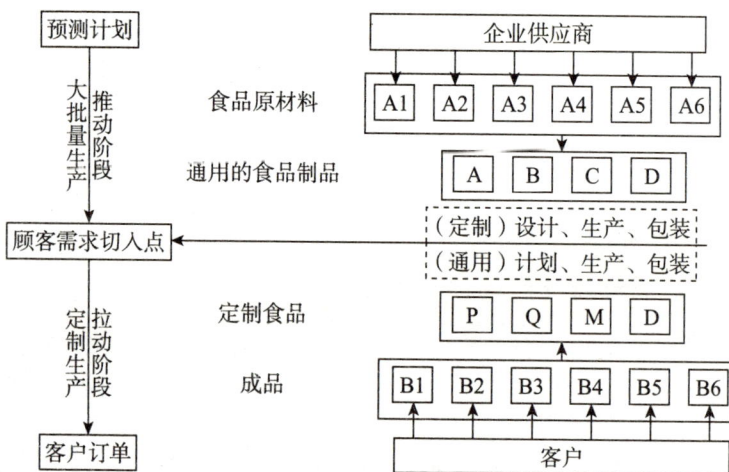

图 5—16　顾客需求切入点分析生产决策图

从图5—16中可以看出，切入顾客需求后所实施的是拉动式。这就要求决策点尽可能靠近任务地点，一旦在决策点和实际工作地之间产生时间延迟，就会导致工作进程停顿。以上是根据A食品公司描述的生产状况所进行的决策点分析。在企业供应链中，顾客需求切入点通常会出现在四个位置：装配与发运之间、加工与装配之间、原材料采购与零件加工、设计与采购之间，这需要流程设计人员更好地去把握。

及时均衡供应

及时均衡供应要求企业能对顾客需求做出快速反应。快速反应是指企业面对多品种、小批量的市场，不是储备了"产品"，而是准备了各种"要素"，在用户提出要求时，能以最快速度抽取"要素"，及时"组装"，提供所需服务或产品。

快速反应能够较少企业的库存，降低企业的生产成本。

1. 及时供应的基础

及时供应是建立在一定的基础上的，企业如果盲目地实行及时供应，不仅不会降低库存，节约成本，还可能使生产混乱，不能按时交货。及时供应的基础如下所示：

（1）改变传统的经营方式、企业经营意识和组织结构

企业不能局限于依靠自己来提高经营效率的传统意识，而是要与供应链上的各方建立良好的合作关系，利用各方资源提高经营效率。

（2）现代信息处理技术

现代信息技术有电子订货系统、数据读取系统等，企业要充分利用现代化技术武装自己，提高竞争力。

（3）与供应链各方建立战略伙伴关系

供应链也是一条利益链，供应链上各方的利益相互交织，只用建立战略伙伴关系，才能一起分析和解决供应链上的各种问题，共同优化和改善供应链，实现共赢。

（4）拉动式生产。

供应方要采取拉动式生产，减少自身的库存，降低库存成本，缩短生产周期。

2. 改善供应速度

建立及时快速的供应是一个循序渐进的过程。在这个过程中，企业可以采取一些必要的改善措施，具体如下：

（1）丰富相关信息，实现信息共享

建立全面的信息共享机制，通过信息管理系统，整合信息价值链，实现对企业的信息化管理，缩短企业运营过程中与内部组织、供应商、顾客之间的时空距离，提高了快速反应的能力，促进企业实现"三零"目标：零库存、零距离、零运营资本。

（2）增强作业培训，提高应变水平

企业针对可能发生的各种突发事件，预先总结出可供采用的多种解决方案，并定期对相关员工进行快速反应的培训，使员工面对各种事件时有充分的准备，易于应变。

（3）完善企业机制，减少无效交接

在部分企业中，一件事需要经过很多次交涉才会有结果，主要原因为各部门分工不清，领导影响力不足，激励机制不到位，员工个人工作不明确等。完善企业的管理机制，减少不必要的交接，不仅提高了交接速度，也减少了交接过程中额外的消耗，为顾客降低了生产成本。

（3）改革部门结构，加强纵向沟通

灵活性的组织结构非常重要，在这样的环境里，管理人员能够及时重新配置流程，快速回应顾客需求。加强各部门的纵向沟通方式，优化部门间的作业交接，使各部门之间以完成同一个项目为目标，互相帮助，共同提高，使整个业务流更加顺畅快速。

（4）上层适度放权，加快决策速度

如果在原则、价值、界限明确的前提下，上层管理者进行分权式管理，增加基层管理者一定程度快速反应、自主决定的权力，使其可通过分析事件严重程度，对大部分事件有自主决策权。这样不仅使上级管理人员从日常事务中解脱出来，专心进行企业战略的规划，还能使很多突发事件得到更加快捷有效的处理，增加基层管理者的管理经验，培养出更多的优秀管理人才。

（5）采用快速换模，灵活生产体系

这是将快速反应付诸实施的途径。一个僵化的、效率低下的生产体系不可能做出敏捷的反应。

供应链整合模式

在供应链的管理过程中，企业要不断地整合供应链，对其进行精益化设计。精益化供应链的核心是减少、消除企业中的浪费，用尽可能少的资源最大限度地满足客户需求。它的出现，成为企业减少浪费、降低成本、缩短操作周期、提供强化的客户价值、增强企业竞争优势的一种十分有效的方法。

1. 供应链结构

企业的供应链一般由产品生产和流通过程中涉及的原材料、供应商、制造商、分销商、零售商以及最终消费者组成。常见的供应链结构如图5—17所示。

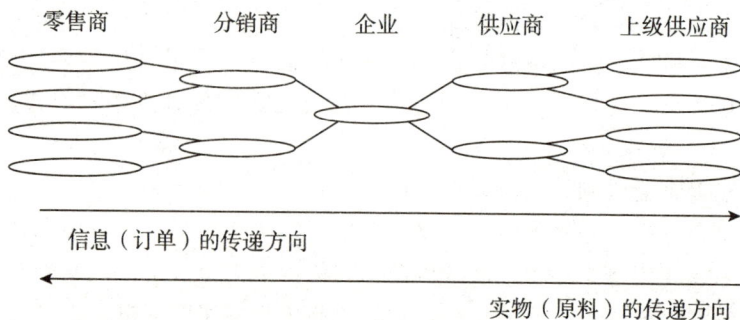

图 5—17　供应链的常见结构

显然，图 5—17 所示的供应链结构存在很多不足，具体有以下几个方面：

（1）企业间关系松散，缺乏统一的信息枢纽和协调机制，另外，企业间缺乏相互依存的合作关系，而是以自身利益为出发点，忽视了自身在供应链中应承担的责任。

（2）信息单向传递，企业间无法做到信息资源共享。信息的单向传递会导致信息在传递过程中出现误差，而且随着信息的逐级传递，误差会越来越大。

（3）缺乏对节点企业和供应链绩效进行管理和评估的有效主体，忽略了节点企业间的战略合作关系，这样做会导致节点企业出现互相推卸责任的现象。

对供应链进行精益化设计就是为了解决常见的供应链结构中存在的问题。精益化供应链要求上下游共同努力，以削减整个流程的成本和减少浪费。只有供应链参与者协调一致，精诚合作，精益化供应链才能建立起来。

2. 精益化供应链运作的方式

供应链的运作方式一般有推动式和牵引式两种类型。推动式供应链的库存量较高，对需求变动的响应能力较差；牵引式供应链可以根据用户的需求实现定制化服务，库存量较低。精益化供应链则采取"拉动为主、推拉结合"的运作方式，如图 5—18 所示。

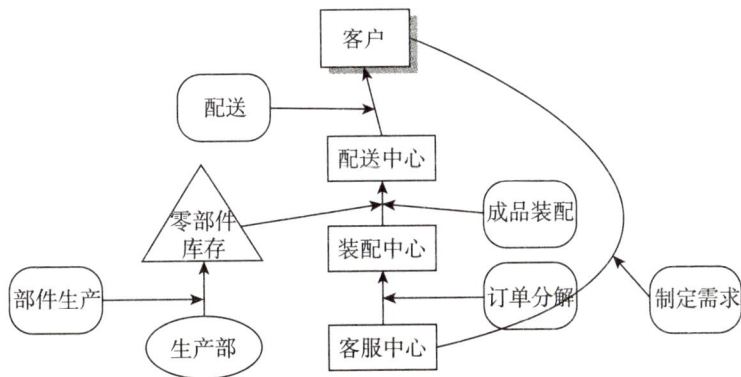

图 5—18 精益化供应链模型

3. 精益化供应链设计的方法

以精益化供应链模型为基础，设计精益化供应链可以采取如表 5—11 所示的方法。

表 5—11　　　　　　　　　　精益化供应链设计的方法

方法	说明
产品和流程模块化	供应链中的最终产品可以分解为可被单独制造和存储的模块，不同产品可以用相同的流程来制造，从而降低库存量。模块化一方面有利于并行工序的实施，一些工序并行处理后可以缩短生产提前期，提高响应速度。另一方面，模块化可以增加产品的可替代性，如当某种低端的芯片缺货时可以用高端的芯片来代替，以维护良好的声誉。
延迟差异化	由于制造提前期和运输时间的存在，企业的生产计划一般应在获得准确的需求信息前排定。延迟方法就是将同类产品中有差异部分的生产尽量推迟，以获得更多关于差异部分的信息。这样，企业便可以降低库存水平而提升服务水平，从而节省存货成本。
注重能力而不是库存	能力可以转化为库存，而库存并不代表能力。按照精益化原则，多余的库存是种浪费，因此应该通过能力来应对需求的不确定性。扩充能力的另一种策略是协调外部资源，为己所用。如可以借助外包策略和信息系统，构造多条供应链，以实现供应链的高效和快速反应。
提高柔性的生产能力	柔性生产是指依靠以计算机数控为主的设备来实现多品种、小批量的生产方式。提高柔性生产能力的目的是增强企业抵御风险的能力。在柔性系统中，每条生产线都能生产若干种不同的产品，具有一定的柔性。假设产品 A 主要由生产线 1 生产，当 A 的需求量很大而生产线 1 的生产能力不足时，则可以借用其他产品需求量不大的生产线进行生产。

供应商协同

在生产中，对于普通常用、量大、易保存的材料，企业可以预先进行采购。但有时也会遇到一些保存费大、时效性小的原料，此时就需要一种可行的原料供给方式——供应商管理库存。供应商管理库存是指供应商等上游企业基于下游客户的库存信息和生产经营，对下游客户的库存进行管理与控制。

1. 供应商管理库存的原则

企业实施供应商管理库存能够省去多余的订货部门，使人工任务自动化，更快响应用户需求，提高服务水平。在供应商管理库存的过程中也会涉及利润的分享、义务与责任的承担等问题。对此，供应商和企业应该遵守一定的原则，避免日后产生矛盾和分歧。具体原则，如下所示：

（1）实施供应商管理库存所产生的供应链利润上升，应由双方共同分享。

（2）在供应商管理库存的过程中，应规定一系列的条款来规范双方企业的行为。

（3）供应商管理库存额外投资的成本应由企业和供应商按比例共同承担。

（4）供应商和企业通过协议，确定实施供应商管理库存过程中前置时间，订单处理时间，补货点以及最低到货率等问题。

2. 供应商管理库存的基础准备

供应商管理买方库存是一种在供应链环境下的物料供给模式，以拉动式方式供应生产物料。这就要求它的前期准备工作必须十分充分。

2.1　分析供应商管理库存的目标

根据供应商管理物料库存的经济效益和便捷性，双方企业要有共同的目标，如表 5—12 所示。

表 5—12　　　　　　　　　供应商管理库存模式的双方目标

序号	目标
1	降低供应链上产品库存，抑制长鞭效应。
2	保证企业的核心竞争力。
3	降低买方企业和供应商的成本，提升双方的利润。
4	提高双方合作程度和忠诚度。

当供应商与买方企业确认了共同的目标后，便可以达成一定协议，继而建立起信任的基础。

2.2　资源准备

要想双方能够及时地针对各生产环节的物料供应信息进行沟通，这需要借助一定的支持系统，如表 5—13 所示。

表 5—13　　　　　　　　　供应商管理库存系统实施的资源准备

序号	资源	作用
1	EDI（电子数据交换技术）系统	通过电子数据交换，降低成本，通用汽车通过实施 EDI，每年大概可节约 12.5 亿美元的成本。
2	POS（销售时点信息系统）系统	提高了资金周转率，避免了缺货现象，使库存水平趋于合理化。
3	条形码技术	提供了一套可靠的代码标实体系统，还为供应链各节点提供了通用语言，解决了数据录入和数据采集经常出现的"瓶颈"问题，为供应商管理库存的实施提供了有力支持。

此外，还需建立起物流配套支持系统，以确保产品运输配送的顺利进行。

3. 供应商管理库存的步骤

供应商管理库存不是简单地将原材料放到供应商的仓库中就可以了。它不仅需要一定的基础，还需要一定的步骤。供应商管理库存的具体做法如下：

（1）建立信息共享系统

供应链上的各级供应商、生产商、经销商和最终购买者，在各级阶段或方案实施中，都要实现彼此信息的共享。信息共享的内容、方式以及信息更新频率等，都要通过供应链上个体的共同协商。信息共享表如表5—14所示。

表5—14   信息共享表

信息类别	其中所含的信息	效益	更新主导者及频率
供应商	产品线、产品前置时间、货物类型	缩短订单循环时间，降低订单处理人力以及成本，提高作业品质。	卖方 持续稳定
产品	产品价格、成本、规格、销售记录		卖方 及时、持续动态
库存	库存水平、库存运送成本、仓库地点	降低库存水平和整体成本、提高产供销的协调。	卖方、买方 及时、持续动态
生产流程	产能、生产规划		卖方、动态更新
运输	物流商、前置时间、成本		卖方、及时
供应链协作者	组织间的接触、个体角色和责任、会议日程		买卖双方 及时、持续动态
竞争者	标杆企业、竞争性的产品供给、市场占有率		买方 动态
客户	客户预测、历史销售记录、管理组织	快速回应、降低需求的不确定性以及缩短产品上市时间。	买方 动态
销售和营销	促销计划		买方 动态
供应链流程和绩效	流程描述、绩效考核、成本、质量、客户满意度		卖方 稳定

（2）建立销售网络管理系统

供应商要管理库存，则必须建立完善的销售网络管理系统，以保证产品需求信息准确和物流通畅。

（3）建立供应商与经销商合作的框架协议

供应商和分销商应通过协商，确定处理订单的业务流程、控制库存的有关参数、库存信息的传递方式等。

（4）变革组织机构

供应管理库存系统要求在订货部门设置一个新的职能以进行用户库存的控制、库存的补给和服务等。

在供应商管理库存模式下，供应商能及时知道生产企业在什么时候需要什么物料、需要多少、送到哪里等，继而在生产流程中及时供货，以防造成停工待料的浪费或生产期延误等负面影响。供应商管理库存还可以采用协同式。

协同式供应链库存管理

协同式供应链库存管理（简称 CPFR）是指利用互联网通过零售企业与生产企业的合作，共同进行产品预测，并在此基础上实行连续补货的系统。在这种系统下，不仅供应链上的合作客户需要进行同步的预测和补货，同时原属于各公司内部的计划工作（如生产计划、库存计划、配送计划、销售规划等）也要由供应链上的公司联合完成。也就是说，在某个产品从生产、运送、贸易、终端销售等流程中，所有客户都需要通过需求预测，来实现流程合作的完全无阻隔。

1. 协同预测的内容

协同式供应链库存管理的主要工作之一就是进行相关预测。在预测阶段中，需要所有合作伙伴共同建立起一个对客户或消费者需求的预测系统，它驱动着整个价值链计划和业务活动。预测阶段的具体内容如下（如图 5—19 所示）：

（1）建立销售预测

利用客户资料进行销售预测，这个预测要支持共同营运计划，防止因产品、时间、产业、合作者的不同而产生差异。

（2）识别销售预测的异常状况

找出那些流程运作中的噪音，以及无法套用在基本模型上的异常因素或状况。

（3）共同解决异常事务

涉及解决预测模型的异常因素时，要检查共享的资料信息，使用 E-mail、电话等方式来协调解决异常问题，并将解决后的结果反馈到销售预测方案上。

（4）进行订单预测

依据市场预测、客户反映和库存管理信息等，对未来某产品的订单进行预测。

（5）识别订单预测的异常情况

找出订单预测的异常状况、预测异常因素及其类别。

（6）共同解决异常项目

调查订单异常原因，通过各种协同手段，来分享资料信息，并修正订单预测的结果。

2. 协同式供应链库存管理的步骤

协同式供应链库存管理的实施过程可以分为三个阶段，分别是：计划阶段、预测阶段和补货阶段。协同式供应链库存管理共有 9 个运行步骤，如图 5—19 所示。

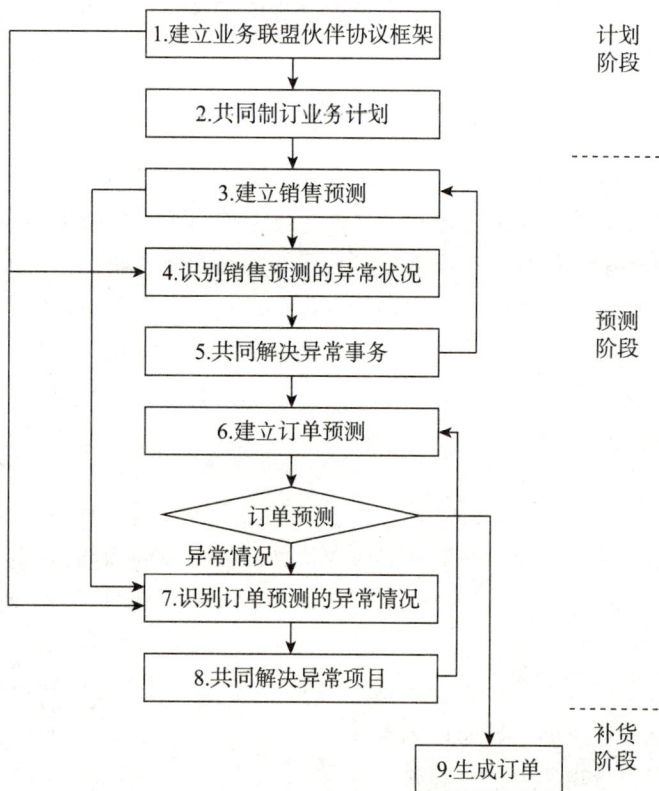

图 5—19　协同式供应链库存管理的 9 个步骤

当各环节通过协同预测达成共识，便实现了供应链上的契合衔接，达到了减少库存和节省流动资金占用量的目的。

第**6**章

持续改善

　　精益化管理最核心的思想是精益思维，也就是一种持续改善、精益求精的思考力。无论人们掌握了或已经实施了哪些技术，都仅仅是一门技术而已，它们在实施后也不可能一成不变，所以，在精益化管理过程中，更为关键的是如何获得一种主动思考和改善能力。

　　　　　　　　　华旗集团的持续改善

21 世纪初，MP3 播放器上市，在短短两三年内就取代了随身听和磁带，成为消费者听音乐的首选产品。后来，数码专家对 MP3 的功能从处理音频扩大到处理视频，于是 MP4 横空出世。但是 MP4 无法处理当时已很流行的 RM 和 RMVB 格式文件。这一潜在市场被华旗集团发现。

2007 年年初，华旗集团推出具有复合型功能、能完美支持 RM、RMVB、AVI 等多种视频格式的数码播放器——爱国者 P881，这是市场上第一次出现 MP5 的概念。

P881 不仅兼容了 MP3、MP4 的基本功能，其音乐播放效果足以和索尼等世界巨头研发的 MP3 相媲美，还能用来阅读 TXT 格式电子书。而且，P881 的内存从 40GB 到 160GB，还可以当作移动硬盘使用，而当时的 MP3、MP4 内存容量也大都只有 1GB～2GB，个别达到 4GB。所以爱国者 P881 一上市，如此大容量、多功能的产品就引起了市场的巨大反响。

但是，华旗并没有满足于此。因为，虽然 P881 拥有一系列功能，价格也相对公道，但是仍然达到了每台 2 500 元～3 500 元，而喜欢用影音播放器看视频的人大都较为年轻，向往时尚，而年轻人的经济实力又大都不足，故其消费群体有很大的局限性，这就限制了 P881 的市场。所以，华旗集团决定开发既时尚又便宜的 MP5 产品，以捕获年轻消费者群体。

2007 年 9 月，华旗集团推出了"月光宝盒"系列 MP5，外观更加时尚小巧，操作简单，但是去掉了移动硬盘的功能，把内存限定在 2GB～4GB，价格只有 1 000 元左右。这一款 MP5 深受年轻人的喜爱，在很长一段时间里，"月光宝盒"都是 MP5 的代名词。

一系列的改善和推陈出新奠定了爱国者 MP5 在市场上的霸主地位，虽然纽曼等数码企业也先后推出了支持 RM 和 RMVB 的影音播放器，但至今也没有在业绩上超越爱国者。爱国者 MP5 之所以能够赢得市场，就是因为华旗集团能够不断改善。

持续改善是指逐渐、连续地增加改善，涉及生产中的每一个人、每一环节，由日本持续改善之父今井正明在《改善——日本企业成功的关键》一书中提出来的。当持续改善被作为企业运营管理层面的一部分加以应用并时刻进行时，企业的精益化水平便会实现真正的提升。

第1节 人员教育

人员是生产的主体。人员的素质能力水平，会直接关系到产品的效果和产出的效益。因此，管理者应采取有效的工具和方法，有针对性地对各类人员实施培训，使人员处在不断改善的过程中。

全员改善意识

培养员工持续改善意识是员工教育能否成功的关键，也是推行精益化的内在要求。它将意味着每一个人连续不断地改进——从最高的管理部门、管理人员直到基层作业人员。这就要求在企业内部建立起一种改善的氛围和文化。

1. 全员持续改善的原则

全员改善的运作要求管理层形成文件性的规章制度，管理者也要监督员工的执行情况，在实施全员持续改善时应遵循以下几个原则：

（1）从小事做起

荀子曰：不积跬步，无以至千里；不积小流，无以成江海。想要使整个生产系统取得良好的改善效果，首先就要引导全体员工从小事做起，积累改善经验，并养成良好的改善习惯，逐步达到改善效果。员工从小改善做起相对改革而言更容易上手而且容易取得成效，这就会提升员工发现问题的积极性，并有助于持续改善。在实际操作中，可以首先推行实施难度较小、普及面大的活动。

（2）普及改善

精益企业每年有成百上千项改善需要处理，这其中包括大大小小各类改善，有的人就会怀疑这么多改善真能起到作用么？其实，这正是精益生产全员持续改善所要求员工做的。全员持续改善要求每一个岗位上的每一位员工都要从日常工作中发现问题，而不能计较事项的大小。通过对这些大小事项的综合分析，就会得出哪些改善是有价值的，是应该立即着手执行的；哪些改善是可以过一段时间执行的；哪些改善的意义不是很大。改善的分类十分重要，分类表如表6—1所示。

表 6—1　　　　　　　　　　　　改善分类表

部门：　　　　　　工序：　　　　　　浪费发现者：　　　　　时间：

改善事项编号及名称	改善意义	可行性分析	改善期限	备注

为了使全体员工都能够积极参与到改善活动中来，可以在各部门建立改善小组，定期处理改善提案，帮助员工解决现存问题，形成良好的改善氛围和企业文化。

（3）注重落实

全员持续改善不是一句空话，最终是要落实到实际操作当中去。企业要督促员工在发现问题之后立刻记录，然后选择合适的时机实施改善方案。只有将改善落实到实际工作中去，才能对比发现改善的价值所在，发现改善是否为企业带来了真真切切的改变。对于一线员工来说，最普遍的改善就是工作方法的改进，而落实先进的工作方法会大大减轻员工的疲劳，提升工作效率。这是关系到员工切身利益的改善，所以能将改善很好地予以落实，对于持续改善无疑将起到巨大的推动作。

（4）坚持不懈

在改善取得一定的成效之后，员工通常会有这样的想法：改善之后确实比原来好多了，这应该就是最好的方法了吧。这样的误解通常会阻碍持续改善的顺利进行。即使此方法目前是最好的，也不代表其一直就是最好的，随着市场需求等因素的变化，整个生产系统必定会出现不适合新环境的因素。要时刻保持一颗改善的心，不要试图寻找不去改善的借口。

2. 全员改善的步骤

全员改善活动能够找到更好、更经济的工作方法。在活动推行初期，员工的热情很高，随着活动的开展，员工的热情逐渐下降。为了保障活动的效果和员工的热情，企业推行活动时要按照步骤，一步一步进行。

（1）初期奖励为主

在全员改善活动的开始阶段，组织者接收到的改善方案质量和水平可能参差不齐，这个时候要对提供方案者进行奖励，以鼓励员工递交方案的积极性。奖励的形式可以多样化，比如物质上的奖励。这样就让员工明白了企业的改善决心，为日后的改善起到推动作用。

（2）中期量化

全员改善活动是一项需要长期贯彻的活动，随着方案数量和质量的不断提升，员工的改善点也越来越难发掘，此时员工的积极性就会降低。为了进一步鼓励改善活动的进行，企业有必要将改善和工作业绩挂钩以量化改善，比如对于改善活动执行较好的员工实施奖金加成。员工为了自己的利益就会全力进行改善活动。

（3）进行记录

企业的每一个改善都要按照部门和类别进行分类和记录。因为改善可能会出现雷同的情况，做好记录以后就可以避免此类情况的发生。

（4）标准化

在改善活动开展一定时期后，可以将积累的经验进行总结，并形成标准的流程，用以指导日后的改善。

（5）组织发表

企业管理层要将优秀的改善方案进行公布，并将改善的动机、思路、方法进行分享，一方面可以提高员工的改善能力，另一方面也可以提升改善热情。

差异化培训

在进行培训之前，培训人员需要运用员工技能矩阵，对员工进行初步了解，以便开展差异化培训。员工技能矩阵是运用矩阵图进行决策与分析的一种方法。它能够展示出员工当前所掌握的技能，便于管理者安排工作任务；同时又能显示出员工个人的培训需求，从而使管理者给予员工及时的、相应的技能培训。

差异化培训是指培训人员在对员工进行集中学习培训时，对成员的学习动机、学习的态度和方向进行培训层次分类，为不同能力水平和需求的人员设计不同的培训项目。差异化培训因材施教，避免培训与工作脱节，确保培训的针对性，节约培训费用。

1. 差异化培训的内容

在员工培训过程中，管理者应以员工为中心，在岗位分析的基础上，确定各岗位的素质胜任力标准，然后对从事不同工作岗位的员工的差异性能力进行评估，从而得出各员工的培训内容。差异化培训所包括的内容，如表6—2所示。

表 6—2　　　　　　　　　　　　　　　　差异化培训内容

分类	内容
流程管理人员	培养企业流程管理人员的重点在于提高其素质和能力，以及经验方面的不足，可以留待以后在具体的实践中锻炼。
一般生产人员	提高生产管理者的能力。他们是生产管理方面组织者，工作经验丰富，能够出色地完成领导交予的任务。
技术骨干	培养技术骨干，使之成为技术专家。
新人	培养新人是最重要的工作。在这项培训中，需要了解新人的个体特性，让他们尽快地掌握目前作业的基本状况和操作规范。

2. 差异化培训原则

差异化培训不仅讲求一定的方法，还要遵循一定原则，如表 6—3 所示。

表 6—3　　　　　　　　　　　　　　　　分层次培训的原则

序号	原则	释义
1	战略导向原则	以企业战略为导向，着眼于核心需求，重点培训一批经营、管理和技术骨干，特别是中高层管理人员。
2	突出技能的原则	改变以知识教育为主的培训模式，加大业务技能和组织能力的培训，持续提升企业软实力。
3	创新发展的原则	结合公司发展的前瞻性要求，更新培训理念，创新培训内容，革新培训方式，推动教育培训工作的制度创新和管理创新。
4	提高效用的原则	树立科学的人力资本投资观，精选培训项目，严格选送培训对象，强化培训过程管理，重视效果评估，并实施有效的培训激励。

3. 差异化培训体系

在开展培训之前，根据差异化培训原则，培训人员要先建立起培训体系。差异化培训体系主要包括管理体系、课程体系和保障体系 3 个部分：

（1）管理体系

管理体系包括需求分析、培训计划制订、培训实施、效果评估、管理制度制定、考核奖惩和职责分工等 7 个方面。

（2）课程体系

课程体系按岗位类型，可以分为公司高层培训、中层员工培训、一般员工培训和职前培训等培训课程；按专业类型，主要分为人力资源管理、经营管理、生产管理、财务管理等课程。企业应根据对不同层次人员的要求、受训对象层次特点和员工职业生涯发展需要，来设计相应的培训课程。

（3）保障体系

为保证培训工作的顺利进行，应成立教育培训工作小组，编制岗位培训规范，并保障培训资源的安全性和稳定性。

4. 差异化培训的步骤

通过实施差异化、有针对性的等级培训，可以有效增强培训效果。差异化培训的实施，可分为以下几个步骤：

（1）做好培训需求调研

要想提高培训的针对性，了解生产单位的人员需求是关键。

（2）明确培训目标

按照公司对相关人员的培训要求，来制定培训目标。

（3）确定各层人员培训的目标

针对各层人员的独特培训目标，来制定培训方案。

（4）制定差异化培训方案

按照不同层次等级，并结合需求调研结果，制定差异化的培训方案。

非常规培训

在企业的日常工作中，除去例行工作、技术性工作和技巧性工作等工作类型，还有一种工作类型就是非常规工作。通常情况下，负责从发展产品概念到推出产品的各领域的工程师，执行的就是非常规工作；负责开发新客户使用界面的软件团队管理者，也要担任这类工作。

这些员工在各种不同的工作项目之间移动，面临的每一种状况都具有各自的独特性。因此，需要随机自发地思考推理，作出适当的调整，考虑复杂的数据，以作出准确的决策。针对这些员工进行的培训就是非常规培训。

1. 非常规培养的组织结构

对于这类非常规工作的人才培养，适于采用有机式组织架构来管理。常见的机械式组织结构是利用书面规则与程序，采取自上而下的方式发号施令，但是有机式组织架构则更人性化——具有柔性和强调学习。在这种架构下，员工有发展与自我表达的自由度。

有机式组织是一种比较松散、灵活的具有高度适应性的形式，不具有标准化的工作和规则，能根据需要迅速地作出调整。它具有以下特点：

（1）低集权化。有机式组织保持低度的集权化，使员工能对问题做出迅速的反应，有利于员工发挥创新精神。

（2）非标准化。有机式组织下的员工的工作并不是标准化的。员工大多具有熟练的技巧，能处理多种多样的问题。他们所受的教育使他们把职业行为的标准作为习惯，所以不需要多少正式的制度和直接监管。

2. 非常规人才培训方法

非常规工作不具有重复性，工作内容变化程度很高。所以，培训机构通常会向执行非常规工作的员工教授多年积累的基本技巧。

以丰田为例，丰田内部对这类专业人员有严格的培训课程。从第一年到接下来的 2～5 年，以及随着工程师逐渐晋升至更高层次职位而执行越来越少的日常工作的发展过程中，都分别设有明确定义的培训课程。当然，在必须学习的知识技能中，有一大部分是通过较为谨慎的在职指导方式而获得的。由于一些工程师的跳槽率较高，丰田专门建立了专业知识库，以便于将更多工程技巧转化为文件形式，加以记载说明，同时也提升了企业内部的工程能力。

第 2 节　问题发现与管理

改善的实质就是一个不断发现问题和解决问题的过程。一旦发现问题，就要及时处理，并做好记录工作，同时也要根治故障，预防类似问题。这才是真正的精益化改善。

5W1H

5W1H 是一种思考方法，也是一种发现问题的技巧。由于 6 个提问单词"What（何事）"、"Why（何因）"、"Where（何地）"、"When（何时）"、"Who（何人）"、"How（何法）"的首字母为 5 个 W 和 1 个 H，所以称之为5W1H。5W 是由美国政治学家拉斯维尔于 1932 年最早提出的现场改善方法，后经过人们的不断运用和总结，逐步形成了一套成熟的 5W＋1H 模式。5W1H 分析法能够挖掘问题发生的根源，同时还可以探究出有效的解决对策。

1. 5W1H 的提问模式

为了发现问题，分析人员要对选定的工序、操作从原因（何时）、对象（何事）、地点（何地）、时间（何时）、人员（何人）、方法（何法）等六个方面进行提问，反复思考，以发现问题。针对生产浪费问题，其提问方法和解决思路如表6—4所示。

表 6—4　　　　　　　　　　　5W1H 提问模式和解决思路

问题	实质	提问模式	解决思路
What	对象	现场的情况是什么样的？	是否存在浪费，是什么样的浪费？
Why	原因	为什么会存在这样的浪费？	发掘浪费问题产生的原因。
Where	地点	在什么地方出现了浪费现象？	这个地方为什么出现了浪费现象？
When	时间	什么时候发生了浪费？	为什么是这个时候，其他时候呢？
Who	人员	问题出在谁的身上？	合理调整人事安排。
How	方法	怎样避免浪费？	选用更合理的作业流程。

在实际操作中，六问需要反复运用才能起到良好的效果，针对现存问题要以精益求精的态度予以追查，直至找到问题的根源。表6—5为反复提问的示例。

表 6—5　　　　　　　　　　　反复提问示例表

问题	第一次提问	第二次提问	第三次提问
Why	原因是什么？	为什么是这个原因？	有无其他原因？
Where	何地？	为什么是此地？	其他地方呢？
When	何时？	为什么是此时？	其他时间呢？
Who	何人？	为何是此人？	有无其他人？
What	何事？	为何是此事？	可能有其他事吗？
How	如何？	为何？	有无更适合的？

在识别现场浪费现象时，只有以这样追根问底的思路去处理问题，才能发掘导致问题发生的根本原因，以便彻底解决问题。5W1H法会使思考的内容逐步深化、科学化。表6—6为5W1H使用示例。

表 6—6 　　　　　　　　　　　　　　　　5W1H 使用示例

现象	提问	原因	对策
企业地板上有漏出的油。	为什么企业地板上有漏出的油？	因为机器漏油。	清除地板上的漏油。
机器漏油。	为什么机器漏油？	因为机器衬垫磨损。	修理机器。
机器衬垫磨损。	为什么机器衬垫磨损？	因为机器的衬垫不佳。	更换机器衬垫。
机器的衬垫不佳。	为什么机器的衬垫不佳？	因为这些机器衬垫比较便宜。	更换机器衬垫规格。
机器衬垫比较便宜。	为什么这些机器衬垫比较便宜？	因为企业以节省短期成本作为对采购部门绩效评估标准。	改变采购政策。
企业以节省短期成本作为对采购部门绩效评估标准。	如何改变这种不当的绩效评估标准？	因为低采购价可以降低生产成本。	改变企业对采购部门的绩效评估与报酬奖励制度。

为了 5W1H 法的有效应用，需要对发现的问题进行跟踪调查，以确保问题的解决，并做好记录工作。

2. 5W1H 的应用

5W1H 分析法被广泛运用于企业管理和日常工作中，是管理人员和企业员工有必要掌握的一门技术。在实践指南中，其主要作用就是为疑难问题制定对策，为工作项目制订计划草案，下面是其应用的思路：

（1）制定疑难问题对策

疑难问题对策是按"5W1H"原则制定的。在对策表中分别对应的是：What：对策；Why：目标；Who：负责人；Where：地点；When：时间；How：措施。对策表的表头为：序号、要因、对策、目标、措施、地点、时间、负责人。

（2）制定计划草案

What：制定什么？目的是什么？

Why：为什么制定？有什么意义？

When：什么时候指定，完成的时间是否适当？

Where：在什么地方制定，在何范围内完成？有更合适的场所吗？

Who：由谁负责制定？由谁负责执行？谁更合适？熟练程度低的人能做吗？

How：采用什么方法制定？采用什么方法实施？有没有更好的方法？这个问题是否采用流程，流程能否优化？

（3）分析消费行为，确定目标市场

What：消费者至市场购买何物？进而规划产品。

Why：消费者购买的理由？进而了解消费动机。

Who：消费者扮演何种角色？了解谁是决策者、购买者、使用者。

When：消费者何时购买？了解高峰、低谷时段、淡季、旺季。

Where：消费者到哪里购买？了解消费地点。

How：消费者如何购买？了解消费者个性、社会阶层、产品特色等购买模式。

（4）分析与规划系统的需求

What：这个系统要做什么，实现什么？提出的各业务流程问题、流程局限性问题、系统要解决的问题等。在这个 what 的基础上，把系统划分成各功能模块，逐步弄清模块流程需求、功能需求、结构需求。

Why：为什么要引入系统，引入新的信息系统对用户有什么帮助，在总体工作效能上如何实现一个最终的结果？

Who、When、Where：什么人，在什么时间，什么阶段可以或必须操作这个功能，结合前面的 what，理清系统的流程阶段划分，记录并分析系统功能实现的细节，将其作为下阶段设计的依据。

How：搭建系统需求的基础框架后，思考如何在这些客户需求的基础上，分析系统的需求，如何展开需求规格分析与下阶段的设计、实现工作。

此外，在成本压缩和改进、产品开发、顾客需求调查等领域中，也可以创造性地运用 5W1H 分析法，来分析和解决相关问题。

3. 5W1H 的使用步骤

5W1H 分析主要是明确问题及问题发生的根源，继而进行针对性地改善。其分析过程非常简单、有趣，但却可以使思考的内容深化、科学化。其原理如图 6—1 所示。

5W1H 分析时，可参照以下 6 步：

（1）遇到复杂、模糊的问题时，首先要开始了解问题载体的相关信息。

（2）理清问题，实施进一步调查后，初步明确问题所在。

（3）通过更进一步的调查，理清问题形成的原因。

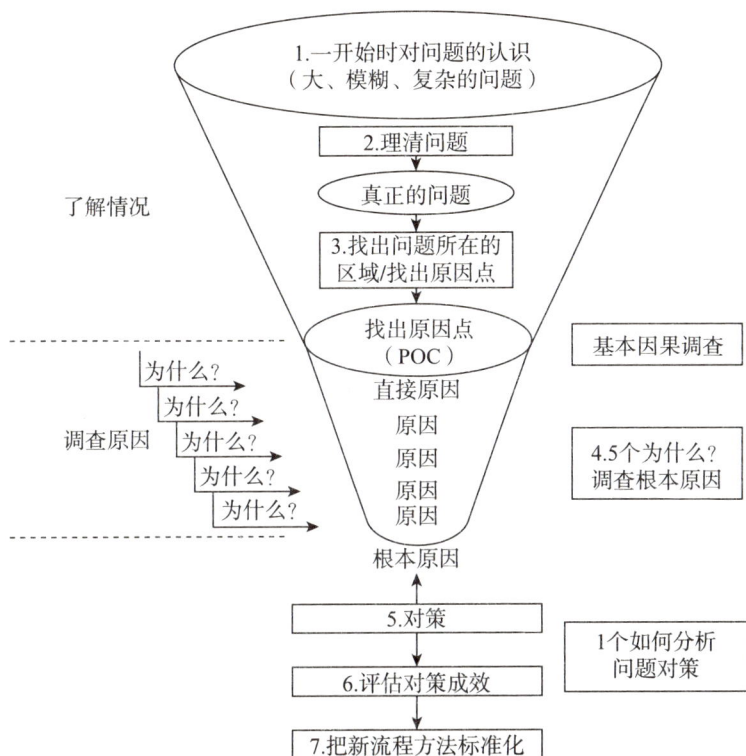

图 6—1　5W1H 的原理

（4）找到根本原因，通过 What、Why、Where、When、Who 的不停提问，深挖问题的根源。

（5）找到对策，通过 5W 找到根本原因后，就开始问 1H——How，怎么去做才能解决问题。

（6）评估问题解决的成效，并把新的解决方案标准化。

3U - MEMO

在处理问题时，人们经常会遇到这样的情况：想解决刚刚发现的问题，却不能清楚地记起问题的详细情况。这种问题的出现就是因为缺乏必要的记录和归纳，导致问题或问题的细节被遗忘。这就要用到备忘录了。备忘录是指人们在日常生活和工作中将突然发现或想到的事情记录下来以防止遗忘的一种手法。3U - MEMO 就是这种思想在生产管理领域的具体运用。

1.3U–MEMO 的内容

3U–MEMO 的具体内容有以下 3 点：

（1）不合理的现象

如一些需要密封保存的产品在包装之后送到仓库，而仓库管理人员为了检查成品的类别和数量又将包装打开，检查之后再次包装，这无疑造成了工时、包装原料的浪费。

（2）不均匀的地方

如在整个生产线上，某个环节的员工很忙碌，而有的人员却很清闲；有些设备的使用很频繁，有些却长期处于闲置状态。

（3）不节省的环节

以车床车轴的工序为例，为车一根细轴提供的原材料是一根很粗的坯料，这就造成了坯料的浪费和工时的增加。

根据 3U–MEMO 的具体内容，生产管理人员需要对人多的地方、出现人员闲置处、在制品较多的环节、人机接触处、物流频繁的地方以及生产准备时间较长处优先关注。

2.3U–MEMO 的应用步骤

3U–MEMO 改善备忘录通过记录异常问题，持续地推进和跟踪问题的解决情况，可以帮助企业逐步积累产品和流程的改善经验，使企业管理系统化和步骤化，并成为企业持续改善的宝贵知识财富。

2.1　3U–MEMO 的表格形式

3U–MEMO 格式不固定，管理人员可以根据个人习惯制定。但是其形式一定要有利于发现问题、有利于记录问题、有利于解决问题。一般格式如表6—7 所示。

表 6—7　　　　　　　　　　3U–MEMO 的表格形式

编号：	部门：	工序：
发现问题日期：	发现问题人员姓名：	
发现问题地点：	问题类型： □不合理　□不均匀　□不节省	

问题描述：	
现场图：	
改善要点：	

2.2　3U – MEMO 填写程序说明

3U – MEMO 表格中各部分的填写内容说明如下：

（1）编号：按照管理人员的个人习惯和企业的生产习惯编订文件的号码；

（2）部门：发生问题点的单位名称；

（3）工序：出现问题的环节或工序；

（4）发现问题日期：发现问题的当天日期，最好是标注具体的时间；

（5）发现问题地点：发现问题的具体位置，如车间，某机器设备旁等；

（6）发现问题人员姓名：问题点发现人及所属部门；

（7）问题点描述：详细描述问题点；

（8）现场图：可以给出现场实际照片，也可以手绘简图；

（9）改善思路：及时记录自己当时考虑到的改善要点。

问题发现人员要详细填写该表，切莫漏项。

2.3　3U – MEMO 实施的后续管理

企业在长期开展 3U – MEMO 记录工作后，随着发现问题的增加，备忘录的数量也会逐渐增加，改善经验也会慢慢积累。管理人员找出问题、改善现状的能力也会大大提高。这个时候企业的高层管理人员就要加强相关的知识管理和人才培养。

经验的积累需要经过系统的归纳总结才能成为管理科学。企业只有对前期所积累的经验和知识进行系统的分析、总结，才能使日后解决相似问题时标准化。

提案管理

企业的提案一般是指员工根据自己的观察或经验对企业现状提出的改善建

议。企业开展提案管理，有利于激发员工的创造力，调动员工的工作积极性。最终，通过不断地发现和改善问题，促进公司的进步。

松下公司把每位员工当作巨大的宝库，大力倡导员工提案活动，年平均提案达到每人 2 件；富士电机公司年平均提案达到每人 3 件，提案采用率超过 80％；丰田公司甚至将"不懂得利用员工的脑力资源做合理化改善"的行为称为"工厂的第八大浪费"。

通过提案管理，企业不仅可以发掘和培养更多的人才，还可以为管理层和员工创造一个沟通的平台，使现场的人际关系更加趋于融合、稳定，最终改善产品的品质、提高生产效率，降低生产成本。

1. 提案的范围

为了便于员工的提案，企业要明确提案范畴，让员工在提案时有可以参考的范围。提案的具体范围，如表 6—8 所示。

表 6—8　　　　　　　　　　　　　　提案的具体范围

内部作业的提案范围	外部拓展的提案范围
（1）作业流程改进措施 （2）相关管理人员处理工作的不足之处 （3）减少或预防浪费的方法和措施 （4）各种操作方法的改进和现场改善 （5）设备保养方法、废料利用、节约能源和作业安全等的改善 （6）质量、管理制度、人员结构和隐患防护等的改善 （7）对不良行为的举报 （8）其他工作中细节问题的改善 （9）受到不公正待遇的反映	（1）渠道开拓方案、营销手段及营销创意 （2）广告宣传创意设计、形象设计和产品设计 （3）对具有市场开拓潜力的新产品的推荐 （4）对企业采购、营销、仓储、物流运输和人事管理等方面的创新建议 （5）企业未来经营、发展规划的调研和可行性研究分析报告 （6）企业急需解决的难题 （7）能给企业带来较大经济效益的建议和提案

2. 提案管理步骤

传统的提案系统需要经过很长的过程：会计师要计算出预计的改善成本；总经理要对预算加以审查、分类、挑选；管理者要做好记录，并传送信息；然而几个月后，员工很可能收到一封感谢信："你的建议非常好，只是我们公司尚未具备实施的能力和资源。"这无疑是对人们积极性的极大打击。所以，实施提案管理改进，必须建立一条激励员工提出建议的稳定渠道。提案管理的步骤如下：

2.1　呈交改善提案

提案人应针对企业存在的不足之处或问题作现状分析，并拟出提案内容，按照《改善提案报告》规范填写，最后呈交给管理人员。《改善提案报告》的规范格式如表6—9所示。

表 6—9　　　　　　　　　　　改善提案报告

部门		提交人		提交日期	
提案名称		实施单位及人员			
改善原因	阐述改善的动机、原因：				
改善前的情况	阐述改善前的方法、效率与关键数据：				
怎样改善	改善方法，过程以及费用：				
改善效果	改善后的效率及关键数据：				
评定组意见					
总经理核定意见					

为了让改善提案清晰明了，除了规范填写《改善提案报告》外，管理者还需引导提案人尽量注意以下几点：

（1）现行方法应详细描述现状，必要时配以图表、样品或文字说明。

（2）改善方案应具体、可行，必要时配以图表、样品或文字说明。

（3）预期效果应尽量明确。

（4）现行方法、改善方案、预期效果如不足填写，可另附纸说明。

（5）提案人将提案书面交改善小组或投入公司"改善提案信箱"。

2.2　改善提案受理与审查

虽然许多企业挂有意见箱，设有专用的意见采集电子邮箱，但是，由于缺乏制度化和程序化的管理，许多提案没有及时进行回复，因此，导致员工参与热情不高，意见箱等形同虚设。

管理人员对员工的提案，不但要逐个回复，而且要做到"及时"回复。员工提出意见和问题之后会一直观察接下来发生的情况，等待回复。因此，相关人员必须及时收集信息，进行录入，然后分类，再将相关信息送到相关部门或相关人员处，并要求其在规定的时间内给予回复。

对于好的建议，最好在公开场合回复并予以鼓励。这样做，一方面让所有员工感到企业非常重视员工的意见，另一方面让提案者得到满足。对于反映管理者管理不当或自己遭受不公平待遇的意见，则应在私下了解情况，并做出合理的处理。

企业进行提案管理时，需注意以下问题：

（1）所有提案必须编号、登记。

（2）管理人员初审提案，必要时应与提案人联络，了解提案的内容。

（3）不可行或保留提案，由管理人员回复提案人。

（4）可行的提案立即转责任部门评审。

（5）责任部门负责评审工作的人员，及时了解提案内容，裁定提案的有效性。

（6）采用提案由责任部门负责实施，提案工程大或涉及面广时，应交总经理审核。

2.3　改善提案实施与追踪

提案实施过程中应进行监控管理，通过基层管理者的反馈，了解实施的进度。重点建设性提案经高层管理者确认后，需要开展一系列的工作，确保提案有效地执行，包括经费管理、人力资源的协调和分配，以及对执行过程进行监督等，重点做好以下事项：

（1）责任部门负责改善提案实施工作。

（2）管理层应全力支持、配合提案的实施。

（3）提案人应尽力协助提案实施过程的指导、修正和其他工作。

（4）管理人员对提案追踪负直接责任。

2.4　改善提案的奖励措施

对有效提案，管理人员应及时给予提案人奖励，激发员工的参与热情。管理人员对提案成果进行评审、鉴定后，对于需要申报奖励的项目，填写奖励申报单，写明事由和奖励标准，经上级主管人员确认后实施奖励。

第3节　改善机制

改善的最终目的就是不断地寻求更好的方法来减少生产活动中的浪费，提高产品质量，降低成本。浪费和质量是生产中最重要的两个问题。浪费的识别与剔除需要通过仔细的观察和分析，并且要下大力度推行减少浪费的活动。而质量是企业生存的基础，对于质量的管理，企业一刻也不能松懈。

大野耐一圈

大野耐一是丰田生产方式的创始人。为了解决日本汽车业第二次世界大战后的低迷状况，他不断地强调消除浪费、降低成本。为了使公司各级员工全部参与到消除浪费的活动中，大野耐一创造性地拿粉笔在地上画个圆圈，然后让管理人员站在其中，训练他们识别某个工作区域所存在的浪费，并逐渐全面推广。这就是后来被人们熟知的"大野耐一圈"。大野耐一圈示意图如图 6—2 所示。

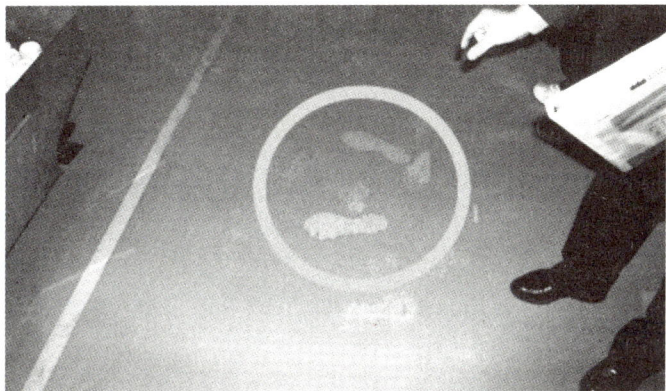

图 6—2　大野耐一圈示意图

1. 生产浪费的类别

消除浪费的第一步就是要识别浪费。按照现代工业工程学科的定义，生产现场的浪费主要有以下 7 种。

（1）过量生产的浪费

所谓过量生产指的是生产线上成品或者半成品过多，它造成的浪费是最严重的。大批量的生产通常让人觉得生产效率很高，给人造成一种生产越多越好的错觉，而事实是只有将产品销售出去，企业才能获得利润，如果大量产品堆积无法销售，将造成极大的资源浪费。

（2）库存浪费

库存浪费是一种更直接的浪费。过量的库存不仅严重影响企业资金的流动，而且会延缓新产品占领市场的机遇。

（3）搬运浪费

产品在生产过程中需要在不同的工序间转移，原材料也必需搬运到相应的工序。搬运不可避免，但是过多的搬运无疑会增加工序的等待时间，造成生产效率低下的后果。

（4）不良品浪费

客户是不愿意花钱买不合格产品的。不良品的处理方式只有返工甚至报废，这将大大增加原材料、生产作业、管理等各项费用，影响到产品的成本和竞争力。

（5）加工的浪费

生产线上所有的工序都应该是为产品的生产服务的，没有作用的工序应该予以剔除。多余的加工不但使产品成本偏高，更降低了生产率，造成的危害不容小视。

（6）等待的浪费

在生产现场经常会出现这种情形：员工必须花费一定的时间等待上一道工序完成后才能进行本工序；因为原材料供应不及时，员工不得不等待物料到位才能继续生产；在制品需要整批处理造成的等待等。这些现象都是等待的浪费。

等待是现场最易发生的浪费之一。无效等待严重影响工序间的流畅衔接，使产品的生产周期变长。所以要尽量减少等待时间。

（7）动作浪费

操作员工在具体操作方法上不尽相同，管理者的工作就是要通过观察，总结出最合理、高效的操作方式。所以要对工序中的每一个动作进行分析和研究，找到最合理的动作，剔除无效和低效动作造成的浪费。

2. 大野耐一圈的目标及要点

如何识别现场的浪费，就要运用到大野耐一圈了。该手法强调现场的重要性，鼓励员工到现场去仔细观察并发现浪费，进而找到浪费的原因。员工在圈内的观察时间至少几十分钟，长达几小时，直到他们找到浪费情况。

2.1　大野耐一圈的目标

员工长期进行大野耐一圈的练习会增强问题意识和发现问题的能力，对生产现场的高效作业起到良好的促进作用。其目标有以下两个：

（1）提升员工素养

员工通过不断的练习，不断的发现并试图解决浪费现象，本身就是对员工发现问题、解决问题意识的一个培养，这将有助于员工养成良好的工作素养。

（2）优化现场工序

活动的开展使整个生产工序不断的暴露出浪费问题，通过解决这些问题将使工序合理、紧凑，这将大大优化现场作业，提高生产效率。

2.2　大野耐一圈的活动要点

很多企业应用大野耐一圈时往往流于形式，未能取得理想的结果。其实，要想成功应用大野耐一圈，必须把握以下两个要点：

（1）坚持到底

开展大野耐一圈活动需要持续很长的时间，而站在圈内一定时间后，人们往往觉得已经发现了问题所在，认为不需要继续观察了，其身体也开始疲劳，于是考虑是否可以结束此次观察。

切记此时仍然要继续观察，如果刚刚发现的问题是比较大的问题，那么接下来继续观察的目的就是要发现细节上存在的浪费。

当人们观察更长的时间后，便会有更多的发现。而且，只有经过长时间的、多次的练习，才能真正掌握观察的技巧，更容易地找到问题及根源。

（2）科学设置观察点

观察点的设置也是影响活动效果的一个因素。圆圈的位置视野要开阔，要既便于全面观察全貌，又便于局部仔细观察，这样才能有良好的活动效果。

3. 大野耐一圈的使用步骤

大野耐一圈不是简单地画一个圈，让员工站在里面观察，就会消除浪费。运用大野耐一圈应遵循"一看、二问、三思"的步骤。

（1）一看

进入现场去近距离观察。观察的对象是前文所述的各种浪费。

（2）二问

分别问操作人员和自己。问操作人员以下问题：

①为何如此操作？如此操作有何依据？以此强化其遵守规范的意识。

②这样操作的目的是什么？以此强化其原点思考的意识。

③预期达到什么样的标准？以此强化其质量意识。

④是否存在异常？一旦出现异常，应如何处理？以此强化其对异常问题的及时处理意识。

问自己以下问题。为什么要这样操作？有没有更好的解决方法？以此强化自身的改善意识。

（3）三思

三思主要包括思考原点、思考根源、思考方案。

①思考原点。针对看到的现象，返回原点进行思考。原点就是以客户需求为导向，用最少的资源，制造有价值的产品。如果行动与原点发生偏离，就会发生问题。

②思考根源。针对问题点，尝试用5W1H法，思考问题产生的深层根源。

③思考方案。针对问题，思考可行的改善方案，确认是否能够采取 ECRS 改善四原则进行改善。

六西格玛管理

六西格玛是摩托罗拉公司发明的术语，用来描述在实现质量改进时的目标和过程。它是一种改善企业质量流程管理的技术，以"零缺陷"为追求，带动质量成本的大幅度降低，最终实现财务成效的提升与企业竞争力的突破。六西格玛的作用主要表现在提高顾客满意度、降低产品缺陷率、降低成本、缩短生产周期、提高产品质量等。

1. 六西格玛的实质

六西格玛管理实际上是一种数理处理手法，在质量管理活动中通常用来衡量不良品的发生概率。西格玛——σ是希腊语，意义为"标准偏差"，六西格玛意为"6倍标准偏差"，在质量管理中表示不良品发生的概率小于每百万次发生3.4次，是一套完善的质量管理体系。目前，一般企业的质量管理水平在3到4个西格玛范围内，很难达到六西格玛的水平。

不良品率是导致顾客不满的重要因素，六西格玛管理以不良品率为着眼点，通过分析探究导致质量问题的原因并予以解决。六西格玛管理要求员工的责任感和全员参与，以顾客的满意为工作目标。对于出现的质量问题要及时改善。

目前，六西格玛管理在我国已经得到良好的发展，并取得了一定的成效。越来越多的企业开始关注六西格玛对质量管理的重大作用。为了能够顺利地开展六西格玛管理，企业应达到以下要求：

（1）得到企业高层的坚决的支持，并建立良好的激励制度。

（2）企业要强调六西格玛管理的重要性，不断提升员工的质量意识。

（3）企业开展六西格玛管理的目的是提高产品质量，而不是一种形式。

2. 六西格玛的特点

与其他控制质量的方法相比，六西格玛有以下特点：

（1）对顾客需求的高度关注

六西格玛管理的绩效评估首先就是从顾客开始的，顾客满意度和价值是衡量改进重要指标。

（2）对统计数据有高度依赖性

统计数据是实施六西格玛管理的重要工具，以数字来说明一切，所有的生产和执行结果，都量化为具体的数据，一目了然。

（3）重视改善业务流程

六西格玛管理的重点是找出产生缺陷的根本原因，认为质量是靠流程的优化，而不是通过严格地检验实现的。

（4）突破管理

六西格玛管理使企业始终处于一种不断改进的过程中。

（5）倡导无界限合作

六西格玛使人们意识到在工作流程中各个部门、各个环节的依赖性，就会加强部门之间、上下环节之间的合作和配合。

3. 六西格玛管理步骤

六西格玛是一个需要企业从上到下全员参与的管理工具，在实际运行时涉及策划、组织、实施、管理等多个方面，可以按照以下步骤开展：

（1）识别核心流程

在探究质量问题时要找到生产的核心流程，因为企业的运作流程涉及方方面面，质量问题的产生可能存在于任何一个之中，识别关键流程是提升工作效率的有效途径。在生产企业中，核心流程主要包括生产过程、客户服务流程等。企业要做的是找到影响产品质量的关键流程。

（2）定义顾客需求

顾客的需求是企业发展的根本，所以做好客户工作尤为重要。在对待客户时要区分开产品质量需求和服务需求，将客户的需求具体化，并进行有效的描述。

（3）审视现状

要对目前的产品状况有所了解，可以对现状进行评估和审核。努力发现现状下存在的质量问题，试图解决。

（4）实施改善

针对质量问题进行相应的改善，减少次品率。

（5）系统整合

企业要将改善后的良好状况和各项活动进行整合，包括生产环节、服务流程、产品检验流程等，最终形成一种体制和企业文化。

PDCA 循环

PDCA 循环不仅能控制产品质量管理的过程，也能有效地控制工作质量和管理质量，并实现工作和管理的持续进步。作为科学的工作程序，PDCA 循环最早由美国贝尔实验室的休哈特博士于 20 世纪 30 年代提出，后经戴明博士在日本推广应用。所以，又被称为"戴明环"。

1. PDCA 循环的内容

PDCA 是 plan（计划）、do（实施）、check（检查）、action（处理）四个英文单词的首字母组合，具体含义如下：

P——确定方针和目标，确定活动计划；

D——实地去做，实现计划中的内容；

C——总结执行计划的结果，注意效果，找出问题；

A——对成功的经验加以肯定并适当推广、标准化；对失败的教训加以总结，将未解决的问题放到下一个 PDCA 循环。

这四个要素体现了精益生产所要求的精益求精的核心思想。使用 PDCA 有以下优势：

（1）适用于日常管理，且同时适用于个体管理与团队管理。

（2）PDCA 循环的过程就是发现问题、解决问题的过程。

（3）有助于质量问题持续改进提高。

（4）有助于供应商管理。

（5）有助于新产品开发的质量管理。

2. PDCA 循环的特点

PDCA 循环具有三个重要特征，这三个特征也是该技术应用过程中必须控制的关键点，对精益管理目标的实现起着举足轻重的作用。

（1）持续循环

PDCA 循环不是经过一次循环就可以彻底解决问题的，而是周而复始地进行循环。解决一个生产和管理问题之后，仍然会不断出现新的问题，所以说它是一个持续的循环过程。

（2）大环套小环

企业的改善工作可以分为多个等级和层次，如果整个企业的改善是一个大的循环，那么各个生产部门也有小的循环，也就是大环套小环的形式，如图 6—3 所示。

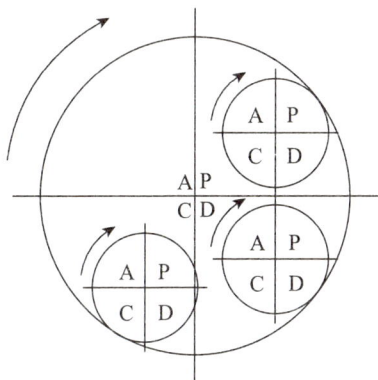

图 6—3　PDCA 循环的大环套小环

（3）阶梯式上升

整个企业的改善水平随着 PDCA 的不断循环会得到提升。每循环一次就会取得一部分成果，改善水平就会得到提高，是一个不断发展和提升的过程，就像上台阶一样，如图 6—4 所示。

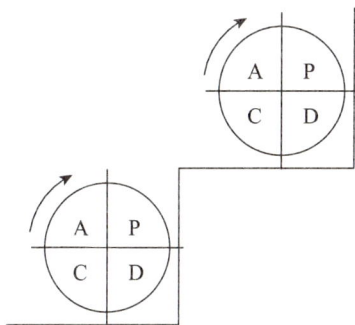

图 6—4　PDCA 循环的阶梯上升

3. PDCA 循环的开展步骤

PDCA 循环的开展步骤可分为四个阶段、八个步骤，如图 6—5 所示。

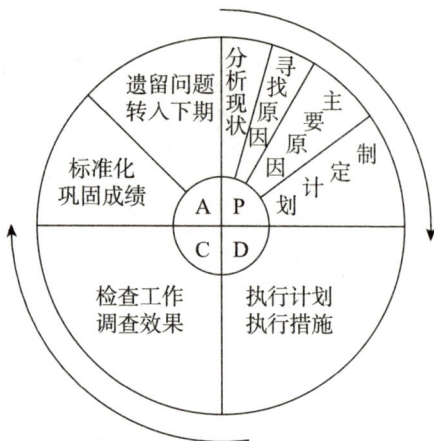

图 6—5　PDCA 循环的四阶段、八步骤示意图

3.1　Plan 阶段：分析原因，制订计划

在 P 阶段的主要任务是分析现状查找原因，为以后的改善工作制订详细计划。这个阶段可以进一步细分四个步骤米完成，这个过程本身也是一个小的 PDCA 循环。具体如下：

（1）分析现状，找出问题

通过分析现状，找出问题。如将造成产品不合格的众多缺陷按其发生的次数进行排列，然后通过排列图找出引起不合格的主要缺陷。某产品质量缺陷排列图，如图 6—6 所示。

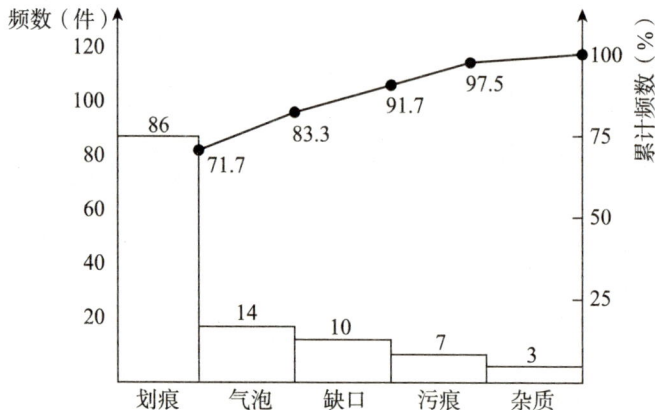

注：影响因素分为三类：

（1）0%～80% 为 A 类因素，是主要因素；（2）80%～90% 为 B 类因素，是次要因素；（3）90%～100% 为 C 类因素，为一般因素。

图 6—6　某产品质量缺陷排列图

由此，便可找到引起该产品不合格的主要缺陷是划痕和气泡。

（2）分析产生问题的原因

这个过程主要是针对上面找出的问题进行原因分析，通常需要借助常用的几大质量工具来进行，如因果图等。产品划痕因果图，如图 6—7 所示。

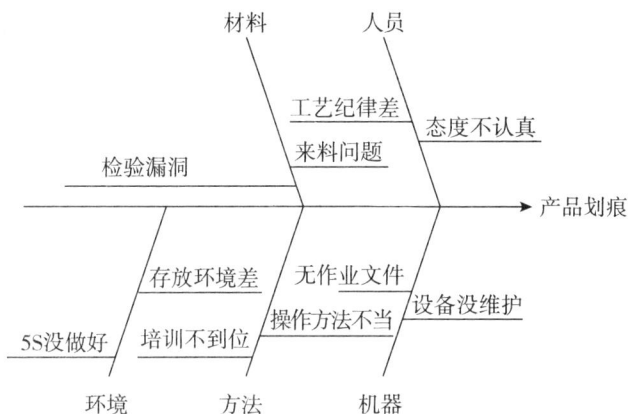

注：5S 是指整顿、整理、清洁、清扫、素养。

图 6—7　产品划痕因果图

由图 6—7 可看出，造成产品划痕的原因有很多，但是还需要进一步使用质量工具进行分析哪个才是主要的原因。

（3）找出问题发生的主要原因

只有找出造成产品有划痕的主要原因，才能对症下药彻底解决问题。由于造成产品划痕可能的原因已经用因果图列举出来，这里可以使用关联图分析各原因之间的关系，然后找出主要原因。划痕分析关联图，如图 6—8 所示。

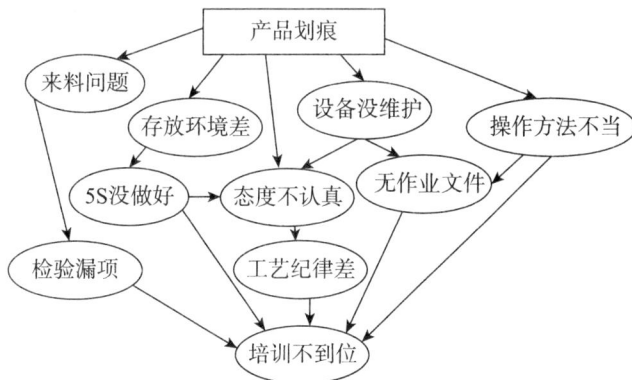

图 6—8　划痕分析关联图

从图 6—8 可以看出，造成产品划痕的原因指向了 5 个方面。在各个原因之间，态度不认真有 3 个箭头输入，即有 3 个问题是由它引起的。培训不到位有 5 个箭头输入，但却没有箭头输出，这说明它是末端因素，也就可以判断它是造成产品有划痕的关键原因。找出了主要原因，就需要制订详细的计划进行纠正。

（4）制订措施计划

针对主要原因，管理人员可以采用头脑风暴法获得多个解决方法，经过验证评估后，从而选择最佳的备选方法。解决方案应该限制在 10 个以内，可以使用解决方案评估表进行筛选。

3.2 Do 阶段：执行改善计划

这个阶段的主要任务是按照已经确定的改善方案，有条理地执行计划的过程。这是整个 PDCA 循环的关键，需要依靠完善的项目管理制度和比较熟练的技术手段来完成。如果这两方面做到位，达到预期目标就有保证。针对培训不到位这一问题，可根据培训流程图实施计划。培训流程图如图 6—9 所示。管理人员可依据流程图展开相应的培训。

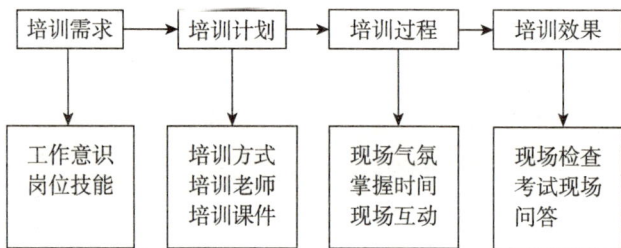

图 6—9　培训流程图

3.3 Check 阶段：检查验证执行结果

在 C 阶段主要是对比执行结果与预期目标是否一致，通常情况下，该阶段就是一个评估结果的过程。培训效果检查表，如表 6—10 所示。

表 6—10　　　　　　　　　　　　培训效果检查

序号	检查内容	检查方式	检查结果	与预期目标相比
1	工作意识	调查问卷		
2	岗位技能	现场操作/考试		
3	5S 知识	考试		

通过使用各种质量手段对结果进行对比评估，如果结果与预期目标有差距，要返回 D 阶段，重新执行。如果执行效果很好，可以进入总结阶段。

3.4　Action 阶段：总结经验，循环改进

本阶段的主要任务是针对检查的结果进行总结，将成功的经验编制成相应的标准文件，推广到整个公司或部门，把没有解决的或新出现的问题转入下一个 PDCA 循环中，以达到持续改进的目的，形成永无止境的循环改进过程。在具体总结的时候，可以按以下步骤实施：

（1）定义所需的标准和指标。

（2）确定相关联的测量方法。

（3）及时更新操作流程。

（4）确保针对新的改善活动的沟通或培训。

（5）向管理人员汇报改善情况。

（6）建议类似的措施可以推广到整个公司。

PDCA 循环作为企业精益化管理的一个基本工具，适用于管理的多个方面。每一个改善循环的结束，工作和管理的质量就会得到提高一步，然后再进入下一个循环，这样不断运转、不断提高，工作和管理质量就会逐步得到改善。

图书在版编目（CIP）数据

精益管理技能实务与技术/孙亚彬，易生俊著．—北京：中国人民大学出版社，2016.1
（实用精益管理培训系列教程）
ISBN 978-7-300-22292-9

Ⅰ．①精…　Ⅱ．①孙…②易…　Ⅲ．①企业管理　Ⅳ．①F270

中国版本图书馆 CIP 数据核字（2015）第 309260 号

实用精益管理培训系列教程

精益管理技能实务与技术

孙亚彬　易生俊　著

Jingyi Guanli Jineng Shiwu yu Jishu

出版发行	中国人民大学出版社	
社　　址	北京中关村大街 31 号	**邮政编码**　100080
电　　话	010－62511242（总编室）	010－62511770（质管部）
	010－82501766（邮购部）	010－62514148（门市部）
	010－62515195（发行公司）	010－62515275（盗版举报）
网　　址	http://www.crup.com.cn	
	http://www.1kao.com.cn（中国 1 考网）	
经　　销	新华书店	
印　　刷	北京易丰印捷科技股份有限公司	
规　　格	170 mm×228 mm　16 开本	**版　　次**　2016 年 1 月第 1 版
印　　张	15.75　插页 1	**印　　次**　2016 年 1 月第 1 次印刷
字　　数	271 000	**定　　价**　39.00 元